全国教育科学"十二五"规划教育部重点课题
"拔尖创新人才早期培养研究"

策划　刘彭芝　刘小惠　王珉珠　王晓楠

埋下种子
绽放未来

人大附中拔尖创新人才
早期培养经验集萃

高江涛／主编

中国人民大学出版社
·北京·

全国教育科学"十二五"规划 2015 年度教育部重点课题"拔尖创新人才早期培养研究"（课题批准号 DHA150330）成果集

策　　划　刘彭芝　刘小惠　王珉珠　王晓楠

主　　编　高江涛

副 主 编　陈　华　蔡　芳　王志鹏　张冬梅　钱颖伟　张文胜
　　　　　　庄　丽

执行编辑　吴　凌　张　璇

编委成员　（按姓氏音序排列）
　　　　　　蔡　芳　崔　潞　范克科　高江涛　刘　丹　陆丽萍
　　　　　　麻程丽　钱颖伟　宋荷新　孙　芳　孙　欣　田晓娜
　　　　　　王志鹏　尹　军　张冬梅　张文胜　周建华　庄　丽

目　录

绪　论 *

人大附中"探索拔尖创新人才早期培养模式项目"至今已走到第 10 个年头，是时候系统梳理我们的实践与研究成果了。这本集录是早培团队在繁忙的教育教学之余分工协作整理、撰写、编辑而成的，与其说是一本书，不如说是我们在拔尖创新人才早期培养方面一系列改革与探索工作的总结。

50 多年的基础教育一线工作，40 余年的超常教育实践与研究，使我深刻认识到教育改革与创新"贵在坚持"。久久方为功，唯有坚持，才能结出硕果。在时间的流逝中，我们将一点点的改革与创新坚持下来，在培养出令人倍感欣慰的、优秀的拔尖创新苗子的同时，也积累了一些可供参考与借鉴的经验。拔尖创新人才需要早期发现与早期培养，需要尊重个体的成长规律和教育规律，需要抱着为国育才的教育情怀，需要为孩子们和老师们培植追求理想、刻苦钻研、创新发展的土壤，需要排除来自不同方面的干扰和质疑。这一切，人大附中做到了。其中经历的艰辛与坚持，我们每个参与其中的领导和教师、学生和家长都有着各自的体验和故事。

人大附中从 1985 年创设首届超常儿童实验班开始，就在拔尖创新人才的早期发现与早期培养方面持续深耕，2010 年获批成立的早培项目是该项事业的进一步延伸与发展。目前，人大附中已形成一套早期培养的有效模式：小、初、高贯通，以过程性评价早期发现在某一方面或某几方面有突出潜能的学生，以"拓宽、加深"为原则设置丰富多元的课程体系，打通学段与学科壁垒，着力培养学生的自主学习能力、科研实践能力和创新精神，兼顾智力与非智力因素，科学、人文和艺术素养并重，集中编班与分散培养相结合，以及与大学、科研院所协同

---

　　* "绪论"部分由中国人民大学附属中学原校长刘彭芝执笔。

培养。本书从德育实践、课程实践、师资队伍建设、发现与评价、成果与展望等
五个方面对早培项目进行了总结。

　　早期发现与早期培养拔尖创新人才，需要体制机制的政策保障。我们的坚
持，离不开教育相关部门的理解与支持。政府、学校、社会、家庭形成合力，为
拔尖创新人才早期培养提供了有力支撑。

　　正如习近平总书记在 2014 年两院院士会议上指出的，实现中华民族的伟大
复兴，要把人才资源开发放在科技创新最优先的位置，改革人才培养、引进、使
用等机制，努力造就一批世界水平的科学家、科技领军人才、工程师和高水平创
新团队，注重培养一线创新人才和青年科技人才。我们将不忘初心、不辱使命，
向拔尖创新人才早期培养事业的最深处走下去。

人大附中超常教育发展的标志性年代与事件

　　人大附中超常教育发展的标志年代与事件具体可参见图 0-1。

1. 1985 年，创办初中数学实验班

　　1978 年，中国科大首届少年班在京录取 3 人，其中 2 人为人大附中学生；恢
复高考的最初几年，人大附中时时出现高考文科、理科状元，还有些成绩优异的
学生在高一就参加高考升入北大、清华。这种状况使人大附中开始思考，面对学
生的个体差异，应该打破常规、因材施教。

　　1985 年初，人大附中在海淀区范围举办首届"幼苗杯"数学邀请赛，从近
300 名小学六年级学生中选出了 40 名优胜者，组成了人大附中第一届数学实验
班。几乎与此同时，人大附中通过统一考试选拔出 50 名数学成绩相对突出的学
生，组建成两个班的数学小组，并专门设计了 7 本教材，在这两个班进行分层
教学。

　　初中数学实验班和数学小组的设立，标志着人大附中的超常教育在经过多年
的酝酿和萌动之后，正式起步。

2. 1987 年，创办高中数学实验班

　　1987 年，第一届初中实验班学生经过两年的学习即将提前升入高中，胡俊

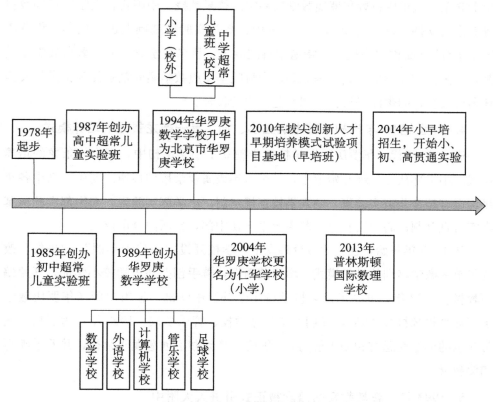

图 0-1　人大附中超常教育年表

泽校长采纳了刘彭芝"组建两年制高中实验班，不中断超常教育实验"的建议，成立了首届高中实验班，刘彭芝担任数学教师兼班主任，由学校选派高中各科优秀教师在此班任教。首届高中数学实验班经统一测试，选拔了 40 名学生，其中12 人来自初中数学实验班，28 人来自数学小组和外校。这一延续性的教育实验，有利于教师在教育教学实践中进行改革尝试，积累经验；也标志着我们更加自觉、主动地参与超常教育的研究探索。

3. 1989 年，创建华罗庚数学学校

1989 年，人大附中首届高中实验班学生毕业，竞赛成绩和高考成绩优异，刘彭芝的学生颜华菲获得第三十届国际奥林匹克数学竞赛银牌，轰动全市。为了扩大和继续进行这项意义重大的实验，在胡俊泽校长支持下，由数学教师周国镇负责联系，获得中科院华罗庚数学实验室陈德泉教授、中国科技大学冯克勤教授等专家的支持。1989 年 9 月，人大附中在数学实验班基础上正式创办"华罗庚数学学校"（简称"华校"）。特邀中科院院士、著名数学家王元，著名数学家龚升，中国科技大学数学教授冯克勤，中科院华罗庚数学实验室主任陈德泉教授担任名誉校长；胡俊泽任校长，刘彭芝任主管校长。

4. 20 世纪 90 年代初，基本确立小、初、高一条龙贯通的培养模式

进入 90 年代，华罗庚数学学校初步确立了小学、初中、高中一条龙的培养模式。小学部从三年级开始招生，三至六年级属业余培训性质。初中、高中各年级均设有超常儿童实验班，纳入学校正规建制。小学部实验班、初中部实验班基本实行直升制；高中实验班生源主要来自初中部，也面向全市招生。

从 1989 年开始，在素质教育理念下，学校开设"现代少年课"。"华校"改变了单一数学培训的教学模式，增设英语课，着手创办外语学校小学部，开始编写教材。1992 年，创办了计算机学校小学部、中学部，编辑出版《华罗庚数学学校计算机教材》。随后，又创办了足球学校、管乐学校。1993 年，为了培养超常儿童的创造性思维和动手能力，"华校"又创办了创造发明学校，并着手编写相关教材。

5. 1993 年，超常教育的概念被正式引进人大附中

1993 年，刘彭芝代表人大附中首次参加了世界超常儿童会议，并结识了时任中科院心理所超常儿童研究中心主任的查子秀教授。这是刘彭芝正式接触和了解"超常儿童""超常教育"的概念，她认为人大附中从 1985 年开办数学实验班起所进行的教育教学改革，正是在进行超常教育的实验。于是，刘彭芝将"超常儿童"和"超常教育"的概念引进人大附中，也因此而开始了和中科院心理所在超常儿童教育领域的研究与实践合作。

6. 1994 年，组建华罗庚学校

1994 年，人大附中决定联合华校数学学校、外语学校、计算机学校、创造发明学校等共同成立华罗庚学校，实现招生、教学、管理、研究统筹安排。

校名中"数学"二字的去除，包含了人大附中对超常儿童教育理念的根本性转变：超常儿童不只是数学能力超常的儿童，还包括那些在语言、音乐、舞蹈、绘

画、体育、发明创造等某一方面或某几方面存在超常潜能的儿童；进一步明确了人大附中超常教育的重点是动态、多元地选拔、鉴别、培养超常儿童；超常教育要因材施教，为学生打好坚实的基础，教学不是盲目超前，更不是拔苗助长。

7. 1996 年，初、高中实验班学制回归为 6 年

1985 年实验班创办之时，学制压缩为 4 年，后改为 5 年，到 1996 年又回归到 6 年，这是人大附中超常教育理念转变后的实际表现。同时，实验班的招生对象也从学科学习，特别是数学学科的佼佼者，扩大到艺术、体育等方面智能突出的儿童，甚至包括具有突出的组织能力、演讲能力等在同龄儿童中出类拔萃的人。

这一具有里程碑意义的改革，奠定了人大附中开展多元化超常教育实验的基础。

8. 1997 年，确立跨世纪办学目标

1997 年，刘彭芝同志担任人大附中校长，制定了人大附中跨世纪的办学目标——创"国内领先，国际一流"名校；确立了学校的办学思想——"尊重个性，挖掘潜力，一切为了学生的发展，一切为了祖国的腾飞"；开始实施人大附中的"素质教育工程"。实施"素质教育工程"，目的在于使每一个学生的潜能得到充分发展，甚至超常发展，超常儿童教育实验成为人大附中素质教育的有机组成部分。

9. 2004 年，更名为"仁华学校"

2004 年，"华罗庚学校"更名为"仁华学校"。"仁"取"人"之谐音，"华"为"华校"之代称，"仁华"作为"人大附中"与"华罗庚学校"的合称，标志着我们的超常教育实践与研究已融入学校的整体建制和发展之中，成为人大附中素质教育的实验田，人大附中在超常教育实验中获得的一些经验、成果，将推广、惠及全校师生。我们期望通过我们在超常教育领域的实践与探索，实现超常教育与常规教育的互促互动，获得人才培养中公平与效率的双赢，为人才培养开辟一条四通八达的绿色通道，使人大附中成为素质教育的大舞台。

10. 2010 年，建立拔尖创新人才早期培养基地

2010 年，经上级主管部门批准，人大附中和中国科学院、中国社会科学院合作，建立拔尖创新人才早期培养模式试验项目基地，开办首届早培班（拔尖创新人才早期培养实验班），在学生选拔、学制、课程设置、教学方式、评价机制、升学机制等各个方面进行一系列的改革。刘彭芝校长还提出，以探索为培养"推动人类进步的各个领域内的领军人物、领袖型人才打下基础的早期教育"作为该项目的战略目标。该项目从中国北京市小学五年级学生中选拔一部分超常儿童，在人大附中接受从六年级到十二年级共 7 年的教育。

人大附中基地将努力打造从幼儿园到小学、初中、高中、大学/科研院所一条龙的拔尖创新人才早期培养体系。这是人大附中在多年超常教育实践与研究的基础上，为培养国家所急需的拔尖创新后备人才而采取的新举措。

11. 2013 年，创办"普林斯顿国际数理学校"

2013 年刘彭芝校长创办"普林斯顿国际数理学校"，从理论和实践层面把中外超常儿童教育做更直观的比较研究，做更深入的实践探索，集中外教育之精华，科学合理地熔铸到超常儿童的发现和培养体系。

12. 2014 年，小早培开始招生

在实践中，人大附中的许多老师感受到，学生学业发展的"痛点"不是智力的差异，而在于学习习惯的影响，如课堂专注力、完成作业的方式、时间管理的规划与执行。是否可以从小学开始着手学习习惯的培养呢？2014 年，人大附中以人大附中实验小学为依托，开始小学阶段学生培养的实践。

早培小学部汇集全校的力量——附属实验小学的老师和人大附中本部初高中老师，再结合外聘老师和部分家长——开始招收小学一年级学生。小早培的老师们在教育教学中秉持"用智慧陪伴学生、用爱心引领成长"的思想和理念，开展了以理想信念为核心的德育教育，以爱国为核心的民族教育，以改革创新为核心的时代教育，以"全科育人、全员育人"为目标的养成教育。孩子们在小学阶段就开始尝试着在各个领域拓展，根据年龄的特点，他们的学习贯穿各个学科：一年级的围棋、桥牌、乐高……二、三、四年级的数学拓展、昆虫世界、榫卯结构、诗词写作、轮滑、篆刻、戏剧表演……不同年级的同学一起活动，分组、走出去，举办植树活动、传统文化活动（端午节包粽子）等。

通过培养习惯、塑造品格以规范行为，通过课堂上启迪智慧、激发兴趣，保

护好奇心和想象力，实现思想解放。

13. 2015 年至今，人大附中的早培教育研究在持续进行

2015 年 12 月，早培班的项目"拔尖创新人才早期培养研究"被全国教育规划办列为"十二五"期间教育部重点课题，课题负责人为高江涛副校长，早培班继续深入推进对拔尖创新人才培养的研究。

超常儿童的独特性要求有适应他们的个性化教育，应该给他们提供适合其发展特点和需要的教育方式和机会，从而发掘各类学生的潜能，让他们各得其所地发展。近年来我们更是秉持发现与培养相结合的理念进行新的实践探索。每个学生不论是否被认定为超常儿童，他都是一个鲜活的个体，性格禀赋、兴趣爱好都有所不同，只是超常儿童在这些方面要更加明显，其某方面特长可能在我们考察的过程中就被发现了，但也有的是在培养过程中才发现孩子身上还有其他方面的特长和创新创造的潜质。因此，这也促使我们进一步地思考和探索如何更好地尊重学生的个性、因材施教，发现更多孩子身上创新创造的潜质，并按照拔尖创新人才早期培养的规划对其进行有针对性的培养。

第一章

坚持以立德树人为根本的
德育实践

国家的发展确实需要教育行业培养大量能够突破现有知识与思维局限、实现大的创新或革新的创新人才，尤其是能够以自己的创新推动人类进步的拔尖创新人才。习近平总书记在党的十九大报告中指出，"建设教育强国是中华民族伟大复兴的基础工程"。在2018年全国教育工作大会上，习总书记进一步提出了加快推进教育现代化、建设教育强国的新要求："要努力构建德智体美劳全面培养的教育体系，形成更高水平的人才培养体系。"

我们的教育是要培养德智体美劳全面发展的社会主义建设者和接班人，是要培养"推动人类进步的各个领域内的领军人物、领袖型人才"，能够在各个领域砥砺前行、不忘初心的人才；不是那些空有学历、没有是非观念的书呆子，不是为了个人研究不择手段的科研狂人，更不是为了一己私利泯灭良知出卖国家民族的人。这就决定了我们的教育、我们的人才培养，必然要德育为先、立德树人。

那么，我们怎样才不会培养出"高智商、世俗、老道、精致的利己主义者"？我们怎样才可以让我们的学生不仅拥有丰富的学识、睿智的思维，还可以胸怀天下、志存高远呢？

刘彭芝校长在早培项目成立之初，明确提出早培班的探索培养要坚持："五育"并举德为先。她借用丰子恺的人生三境界，讲道："人有三种生活，即物质的生活、精神的生活、灵魂的生活。今天，我们培养人，一定不能局限于只教给学生谋生的技能，停留于物质的境界；一定不能局限于只教给学生欣赏文艺的法门，停留在精神的境界。我们培养人，一定要培养和提升学生的灵魂境界，让他们有美丽的心灵和高尚的灵魂"。

早培项目自成立以来，一直都把德育工作摆在首位，培育践行社会主义核心价值观，全面贯彻习近平新时代中国特色社会主义思想，落实党和国家意志，筑牢根基、打好底色，为造就全面发展的拔尖创新人才奠定基础。

针对学生不同年龄阶段的特点，早培班在小初高不同学段制定了相应的德育目标，并进行实践探索。

一、系好人生第一粒扣子——小早培德育实践

人大附中早培班全称"拔尖创新人才早期培养项目"，是在著名的"钱学森之问"的背景下成立的，于2010年首届招生，至今已经走过十年的历程。在早培班成立之初，刘彭芝校长确立了"以探索为培养推动人类进步的各领域内领军人物、领袖型人才打下基础的早期教育"的办学目标。回溯十年历程，早培项目在高江涛副校长的直接领导下，坚持立德树人、不忘初心，秉承人大附中"全面发展＋突出特长＋创新精神＋高尚品德"的理念不断探索拔尖创新人才早期培养的路径和方法。

小早培是人大附中"拔尖创新人才早期培养项目"向低年级的延伸，是基于早培项目前期积累的经验进一步开展低年级的教育教学实践探索。小早培于2014年9月招收第一届学生。小早培的孩子聪明好动、能量爆棚，同时缺乏规则感。面对这种情况，刘彭芝校长提出了既要思想解放又要规范行为的目标要求。我们就把"思想解放、行为规范"作为小早培教育教学的指导思想，在教育中通过养成教育规范学生行为，在教学中通过保护好奇心、想象力的教学模式解放学生思想。同时，老师们秉承"智慧陪伴、用爱引领"的教育思想、"爱与尊重"的教育理念，在工作中用爱心和智慧陪伴学生成长。

围绕"思想解放、行为规范"的指导思想，我们进一步确立了"遵德守礼、文明互助，做儒雅早培少年；勤奋努力、自信自强，做阳光早培少年；善思好学、创新创造，做卓越早培少年"的学生成长目标。五年多来，小早培工作注重以德育为先，把培养习惯、塑造品格放在第一位，希望我们的学生不仅具有聪明才智，更要有良好的习惯和文明的礼仪，为拔尖创新人才的终身发展奠定基础、打好底色，并以此来确定养成教育的路径和方法，进行尝试、探索与实践。

（一）常规德育注重养成

播种行为，收获习惯；播种习惯，收获性格；播种性格，收获命运。在小学阶段培养好的行为习惯和学习习惯对后期学习乃至终身发展都将起到至关重要的作用。培养习惯、塑造品格成为小早培常规德育的重要组成部分。为此小早培设计了以"践行规则—培养习惯—修习礼仪"为主线的养成教育思路，通过班级自治管理增强规则意识，通过学习技能培养良好习惯，通过文明礼仪进课堂教学生知礼懂礼，希望孩子们成为自知、自律、自觉、自信的文明少年。

1. 践行规则

区别于常规班级建设中的班规班训，小早培各班引入"教室里的正面管教"课程，营造赞赏、鼓励、信任的班级氛围，师生共同制定日常学习惯例表，包括课堂惯例表、课间活动惯例表、卫生值日惯例表等，就连走廊里贴的小脚丫也诠释着"轻声慢步靠右行"的规则。我们希望通过师生共同努力，学生自主建立规则、执行规则、遵守规则，激发孩子内心成长的力量，营造一个温暖、和谐的校园环境。

2. 培养习惯

好习惯能够让学习生活行稳致远，小早培的老师和家长对此有着高度共识。因此培养习惯成为小早培养成教育的重中之重，"好习惯伴我成长"系列活动也就成了小早培德育一以贯之的常规项目。

最早我们依据好习惯对照表，号召每人每月养成一个学习好习惯和一个生活好习惯，定期推选"好习惯"明星学生进行经验交流。一学期下来，阅读好习惯、倾听好习惯、时间管理好习惯……一个个好习惯在孩子们身上安家落户，而好习惯养成的背后有老师辛苦的养成记录，有家长不厌其烦的耐心叮咛，更有孩子们坚持不懈的努力。

后来我们学习了"儿童技能教养法"，巧用三重赞美把孩子的问题转化成技能。在学习技能的过程中，孩子们寻求支持者的鼓励和帮助，相互之间用手势提醒和建议，学会一个技能就举办一个庆祝活动。SMS（慢步右行）技能、do-re-mi（轻声说话）技能等，学习了一个技能也就养成了一个好习惯。在学习技能、培养习惯的过程中还学会了如何更好地沟通与相处。

现在我们又开展了"十个文明好习惯"活动，专注于学校生活中的文明行为。各班组织中队会、主题德育课，让孩子们形象地把不好的习惯丢进垃圾桶，给好习惯写邀请函。我们请各班在升旗仪式上进行展示，礼仪操表演、情境短剧示范，还有榜样同学的成长感言。"十个文明好习惯"活动在小早培再次激发了学生习惯养成的动力和热情。

以"儿童技能教养法"为抓手，多层次、多角度持续开展、不断叠加，促进习惯养成，让每一个孩子真正养成几个受益终身的好习惯是小早培常规德育的出发点和落脚点。

3. 修习礼仪

自 2015 年开始，小早培引入"文明礼仪"课程，聘请专业礼仪教师走进课堂，每周每班 1 节课（1～2 年级）进行礼仪培训。儿童礼仪课程内容涉及基本站姿坐姿、指示礼仪、交往礼仪、电话礼仪等方方面面，小朋友学了基本礼仪后要进行微笑打卡、拥抱打卡，目的是学以致用。在学期末的"文明礼仪"展示活动中，礼仪演讲、礼仪操表演、礼仪微视频多角度呈现了礼仪课程学习的成果。

小早培成立以来，每天早上的早迎接已形成惯例，成为早培楼一道美丽的风景。"老师早上好！""同学早上好！"师生互相鞠躬问好，这样的早迎接一坚持就是五年，这样的坚持使得"见到师长鞠躬问好"成为小早培孩子的一个习惯动作，逐渐也内化成为他（她）们礼仪修养的一部分。

常规德育重在养成，以润物无声的环境养成，以老师的言传身教养成，以师生共同创设的场养成。"践行规则—培养习惯—修习礼仪"为主线的常规德育在孩子们身上收到了非常好的效果。家长们反映，孩子入学以后爱上学、喜欢学校，自主学习的意识和能力增强了，比以前更有礼貌了。高年级的老师们说文明礼仪是小早培学生的一张名片。

（二）主题德育引领成长

在学校德育工作中，常规德育是每天都要做的"规定动作"，是在长期坚持中培植的德育土壤。在这片土壤之中，主题德育是我们精心栽种的鲜花，让德育园地变得更加丰富多彩，也更能丰盈孩子的心灵，引领孩子成长。

1. 身边榜样激发成长力量

每学年小早培都要开展"身边有榜样，心中有梦想"主题活动，引导孩子向好、向善、向身边榜样学习。第一期"早培少年荣誉墙"榜单推出了 18 位身边的榜样，他们是小早培的团结友爱好少年、责任担当好少年、勤学精思好少年、遵德守礼好少年、突出特长好少年，突出早培少年遵德守礼、服务担当的榜样形象。

应该说在小早培大家庭里，每一个孩子都有闪光点，每一个孩子都是老师心中最棒的，每一个孩子的闪光之处都值得大家学习和尊重。主题活动旨在鼓励每一个孩子发现自身优长、看到同伴的闪光之处，树立榜样、播种梦想，做更好的自己。榜样的力量是无穷的，相信在身边榜样的带动下，小早培的孩子们会不断提高自身素养，成长为儒雅、阳光、卓越的早培少年！

2. 少先队活动厚植爱国情怀

早培少年，童心向党。小早培引领学生通过做事感受祖国的伟大，激发孩子们的爱国情怀，增强其作为中国人的自豪感和幸福感。

今年开学我们开展了升国旗主题活动："爱国，从我做起"。每周一的升旗仪式上，学生们面向国旗庄严地敬礼，那是小早培爱国旗、爱祖国的真情表达。同学们向爱国先辈学习，纷纷表示要从身边小事做起，勤奋执着、志存高远、担当责任、心系祖国。

2017级学生在天安门国旗护卫队驻地举行入队仪式。在入队仪式之前，同学们走进国旗护卫队的荣誉室，了解这支荣誉之师的发展历史，为解放军叔叔护卫国旗、祖国荣誉高于一切的信念所感动。随后，全体师生及家长一起观看了国旗护卫队战士展旗与收旗的演练。虽然只有短短几分钟，但是这凝聚了战士们业精于勤的精神！由国旗护卫队的战士讲解国旗的活动，让我们对国旗、对祖国更多了一份眷恋和热爱。

2019年5月，"红五月歌咏比赛"拉开序幕。《祖国，我悄悄对你说》《我和我的祖国》等一首首爱国歌曲抒发着师生们浓厚的爱国情。这是小早培为"新中国七十华诞献礼"而举行的歌咏比赛。

暑假期间，我们布置了"大眼睛看中国"的实践活动，鼓励孩子们通过实践活动观察体验祖国七十年变化。《我家七十年的变化》《北京胡同的变迁》《中国铁路七十年变化》等是同学们在家长的支持下亲身体验、亲自撰写的文稿，都拿来跟大家一起分享。同学们有亲身实践、有数据分析、有思考表达，当现场播放七十年来我国GDP变化的动画时，全场沸腾、群情激昂，孩子们为祖国七十年来的巨变感到自豪和幸福。

几年来，小早培德育工作注重爱国主义教育，通过各种活动厚植爱国情怀，引导孩子系好人生第一粒扣子，争做新时代好少年。

3. 传统文化滋养成长底蕴

为践行"延华夏文脉，谱人生华章"弘扬中华优秀传统文化的理念，小早培开展了以"元宵佳节到，早培春意闹"和"粽香情浓话端午"为主题的传统节日实践活动。元宵节活动不仅有观五彩花灯、猜灯节谜语、颂元宵诗词、讲元宵民俗、品元宵美味，更有亲自动手制作花灯等一系列学生喜闻乐见的活动。端午节唱民俗歌谣、讲民俗故事，还邀请家长和孩子们一起包粽子。在活动中，学生既体会到了祖国传统文化的博大精深，又深深地为国学文化的魅力所折服。在这样的节日活动中，孩子们在传统文化中徜徉、在古典诗词里追忆，一声声赞叹、一阵阵欣喜轻轻拨动着他们心灵的琴弦，一点点感动、一丝丝甜蜜驻存在他们幼小的心底，最终化作一汩汩涌动的清泉，滋养成长底蕴和内涵。

我们还走进故宫博物院，每学期一次定期开展不同形式的文化活动，通过动手操作和实地参观引导学生认识故宫文化。2019 年寒假数学组老师布置了一个综合实践活动"故宫里的数字"，同学们尝试用多种方法丈量太和殿前广场的周长和面积，通过查阅资料了解这些数字背后的秘密，通过跨学科学习进一步了解我国优秀传统文化的博大精深。

4. 混龄活动增添成长快乐

倒数五个数，跨越三个年级的队员们就能集结完毕！这是小早培混龄编队集合时的情景。自 2018 年开始，小早培开展了一项特别的活动。这项活动，不仅让全校学生一下子熟络了起来，而且老师们发现，孩子们仿佛一瞬间都长大了，平日里调皮的孩子，瞬间变身为充满责任感、包容心和领导力的哥哥姐姐，或是乖巧懂事、积极参与并全力以赴的弟弟妹妹。无论任务看起来多么不易，孩子们总是勇往直前并且充满期待。这就是我们开展的全校混龄活动！早培一、二、四三个年级的同学们，组成了 14 个混龄小分队，共同在学校的实践活动中，携手共进，一起成长。

选组长、起组名、定规则，建组活动充满乐趣和挑战。每周五的课间操时间成为固定的混龄活动时间，小早培兄弟姐妹组成其乐融融的大家庭：孩子们记得初次组队时彼此脸上的欣喜，记得一起取水时的齐心协力，记得一起种下小树苗后彼此脸上的汗珠，记得午餐时哥哥给了弟弟仅有的一瓶酸奶，记得弟弟喂姐姐吃他最喜爱的水果……孩子们珍惜彼此、依恋彼此，更相信彼此。混龄小分队的精彩生活，才刚刚拉开帷幕，大手牵小手，一步一步走。

5. 跨文化交流拓宽成长舞台

2019 年 3 月，小早培全体师生迎来了来自美国芝加哥大学附属实验学校（University of Chicago Laboratory Schools）的校长、老师和同学们。他们为孩子们上了一节别开生面的跨文化研修课，和小早培的师生们进行了一次面对面的跨文化交流。孩子们化身为一个个"小小外交官"，通过这次短暂却独特的文化交流活动，在和高年级同学的沟通学习过程中感受了不同的文化，既展现了自己的风采，又得到了锻炼。英语手偶剧、十二生肖短剧表演、英语歌、演讲、趣配音全方位展示了同学们的英语学习成果，戏曲广播操、写书法、抖空竹，教外国朋友体验中国传统文化项目，孩子们的表现充分展示了早培学生朝气蓬勃的精神风貌。一场外事活动，孩子们个个都是让人骄傲的"外交官"，兴奋中透露出稚气的沉稳，张扬却不失谦恭有礼，那么骄傲自信，那么真诚可爱，让所有的外宾和在场的老师感到震撼。这样美好顺利的沟通相处来自人与人之间的真诚与热情，来自不同国度的人对和平友谊的共同向往，相信这份独特、难忘的体验会在每个小朋友心中种下一粒"世界儿童是一家"的种子，让孩子们以更广阔的视野和更远大的情怀去热爱生命、追求卓越、拥抱世界。

6. 校园活动见证成长精彩

每月一次的外出实践活动是孩子们认识世界、拓展实践能力的机会，足球节、科技嘉年华是附中和实验小学提供的多彩平台。"牵手迎新春，游艺过大年"元旦联欢活动，借助混龄小组，在家长志愿者的大力支持下，安排了具有知识性、趣味性的游艺活动，孩子们在相互协作中欢欢喜喜过大年。"王者'峰'范，智慧飞扬——最强大脑碰撞""倾听花开的声音——课程汇报展示"展现早培少年风采。"一起幸福成长，携手共创未来"爱心义卖活动，是老师为孩子们设计的有特殊意义的"六一"儿童节。同学们将自己的文具、书籍、玩具、作品等通过义卖进行交换，既提高了物品的利用率，同时将义卖所得用来购买一些文具，捐献给新疆和田市北京海淀小学的孩子们。同在蓝天下，共筑祖国情！一个学期，校园内外丰富的活动见证了孩子们成长的精彩。

小早培的德育实践探索以养成教育增强学生规则意识和习惯养成，以文明礼仪课堂滋养向美向善的德行，以主题教育引领学生成长方向，以丰富的校内外活动拓宽学生视野。我们始终坚信，有爱的地方一定会激活每个人心灵深处爱的本能，学会爱是育人最根本的目标。

(三) 小早培德育案例

尊重个性 助力成长
王 娟

2014 年 9 月新生入学，一个留着西瓜头、戴着小眼镜、言语不多的小男孩引起了我的注意。经验告诉我，这一定是一个不好"教"的孩子。他叫小田。

小田少言寡语，爱发脾气，约定好的事情，一旦改变，他准会大发雷霆。每每遇到这种情形，我都要一遍遍耐心地跟他解释，安抚他急躁的情绪，最终他也只是勉强接受。身边的同学很少跟他交流，更谈不上交朋友。一个学期下来，他仅能记住三五个同学的名字，还对不上号。遇到体育课、足球课，他从不参加集体运动，总是一个人跑到草丛里、树底下与一只只小昆虫为伴。每次看到他孤独的身影，我心里都酸酸的，总会走过去听他讲讲那些昆虫的故事。

一次午间休息，小田发现一只瓢虫趴在楼道的窗台上。他把瓢虫带回了教室，放在了窗台的绿植上，并叮嘱我说："没人管它会死的，让它待在这儿吧。"看着他认真的样子，我笑着点点头。好奇的同学们也来围观，看着他在绘画本上一笔一笔地勾勒，不一会儿一只活灵活现的小瓢虫跃然纸上。他表现出的绘画天赋，让我们惊叹不已。从那以后，越来越多的同学愿意跟他接触，每当他在座位上画画时，总会有同学围过去，而他也会津津乐道地讲述自己的作品。我将他的书画作品装饰在教室的墙壁上，开设学生讲堂让他讲解自己的作品，每一次的假期生活交流，大家最期盼的就是小田的作品。小田的生活变得不再孤独，慢慢地也学会了为他人着想。后来，他主动承担了每天中午拿酸奶的工作，这份工作他一干就是五年。

小田文化基础弱，文化课比较吃力，这也是家长最担心的。为了帮助他更快地进步，任课教师们在课堂上给予他更多的关注，借助相对浅显的知识鼓励他积极发言，激发他参与课堂的兴趣，树立课堂学习的自信心。课后开设分层作业，针对他的学习状况变换作业形式，制订切实可行的学习方案。小田是幸运的，在小早培有很多老师会利用午休时间为他补课。小田更是善良的，一次教师节，他自己动手做了一棵"感恩树"，记录了每位老师给予他的帮助。有些事情老师们都已忘记，却在他心里深深地扎下了根。

像小田这样的孩子，在我们的集体中还有很多，他们也有着共同的特点：个性鲜明、见多识广、自我意识强，但集体观念、合作意识比较差。在不断观察和思索中，"尊重个性，和而不同"的班级管理思路在我心中粗具雏形。借助"正面管教"和"儿童技能教养法"等教育理念，开展丰富多彩的班级活动，引导孩子们认识规则、学会学习，懂得在"规则"中和谐相处、张扬个性。

当然，班级文化的建设更离不开家长们的大力支持。"家长课堂"是我们的传统活动，家长们邀请各个领域的知名专家到教室里给孩子们授课，丰富了知识，开阔了视野："神舟十号"太空研究专家金声爷爷、"蛟龙号"潜航员付文韬叔叔，还有毕业于人大附中、就读于北京大学元培学院的余逸伦哥哥，都曾经给孩子们讲过课。尤其是这位学霸哥哥，他在课上全方位展示了一位青年科研人员的风采，给学弟学妹们带来了很大的启发和鼓舞。

有效而多样的活动浸润了班级文化，挖掘了每个孩子的潜能。如今的小田早已是大家心目中的儒雅少年，擅长绘画、喜爱书法、钟情写作，在学校几次书画展中他的书画作品都受到了专家团队的一致好评。因为喜欢创作，他创办了"狐七大王"公众号，"书画作品"栏目中收录了自己的书画作品；"古文观止"栏目中以漫画的形式解读自己对古典文学的感悟；"小田美文"中一篇篇清丽的小文记录了小小年纪的他对生活的观察与思考，读过之后或是感动不已，或是感慨万千……

当我们把"爱与尊重"给予孩子们的时候，其实我们收获的更多。

我庆幸与这些个性鲜明、创意无限的孩子相伴成长。有人说："不是槌的击打，而是水的载歌载舞，使鹅卵石臻于完美。"为了身边一颗颗五彩的鹅卵石，我愿如水般载歌载舞……

二、拔节孕穗期的引导和栽培——大早培德育实践

初高中阶段，是一个人的人生观、世界观形成、落实、强化的关键时刻。党和国家对此一直非常重视，并且从原则和政策上明确了要求。

党的十八大、十八届三中全会强调将立德树人的要求落到实处，2014 年教育部印发《关于全面深化课程改革落实立德树人根本任务的意见》。2016 年 9

月，由核心素养课题组公布《中国学生发展核心素养》。紧接着 2017 年 9 月中办国办印发《关于深化教育体制机制改革的意见》，2018 年 1 月教育部发布《普通高中课程方案和语文等学科课程标准（2017 年版）》，再一次明确了中国学生的核心素养是建立正确价值观念、必备品格和关键能力，构建以社会主义核心价值观为引领的大中小幼一体化德育体系：理想信念教育、以爱国主义为核心的民族精神教育、以改革创新为核心的时代精神教育、道德教育、社会责任教育、法治教育、中华优秀传统文化和革命文化教育、社会主义先进文化教育。

在当前时代背景下，早培班秉承人大附中的办学理念"全面发展＋突出特长＋创新精神＋高尚品德"，着力于对中国学生终身发展的"核心素养"的培养，2016 年底构建了"早培学生发展的核心素养培养德育体系"（见图 1－1），以立体多元的德育课程体系为载体，以中国学生发展核心素养培养为主线，形成教育联盟、全员育人的德育共同体，培育学生正确的价值观，培育学生适应未来发展的必备品格和关键能力，培养学生成为具有中国心、民族魂、创新力的全面发展的人。

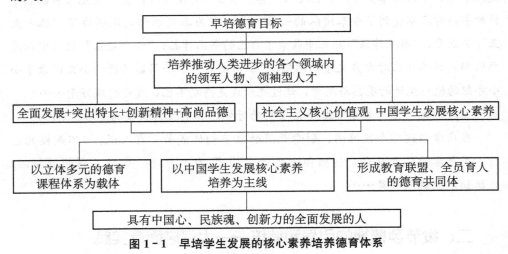

图 1－1　早培学生发展的核心素养培养德育体系

为了更好地开展德育实践，早培班成立了以"班主任-年级组长-心理教师-主管领导-校长"为核心的德育工作共同体，创设了以"班级-年级-学校-社区-社会"为共同教育资源的德育大课堂，形成家庭、学校、社会联动教育联盟，共同开展德育课题研究，举办丰富多彩的德育教育活动。多年来，早培德育工作已经形成了"四叶草工作室""家长学校""圆桌会议"等富有特色的德育形式。早培班在这个阶段落实"全员育人、全程育人、全科育人"的德育理念，加强对学生思想道德建设，致力于把学生培养成讲诚信、守规则、懂礼仪、有公德、敢担当、善学习、勇创新，全面发展、高素质的优秀人才，使他们具有"健康人格、高尚品德、创新能力、质疑精神"；学会做人，懂得感恩；善于倾听、善于合作，具有高度的团队意识；具有良好的心理品质和强大的抗挫折能力。

（一）立德于心，外化于行，课程育人是早培德育主阵地

为培养未来适应民族复兴、大国崛起的一代新人，造就一批批有理想、有本领、能创新的拔尖人才，我们确定了"课程育人的基本理念"（见图1-2）。我们希望通过阶梯式的课程设置，引导学生在掌握知识技能的同时，不断激发他们的内驱力，培养创新思维，塑造创新人格，为学生成为未来的创新人才夯实基础。

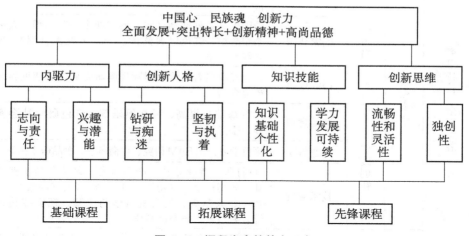

图1-2 课程育人的基本理念

近几年来，早培班在早培德育目标和课程理念引领下，每学期都会向学生开放丰富多彩的研修课，聚焦对学生核心素养的培育。研修课突出课程的多样性、选择性、实践性和创新性，着眼于学生长远的发展，充分发掘学生的个性和潜能，聚焦中国学生发展核心素养的培养，创新动态多元评价模式，培养社会主义核心价值观。表1-1列出了2017—2018学年度早培核心素养培养德育课程体系研修课。我们围绕"自主发展""社会参与""文化修养"三个维度、六大素养、18项指标开设了73门研修课，为学生自主发展、素养培养提供了广阔的天地。

表 1-1 早培核心素养培养德育课程体系研修课（2017—2018 学年度）

目标	三个维度	六大素养	18项指标	主题实践活动（拓展类、先锋类研修课）（73门）
突出特长、全面发展	自主发展	学会学习	乐学善学	全国五子棋锦标赛冲刺（荣誉课）
			勤于思考	自主电子学、微观化学、物理自主实验探究
			信息意识	创意传播管理、算法与程序设计（高级）
		健康生活	珍爱生命	传统中医学、远足活动、橄榄球、足球、羽毛球研修课、篮球联赛、足球联赛等
			健全人格	哲学导论、心理聊聊吧、阳光少年
			自我管理	预备医生、"超学科项目学习"、生涯规划、手拉手助力成长
	社会参与	责任担当	社会责任	早培关爱无偿献血者公益研修"红色行动"、早培听障儿童语言康复行动公益研修"孩子，让我们一起说"
			国家认同	爱国主义系列活动（国家的"四个一"工程、大屠杀纪念馆、红色经典阅读，一二·九大合唱）、兴国红色研学
			国际理解	世界经典名著阅读、国际理解研修课、暑期世界名校夏令营
		实践创新	劳动意识	滑雪基础与提高、科技俱乐部、红色研学社会实践、手工制作
			问题解决	项目学习、STEAM研究、生命科学、食品微生物学
			技术应用	3D打印、桥牌竞技、产品研发、科技创新实践活动、乐高机器人（初级）、FLL机器人（高级）、工业机器人基础、无人机科学与工程、视觉传达设计、航空航天与空间科学
	文化修养	人文底蕴	人文积淀	经典诵读、练字正心、名著阅读、国学研修课、千古风流人物、中国传统文化之旅、人间的诗意、古体诗词写作
			人文情怀	"名园讲堂——颐和园志愿讲解"
			审美情趣	中国画科学画法、创意工坊、舞之韵、化学之美——宝石鉴赏、素描生活涂绘、古玩鉴赏
		科学精神	理性思维	科学类研修课、领导力课程
			批判质疑	演讲与辩论、英语辩论赛、模拟联合国
			敢于探究	大学高端实验室研究、生活中的物理、温室植物栽培、物理实验探究、舌尖上的化学、养线虫、品质生活与化学

总而言之，早培班德育工作立足于为学生终身发展奠基，为孩子人生幸福铺路，使之努力成长为能够以自己的创新推动人类进步的拔尖创新人才，成长为建设世界科技强国的栋梁之材。

（二）早培德育文化的内涵

经过十年的探索与研究，早培班已形成"智慧陪伴，用爱引领""文化浸润、美育养气、礼仪修身"等早培德育文化。

1. 坚持理想信念教育，厚植爱国情怀

理想远大、信念坚定是学生成长成才的精神支柱和前进动力。我们通过各种形式的德育活动，如班级主题班会、主题黑板报、年级主题教育、学校升旗仪式、成长纪念日活动、参观市区组织的大型的"伟大的变革——庆祝改革开放40周年大型展览"等各种形式，用社会主义核心价值观引导学生积极思考，教导学生继承革命传统，树立高尚的理想情操，养成良好的道德品质，坚定爱国信念，传承红色基因，厚植爱国情怀。

人大附中早培项目致力于探索培养"推动人类进步的各个领域内的领军人物、领袖型人才"，我们的教育宗旨是秉承人大附中培养理念"全面发展＋突出特长＋创新精神＋高尚品德"，培养学生具有中国学生发展的核心素养，具有学会学习、实践创新与科学精神，具有责任担当、人文底蕴和健康生活的能力，使学生成为具有中国心、民族魂、创新力的全面发展的人，为国家的未来培养合格的建设者和可靠的接班人。

我们深知肩上的重担，我们没有理由不奋发图强，没有理由不砥砺前行。我们人大附中早培项目的学生，更要具有这种责任感和使命感。

为了更好地帮助学生感受红色文化，从2015年开始，我们与江西兴国建立长期教育实践合作机制。现在，江西兴国已经成为早培红色教育基地，我们每年都要带领早培学生前往革命老区进行为期一周的红色教育社会实践活动，传承革命传统文化。

"千里兴国行，难忘红土情"。学生在研学活动结束后有这样的反思：

当我第一次踏入兴国班的教室时，我被教室的落后条件震惊了：桌椅在我看来是破旧不堪的，墙壁也早已不知斑驳掉了几层外衣，一股贫困的气息

扑面而来。然而与之对应的却是当地同学们拼搏向上的精神。他们渴望学习，他们乐观积极，当我走进教室的时候，我的结对对象桌子上还摆着一本"物理王后雄"。看到这些，我不禁想到了我们自己：我们拥有良好的家庭状况、优质的教学环境，有时却还在故意放纵自己，浪费大好时光，甚至对学习有些厌烦，这是为什么呢？与他们相比，我们有什么资格不去拼搏呢？

我们要倍加珍惜今天的幸福生活，倍加珍惜我们今天的和平环境，我们这些新中国的未来建设者，要继承革命先烈的遗志，永葆革命本色，要发扬红军的光荣传统，以战斗的精神，以不怕苦、不怕死的意志和毅力来建设我们的国家，保卫我们的家园。

2. 加强传统文化教育，增强文化自信

中国传统文化是学校德育的宝贵精神资源，其价值观是中华民族智慧和文明的集中体现。

早培班的传统文化教育渗透在班级文化建设、年级文化引领、学校名家讲坛以及学科课程设置各个层面。

早培语文组创设的"名著阅读"课程不仅是涵养学生人文情怀的殿堂，更是陶冶学生道德情操的天地。语文组遵循学生的认知规律，对传统文化经典进行系列化整合，为不同年级的早培学生分别列出了"名著阶梯书单"，通过课堂导读、学生自读、分享等形式巧妙地将中国传统文化与道德教育结合起来，引导学生继承和发扬传统美德，培养学生爱国主义精神，塑造学生正确的人生观。"名著阅读"具有深远的现实意义和德育价值。

早培专门开设的礼仪课程，在传承传统文化礼仪基础上，让学生感受现代文明礼仪之美。在礼仪学习中，老师紧密结合学生的生活，通过生动活泼的形式让学生在礼仪文明的浸润中健康成长。

早培传统戏曲艺术课程更是如此，它极大地激发学生对京剧传统戏曲艺术的自豪感和热爱之情。这门课通过弘扬中国文化和传统艺术，让学生领略艺术之美，培养艺术思维，提升审美意识，增强民族自豪感。

早培班还开展以"传统节日"为主题的德育活动，使学生认识、理解、热爱传统节日文化，并将其融入日常生活中。在诸如清明冷食、爱心集市、端午自制粽子等德育活动中，学生逐渐具有了传承优秀传统文化的意识和责任感。

学校每隔一段时间，就会开设"名家讲坛"传播传统文化。比如中共中央党校刘余莉教授就曾两度来校做"力行圣学根之根，争做现代君子"的报告，引导学生读书志在圣贤，身体力行弘扬传统文化。刘教授通过一个个浅显生动的故事，让先贤哲理渗透到孩子们心田，潜移默化地滋养孩子们幼小的心灵。

3. 严抓习惯养成教育，立足终身发展

教育就是培养好习惯，培养好习惯要以培养健康人格和良好素养为目的。在对超常学生与普通学生的比较中，我们发现，超常学生优势明显，他们有浓厚的认知兴趣，旺盛的求知欲；思维敏捷，理解力强，有独创性；处理事情时有信心，进取心强，善于思考；等等。但同时也存在很多认识偏差，他们重理轻文，喜欢挑战规则，课堂有时过于活跃，学习和行为习惯较差，容易以自我为中心，社交能力较差，容易发生冲突和矛盾。为此，我们特别关注对早培学生的养成教育，在初高中阶段，特别注重对学生核心素养的培养（见表1-2）。

表1-2　14项核心素养

1. 诚实守信	8. 创新精神
2. 乐学善学	9. 审美情趣
3. 遵守规则	10. 珍爱生命
4. 自主管理	11. 健全人格
5. 团队合作	12. 社会责任
6. 劳动意识	13. 人文情怀
7. 敢于探究	14. 国际理解

4. 重视心理健康教育，培养创新型人格

在现代社会，人才竞争激烈，要求个体人格从传统向现代的转变。创新型社会下个体人格应该是具备开拓创新精神、独立的个性品质，富有坚定的意志和高度责任感（见表1-3）。德育作为一种教育人、培养人的教育活动，培养创新型人格是早培德育的重要任务之一。

在教育实践中，我们发现创新型人格的培养与家庭教育密不可分。为此，早培班在初高中建立家长学校，开设如创新力培养、亲子关系、当孩子的助力器等各种心理讲座，实行家校联动，帮助学生建立自信，培养抗挫折能力，增强社会

表1-3　创新型人格特征

创新型人格	认知特征	实事求是，不盲从、不迷信
		兴趣广泛，愿意接受新经验
		能接受不确定性，尊重反面意见
	情感特征	有较强的自信心
		有强烈的社会责任感
		乐观面对困难和挑战
	行为特征	既追求理想，也能适应现实
		能做到自我管理，能与他人合作
		敢于打破常规，并能坚持不懈

责任感，提高个体适应社会的能力，使自身与集体和社会的关系更加和谐，为学生创新型人格的塑造搭建平台。

为了满足学生情感需求，及时关注学生成长中不可避免的心理困惑，早培班创建了"心理聊聊吧"以加强心理辅导，向学生提供经常、及时、有效的心理健康指导与咨询服务，努力营造学生健康成长、快乐成长的良好氛围，帮助学生做好心理调适，培育积极向上的健康心态。

"心理聊聊吧"设在早培楼208教室，便于学生来往，为学生和教师提供一个心理疏导、舒缓情绪、经验交流的场所。为了在最大程度上帮助学生和教师，心理老师陆丽萍在设计的时候，将"心理聊聊吧"根据不同的人群需求划分为几个功能区：心理咨询区、团体辅导区（也可用于教师沙龙）、办公区、图书角。功能区分类介绍如下：

心理咨询区为"心理聊聊吧"最里侧，用毛玻璃或者屏风隔断，主要用于中午和下午放学后接待学生和教师咨询。

团体辅导区为"心理聊聊吧"中间空的场地，主要帮助有相似困扰的学生、家长、教师聚在一起解决心理、情绪困扰。

办公区放置于"心理聊聊吧"的另一角落，主要用于整理、分析和总结学生信息资料。

图书角为靠墙放置的开放式书柜，里面摆放学生和教师两个群体各自感兴趣的心理书籍，例如学生感兴趣的书籍《男孩青春期手册》《我真棒：缺乏自信心时读的故事》等，以及教师可能感兴趣的书籍《做一个会"偷懒"的班主任》《班主任工作的 55 个"鬼点子"》《心理咨询师的 14 堂必修课》等，学生和教师在咨询时间之外还能在这里获得他们需要的宝贵知识，解决他们不愿向人倾诉的困惑，提供自助性服务。

家长学校定期对家长开放，由心理学博士陆丽萍老师设计并完成讲授工作（见表 1-4）。家庭是人生的第一所学校，家长是孩子的第一任老师，家庭教育是立德树人的第一个环节。家庭教育不到位，不仅会削弱学校教育的效果，还会给孩子发展造成一定的消极影响。但不少家长在教育方面存在一定的误区。家长学校可以通过定期举办各种活动进行科学与专业化的引领，引导家长掌握科学的教育理念和方法，弘扬良好的家教家风，把家长引导和培育成立德树人的一支有生力量，引导家庭教育把重点放在言传身教，给孩子上好人生第一课。孩子的健康成长，家长是第一责任人，要引导家长承担好法定的养育和教育责任。

表 1-4　陆丽萍老师的系列心理讲座

	时间	主题	主要内容	讲授年级	讲座效果
1	2016 年 3 月	怎么爱孩子才能为其计深远	教会家长眼光放长远	早七全体家长	良好
2	2016 年 5 月	做负责又轻松的父母	帮助家长解答教育困惑，寻找合理的教育方法	早六至早九年级问题学生家长	良好
3	2016 年 11 月	工作中的冲突解决	帮助班主任应对班级学生及家长纠纷	早培班主任	良好
4	2016 年 11 月	当适应期遇到青春期	帮助家长了解自身和孩子的代沟，学习如何相处	早七全体家长	良好
5	2017 年 3 月	早培学生特点及家长应对策略	帮助家长了解学生身心发展特点	早六全体家长	良好
6	2017 年 4 月	与青春期孩子的相处原则	帮助家长重视并学会应对青春期孩子的常见状况	早七全体家长	良好
7	2017 年 11 月	怎么说，孩子才会听	教会家长与孩子沟通技巧	早六全体家长	良好

续表

	时间	主题	主要内容	讲授年级	讲座效果
8	2018 年 4 月	亲子关系的艺术	引导家长重视并学会维护亲子关系	早六至早九部分家长	良好
9	2018 年 6 月	突破自我，冲刺中考	帮助初三优秀学生积极应对中考	初三优秀学生	良好
10	2018 年 11 月	良好亲子关系，教育的前提	引导家长重视并学会维护亲子关系	早六全体家长	良好
11	2019 年 4 月	亲子沟通有妙招	教授家长正向、有效地与孩子沟通	早六至早九家长	良好
12	2019 年 11 月	积极情绪的力量	引导家长察觉和调整自身情绪	早六至早九家长	良好

5. 浸润美育教育，塑造美好心灵

美是纯洁道德、丰富精神的重要源泉，早培班通过美育课和创设美育文化走廊浸润美育教育，以美育人、以文化人，引领学生树立正确审美观念、陶冶高尚道德情操、塑造美好心灵。

美术老师曲涵在研究早培学生特点之后，希望通过美术课激发学生学习美术的热情，引导他们用心去发现美、感受美，然后用自己的方式去表现美、创造美。针对这个目标，她设计了一些让学生感兴趣的课程。比如，"向大师学习"的作业展，就是展出学生们在课上对梵高的油画进行创造性临摹的作品。让学生向大师学习如何去观察和表现生活中美的形态。同时，她利用楼道板报创办各种主题的作业展览如"纸盒里的故事"，充分让学生们在动手中激发了自己的想象力和创造力，通过大胆的创意和精彩的制作，最终让每一个纸盒里都呈现了一个美好的故事。

文化走廊不仅传递美，更传递爱。曲老师创办的"教师节节日卡片展"很好地把课程与节日结合在一起，在教师节的当天，以汇报展的形式向所有的老师表达了学生们深深的祝福。通过这个课程，学生们知道了"美"和"爱"是联结在一起的，"美"不仅是可以创造的，也是可以传递的，这是一种很珍贵的感恩意识。

曲老师不断利用楼道组织课程作业汇报展，一方面增强了学生们学习美术课的自信心，让他们认识到通过自己的想象和动手实践，可以创造出一件件能展示自己想法和风格的美术作品。另一方面，每个课程汇报展的呈现，都在为学生们提供一个相互学习、相互交流的平台，让他们开阔眼界，感受艺术表现的多样性，进而促使他们取长补短、共同进步。

此外，我们创设了丰富多彩的月主题教育活动，如 3 月的摄影节，4 月的传统文化节，5 月的戏剧节和美术节，6 月的朗诵节和科技节等，寓教于乐，将德育美育融为一体，通过活动陶冶学生情操，净化学生心灵。

6. 实践劳动教育，陶冶高尚情操

立德树人，知行合一。实践是培养人的主要途径，要将教育与生产劳动和社会实践相结合，以知促行、以行促知，学以致用。新时代社会主义特色建设者必须是德智体美劳全面发展的人。"劳"列入全面发展的素质要求，丰富了新时代党的教育方针的内容。习近平总书记对此做了深刻论述，强调劳动可以树德、可以增智、可以强体、可以育美，要求加强劳动教育。

为了培养学生的社会责任感，加强劳动教育，引导学生体会劳动的喜悦，懂得劳动的光荣与伟大，早培班自 2012 年起陆续开设了"红色行动——关爱无偿献血者""孩子，让我们一起说——听障儿童康复行动""名园讲堂——颐和园志愿讲解"等三门公益研修课，培养学生劳动意识与责任担当素养，课程延续至今，一直受到广大师生和社会各界的好评。

公益课程由早培班联合国际公益组织狮子会合作开发，由早培班心理老师指导，学生为主体，志愿家长参与，是真正地实现学校、社会、家庭合力共同教育的创新课程。每周一次的公益课程，给了学生学习爱与担当的真实情境，学生得到成长，老师、家长也受益良多。公益课程一度成为秒抢的最热门的研修课，家长赞誉其为"最好的一门研修课，没有之一"。

在公益研修课中，"责任与担当"成为爱的自然流露；在课程之外，"责任与担当"成为很多学生生活的一部分。课程只是一个开始，我们为学生们播种下爱的种子，志愿行动在早培学生中蔚然成风。到高中阶段，学生们自发地将公益课程发展为社团，让早培的公益项目得到推广，走向全校，如"名园讲堂社""予言公益社"，学生们的团队合作能力、领导力无形中得到了锻炼。

除此以外，高中早培学生自发的公益行动更让人感动。丁子扬同学利用自己的音乐特长，利用研修课时间，每周一个半天在农民工子弟学校教小提琴演奏，每次往返要 3 个小时，坚持了两年，并且整理了教案、撰写了教材。王彦博同学发起了"古钟学堂"志愿服务项目，从大钟寺博物馆的志愿讲解员做起，社团不断壮大，活动形式不断丰富，走进社区宣传、在传统佳节进行古钟演奏表演，拍摄录制宣传片，在 2016 年 10 月北京市志愿者联合会上，"古钟学堂"作为为数不多的中学生志愿项目，获得文教类服务项目的支持资金 1 万元。张钦晨同学从"红色行动"公益研修课上，深受启发，开始关注社会弱势群体。八年级暑假她在自己的家乡实地调查、参访，撰写调查报告《湖南澧县留守儿童家庭调查纪实》。高中阶段，她一直持续关注这一社会问题，撰写的《城镇留守儿童更可怜》《一名北京高中生与两名留守儿童父亲的问答》发表在《中国青年报》上，受到广泛关注。她还成立"姐妹连公益社"，发动志同道合的北京高中生与家乡的留守儿童结成一对一的对子，通过书信往来给予留守儿童学习和心理方面的帮助。总结中学阶段的实地调查、公益行动，她撰写的《在公益活动中找到人生的方向》在《少年儿童研究》上发表。如今，就读于清华大学经管学院的她依然在关注留守儿童的问题，目前正在尝试利用数学模型，从经济社会学的角度为留守儿童的政府干预提出一些建议。她在实践中领悟到："科学的终极价值是人文价值，而实现人文关怀须以科学素养为基础。"

公益研修课已经融入早培学生日常学习和生活，成为早培班劳动教育的特色。而学生从德育教育中内化而成的美好德行又使学校课程延伸到学生自主社团，让更多的学生在公益行动中践行爱与担当。

7. 开设"名家讲坛"，为学生指引方向

学校与大学及科研院所进行对接培养，建立了多个对口的实验基地，早培班通过"走出去""请进来"的方式，搭建各种平台，为学生指引正确的人生方向。表 1-5 给出了"请进来""名家讲坛"的部分科普讲座。嘉宾都是来自大学及科研院所的院士和教授们，科学家们用浅显易懂而又生动的语言为学生们打开了通往未知世界的大门，激发了学生热爱科学、励志报国的信念。"名家讲坛"成为早培班最受欢迎的科学实践活动。

表 1-5　"名家讲坛"部分科普讲座

讲座名称		主讲嘉宾
神奇的干细胞与再生		中国科学院周琪院士
以超感看起源		中国国家天文台射电天文研究部首席科学家、研究员李菂
自主 CPU 发展之路——龙芯		中国科学院计算所总工程师胡伟武
创客系列讲座	热机：一段关于冰与火的故事	苟仲武教授
	创客是怎样炼成的	
	21 世纪的工业革命	
黑洞与引力波		清华大学数学中心于品教授
从视觉智能进展看 AI 之 ABCDE		中国科学院计算所研究员山世光

（三）早培德育案例

在厚植爱国主义情怀上下功夫，重在抓实
高江涛

抓住青少年正处于世界观、人生观、价值观形成的关键时期，让爱国主义精神在学生心中牢牢扎根，教育引导学生热爱和拥护中国共产党，立志听党话、跟党走，立志扎根人民、奉献国家，使他们成为社会主义建设者和接班人，在厚植爱国主义情怀上下功夫宜早不宜迟，从根上浇灌，从娃娃抓起，重在抓实。当代的青少年不喜欢古板的说教，更排斥训斥，特别是处在青春期的青少年，性格上也处在逆反阶段，因此，我们的课程、课堂或者活动设计，教育教学行为都要发展创新，精耕细作，符合少年儿童的心理和生理特点，适合当代青少年儿童的口味。我们的做法是长拳、短拳、组合拳并举，既有从小学到高中的长期规划，又有针对不同的年龄段每个学段的具体举措。除了学校的常规课程，我们还进行了四个方面的实践探索，一个是做事，一个是读书，还有项目研究和专题活动。

一、系好人生第一粒扣子，在实践中引导学生形成真善美相统一的人格

小学生注意力集中时间很短，读大部头的名著对小学生来说有一定困难，但灵活有趣的活动很容易吸引小孩的注意力，低年龄的小孩有愿意在团队活动中积极参与、踊跃表现的特点，因此，安排力所能及的立志听党话、跟党走、爱国家、爱人民的事情，孩子们还是愿意去做的，可能在潜移默化发挥终生难忘的作用。

在 2018 年六一儿童节即将到来之际，人大附中实验小学一年级的老师们在策划如何对一年级的小朋友进行爱国主义教育，这么小的孩子怎样才能入心，成了讨论的焦点。老师们经过反复的研讨策划和筹备，最后确定主题——"早培少年，童心向党"，时间选在了 2018 年 5 月 26 日，地点选在了国旗护卫队的驻地，要做的事情是加入少先队，同时在国旗护卫队驻地向国旗敬礼，回家写绘本日记。这一天，孩子们不仅和老师、同学们在一起，还和父母、国旗护卫队的解放军叔叔在一起，入队仪式既隆重又很有教育意义，孩子们全身心投入，所有参加这个入队仪式的人都受到了深刻的教育。他们入队了，光荣地成为一名中国少年先锋队队员。

入队仪式上每一位家长要给孩子一封亲笔信并亲自给孩子戴上红领巾，六一这一天家长给老师发微信：2018 年 5 月 26 日是个令人难忘的日子，到今天我的内心还是激动的！看着孩子正式成为一名中国少年先锋队队员，学校老师和家委会的家长们用心为他们准备了一个这么棒的入队仪式，很感动！感动于老师们无私的付出，感动于家委会家长们不计回报的付出！孩子们懂得了很多，知道红领巾是国旗的一角，知道了五星红旗的含义，知道了五星红旗的红色是由革命先烈的鲜血染红的……国旗班的叔叔们一言一行也深深地感染了他，让他为能成为一名少先队员而自豪；在国旗下、在队旗下宣誓，他有了更多的责任感！

孩子们的绘本日记不仅画得精彩，写得也很传神：

……叔叔们睡觉的床都是上下铺，被子、帽子和水杯都摆放得整整齐齐，标准统一，连窗户打开的角度都是一样的。特别是被子叠得像"豆腐块"一样方方正正……

我们把第一个队礼献给了国旗，我心中无比自豪和骄傲！

我印象最深的是国旗班战士们的展旗和收旗，为了让展旗的动作更加流畅，叔叔们每天要举上百次的哑铃。

我为解放军叔叔"冬不穿棉夏不穿单"的顽强意志和祖国荣誉高于一切的信念所感动。

少年强则国强，我们要像《少先队队歌》中唱的那样，不怕困难，不怕敌人，顽强学习，坚决斗争，向着胜利勇敢前进，做一名优秀的少先队员。

这难忘的入队仪式我会永远铭记心中，时刻激励着我进步！

如果不是经过用心的策划，如果不是这样生动的环境，难以相信这些声音是小学一年级的孩子发出的。没有说教，却让爱国主义精神浸润心灵，让感恩在孩子们心中生根发芽……

从 2012 年 9 月开始，早培班七年级的每周二下午是公益研修课时间，同学们轮流来选，上课时间为一个学期，七年来我们感觉这个课程不仅仅是让学生学会了做公益，还打开了学生的视野，增长了见识，锻炼了观察能力。2012 年 9 月第一次开课是到献血站宣传义务献血，因为这半天里还有学生自选的其他课程，开始我们以为选这个课的人也许不会太多，结果非常出乎意料，这个课在网上一开，几十秒内被一抢而光，一度成为最受欢迎的课。2013 年 9 月我们又开设了听障儿童康复公益研修课，七年级的孩子到听障儿童康复中心，带着植入了电子人工耳蜗的四五岁小弟弟小妹妹们游戏、玩耍，教他们说话。七年级的孩子只有十二三岁，在家里还处于被长辈悉心呵护的年龄，也是非常顽皮的年龄，但当他们在一对一地教自己的"学生"一字字、一句句不厌其烦地重复听、重复说时所表现出来的耐心，外出时带着小弟弟、小妹妹游戏时的爱心，都让人动容，如果不是亲眼所见，真难以置信。没有抢上这门课的家长找到学校希望给孩子参与的机会，因为家长们也看到了，最受益的不只是被帮助的听障儿童，这些小老师在半个学期的公益研修课上，在真善美的人格形成方面得到的收获是在常规课程和常规课堂里根本就无法得到的。

二、读弘扬中华优秀传统文化和革命传统文化的书籍

我校语文教师以读书育人为宗旨，多年来坚持带领学生开展课外名著阅读，既有常规课上的阅读活动，又有专门的名著阅读研修课程；既有像四大名著这样的经典，又有弘扬革命传统文化的巨著。初中组语文教师对语文教材进行了大胆的取舍，减少了重复性机械性的练习、作业，把大量的时间交给学生，让《红岩》等名著真正走进语文课堂。老师们给学生讲解《红岩》创作的历史背景，指导学生对《红岩》的文本进行圈点批注，并引导学生一边阅读一边写读书笔记，记录自己阅读《红岩》时的点滴感触。随后，选择学生的优秀读书笔记印制成

"美文欣赏"，在读书笔记讲评课上进行具体的写作指导。为了更好地激发学生的阅读热情，老师们还采取了立体阅读的方式——指导学生在课堂上朗诵《红岩》中的经典文段、组织学生观看《烈火中永生》影视作品、根据《红岩》中的人物、情节创作对联及现代诗歌、推荐学生参观《红岩》纪念馆等，加深孩子对《红岩》和红岩精神的理解。同时，为了更好地推进《红岩》阅读，老师们还积极营造阅读的"场"，不仅学生读，教师读，师生共读，还带动家长读，亲子共读。在这个"场"中产生了一种力量，推动着每一个孩子展开阅读的画卷，传承历史的记忆，为终生发展奠基。一本《红岩》在青春校园里唱响的，是对历史的郑重态度，是对英雄的仰慕之情，更是对爱国心、民族魂的精神礼赞。我们相信，每一个捧读过《红岩》的少年都将更加懂得爱与善；我们相信，每一个从《红岩》开始捧读名著的少年，都将把阅读作为一生的习惯，都将拥有美好的精神家园！

三、支持学生参加增长知识、见识的项目研究

说到探究活动，往往使人想到的是科学探究，早培的学生尤其喜欢探究性学习，抓住这一特点，我们特别注意创造条件为学生搭建平台，给学生广阔的发展空间，支持学生参加读弘扬中华优秀传统文化和社会调查方面的探究性活动，以增长知识、见识。活动的开展既有利用了学校正常课表中研修课的时间，也有周末或者寒暑假时间；探究性社会实践活动的地点既有深入社区、工厂、学校、医院的，也有深入像博物馆、颐和园、植物园等类似场所的。

人大附中古钟社是 2015 年 3 月早培学生自发成立的社团，以"欣赏古钟神韵，弘扬传统文化"为宗旨，致力于让古钟文化走进社区、校园，甚至利用"互联网＋"的思路弘扬中华优秀传统文化，特别是让广大中小学生汲取传统文化精华，提高综合素质。社团里同学们的足迹从北京的大钟寺跨越到湖北省博物馆，利用每周两节的研修课时间，开展了"古钟铸造工艺探究"主题活动，也组织小型学术研讨会，还进入校园为中小学生讲解铸造原料、铸钟方法，古钟纹饰背后的文化背景，学编钟演奏，享古风遗韵。2015 年古钟社暑假里还组织了两期编钟演奏学习夏令营。除了面向中小学生，古钟社还做志愿者为游客讲解、演奏，甚至积极争取机会参加了中国尼泊尔建交 60 周年纪念活动等。每个活动都实实在在，同学们不仅学习了演奏，体会了古钟的魅力，培养了团队意识，更深刻领会了志愿服务精神，真是增长了知识与见识，社长王彦博同学持续地做了将近两年的志愿者，获得了"中国青年志愿者"称号。

2012年9月，张钦晨同学在早七年级时选修了每周二下午"关爱无偿献血者"的公益研修课，打开了视野，学会了观察。寒假随父母回湖南澧县的老家过春节，她注意到了城镇留守儿童现象，于是连续几年利用每年的寒暑假到湖南澧县进行社会调查。2013年她在八年级时写下了两万多字的《湖南澧县留守儿童家庭调查纪实》，经过深入调研她认为他们大多数不是贫困儿童，也不是问题儿童，而是缺少关爱的儿童。她的湖南澧县调研反思《城镇留守儿童更可怜》2015年3月在《中国青年报》上发表；后来她又到了北京市的一些工厂、建筑工地实地拜访留守儿童的父母，写出了调研报告《一名北京高中生与两名留守儿童父亲的问答》2016年4月再次发表于《中国青年报》。需要说明的是，当张钦晨发现城镇留守儿童现象后她提出了想进一步做调查研究时，学校老师给她推荐了费孝通先生的《江村经济》，梁鸿先生的《中国在梁庄》和《出梁庄记》等有关社会调查书目，积极指导她如何做社会调查，为她的社会调查奠定基础，其实这就是搭建平台。随着调查的深入，她的想法逐渐成熟，她说："实践创新推动我不断地学习探究，也初步奠定了我的人生理想，找到了人生的方向，仰望星空，脚踏实地，做一个有人文情怀的理科学者，用行动服务社会，而科学的终极价值是人文价值，实现人文关怀须以科学素养为基础。"2017年她即将进入高三毕业年级了，很多人在忙于进入高三高考的复习状态，而她已不再满足于发声，想用知识切实地帮助更多的留守儿童。此时的张钦晨就像海绵汲水，初步了解了我国的城乡二元结构、国内外社会福利等制度，因为涉及亲子依恋、人力资本、成本效用、社会迁徙等多学科理论，又自学或选修了宏观经济学、微观经济学和数学建模等课程。2017年7月根据湖南澧县调研写成的《我的心事谁也不说》被《全国农村留守儿童群体研究报告》收录；湖南澧县调研反思《在公益活动中找到人生的方向》发表于《少年儿童研究》；为了召集更多的人投身于这项工作，她还创办了"姐妹连公益社"，吸纳了全国各地的几十名女生加入，服务于社会。理想的力量和宽博的知识都为她奠定了坚实的基础，2018年张钦晨以优异的成绩考入清华大学经管学院，为实现她的人生理想迈出了坚实的一步。进入大学后她在尝试利用数学模型，从经济社会学的角度为留守幼儿的政府干预提出一些建议。

四、组织坚定理想信念、厚植爱国主义情怀的专题活动

培养什么样的人，为谁培养人，怎样培养人是立德树人的根本，我们培养的学生未来能否成为为中国特色社会主义奋斗终生的有用人才，成为德智体美劳全面发展的社会主义建设者和接班人，坚定的理想信念和爱国主义情怀是基础。

进入高中后，学生基本上都有了独立思考的能力，很多事情他们可以做出自己的判断，而又保留了初中生身上留下的些许叛逆的心理特征，说教已经变得苍白无力。此时设计活动要求更高，要让他们自己去感悟，触及心灵的教育方式很有必要。为此，从2014年开始，我们又在考虑如何培养这个年龄段的早培高中生，经过几年的实践探索我们发现搞一些专题活动很有必要。从2015年开始，我们每年办一次规模比较大的游学活动。经过精心的筛选，我们把目光锁在了被称为"将军县"的江西兴国，我们的发力点是准确的，活动也做得非常深入，我们的体会是：革命传统文化的书籍让学生受到了深刻的教育，但真正触动学生灵魂深处的是在江西兴国县和井冈山的"走进将军县，重上井冈山"的红色之旅。2015年12月26日人大附中拔尖创新人才早期培养项目的80多名学生和十几位老师坐上了南下的列车，巧的是出发时才发现当天是毛主席的诞辰纪念日，使得我们此次红色之旅更加有意义。第一站兴国烈士纪念馆。在苏区时期，23万人口的兴国县，参战的人口达8.5万，占青壮年的80%，为国捐躯的烈士达5万多名，烈士之多居全国各县之首，是全国著名的苏区模范县、红军县、烈士县、将军县。几百米回转的碑墙上镌刻着有姓名可考的23 179名烈士的名字，每个到那里的人都会受到强烈的震撼，步伐也变得十分沉重。由6 000个纪念碑组成的烈士陵园，庄严肃穆。一座座纪念碑上有烈士的介绍，同姓氏、同辈分的一串串排列，可以看出有些是一个家庭为了革命倒下了，更有和这些中学生年龄相仿甚至比他们还小的娃娃兵为革命献出了生命。看到这些，学生们默默流泪。他们明白了一个道理：辉煌，始于苦难，成就源于坚定的理想信念。为烈士们献花圈花篮时，学生们发自内心地宣誓："我是中国人，我要为我的国家做贡献。"这样的专题活动在他们的脑海里留下了不可磨灭的永久印记。一个星期的游学活动结束后，学生们出了一本纪念册，让我给题个词。回想这一个星期的专项活动，我思绪万千，为他们题写了"兴国之行，埋下种子"。埋下什么种子？从策划这个活动之前我们就在想，这些孩子在人大附中经过了七年的专门培养，文化基础扎

实，学业水平高，研究能力强，我们期望他们能够成为创新型人才。根据我们的摸底调查，他们高中毕业时大部分留在国内读大学，还有不少人申请了国外大学。我们在为谁培养人，未来他们能不能回来，能不能报效祖国，这些问题一直回绕在老师们心中。我们也在想：那些留在国内读书的孩子未来能不能全身心地投入中国特色社会主义建设中去？用什么方法去触动学生的心灵，让他们的灵魂受到洗礼？经过周密的调研，我们策划了"走进将军县，重上井冈山"的红色之旅活动，我们要在他们心里埋下坚定的理想信念、爱国主义的种子。学生、老师们分别住宿在兴国中学、将军中学等四所学校，人大附中的领导、老师为当地几百名中小学校长和老师送去先进的教育教学理念，开展培训活动。人大附中的学生和当地学生混编住在一起，进班听课，交流分享学习经验，开展篮球、足球友谊赛，歌咏比赛，结成一对一的对子，也到学生家里进行生活体验，形式多样，丰富多彩……我们的领导、老师、学生感受到了革命老区的同学、老师、家长和各级领导的热情，更与其结下了深厚的友谊。人大附中也和兴国县政府签下了合作协议，"走进将军县，重上井冈山"成了我们每年进行爱国主义教育和送去先进教育理念的一个多角度、多维度、立体的专项活动。

　　游学中学生韩博文写道：有人说，我们身处和平年代，艰苦的战斗已经成为过去，我想此言差矣。当年支撑着前辈们在绝境下永不放弃的是拯救人民的信念，是建设更好明天的理想，是对共产主义的信仰。正是这些宝贵的精神财富创造了我们的共和国，为我们的发展富强奠定了基础，正是他们，让我们今天的一切成为可能。以人为鉴而知得失，以史为鉴而知兴替。缅怀历史，不忘先烈，我们才能真正担负起共和国的未来、中华文明复兴的重任！"最危险的时候"可能已经过去了，但国歌中的这一句话永远不会过去；我们的路还很长，共和国的路还很长，艰苦奋斗、不懈抗争的这种信念永远不会过时！成就了我们的过去的精神，也必将带领我们走向更加繁荣的未来！

　　立德树人，厚植爱国主义情怀是一个永恒的话题，培养什么样的人，为谁培养人，怎样培养人是我们教育工作者时刻不能忘记的行动指南，从小学到初中到高中措施应该环环相扣，每一个环节都很重要，哪一个环节出了问题都会给后面的培养带来比较大的困难，甚至可能会出现学生偏离正确轨道的现象，后期难以纠正。而如何才能从根上浇灌，深入孩子们的心头、灵魂，不是靠喊几句口号、读几本书、上几节课就能做到的。要靠我们教育工作者，特别是基础教育工作者不断地思考、积极探索创新，针对青少年的心理特征和认知水平采取他们喜闻乐见的方式，既有火热、深刻的专题活动，又有润物无声的育人环境，才能增强他们的认同感。把立德树人、厚植爱国主义情怀的每一步抓准、抓实、抓深，落实到行动上，扎根在孩子们的心里，使他们从小就志存高远，自觉地立志跟党走，立下为人民谋幸福、为中华民族伟大复兴而读书的愿望，成为德智体美劳全面发展的社会主义建设者和接班人，是我们每一位基础教育工作者的重大课题，也是每一位中小学教师义不容辞的责任。

得英才而教育之，乐无穷也
孙 青

在我教学生涯第一个十年结束之时，我接到加入早培团队的通知。从教的第十一年，我的教学生活又掀开了新的一页。虽然与早培的孩子接触才一个学年，但是他们的单纯可爱、上进自强深深地感动着我，我想写写这一年来我和早培娃儿们的故事。

第一学期，我担任两个班的语文教学工作。因为教材和学情都是全新的，所以整个第一学期基本上都是在适应阶段。第二学期，我接任了早六（3）班的班主任工作，更深度地参与孩子们的生活，状态也由适应渐进到喜爱并深感责任重大。接下来，我就说说心中的故事和感受，也算是对这一年早培生活的记录吧。

一、从"我不会写作文"到"作文大牛"

大家对早培班孩子的印象是：聪明，数理思维强，文科偏弱。进入早培团队，身为语文教师的我，还是颇有压力的。这不，一开学，就有学生写了一篇随笔，叫《我不会写作文》。看到题目的一刹那，我的心真的有一种被"暴击"的感觉。忍痛看下去，发现这是一篇很有趣味的文章，真实、生动。孩子的素材库虽然贫乏，但是他没有向"假、大、空"妥协，而是选择了写真事、抒真情，这才是最可贵的。我把这篇随笔记录下来，准备上课做范文点评。

随笔讲评课上，我热情洋溢地表扬了作者小皮同学，赞赏他感悟到了文学的真谛，并以此为例告诉同学们，文学并非敷衍了事，更非无病呻吟，而是发乎情、言于志、诉诸笔端的一种艺术行为，感兴趣、走心的素材都可以入文。孩子们感触挺深的，他们发现，很多小学要求背下来的作文，其实是可以"随心而发"的。

小皮本身其实是很有灵性的孩子，当他的灵性被发现、点亮之后，他的作文水平和语文成绩一路狂飙。早六一学年共评四次"文曲星"奖，而小皮凭借着优秀的随笔和考场作文，三次荣获"文曲星"的称号，而他在早六的最后一个学期获得了作文满分的好成绩，成了名副其实的"作文大牛"！大家可以通过下面的表格了解一下他成绩的"狂飙之旅"。

考试	语基（满分60）	作文（满分40）	语总	语文荣誉称号
早六上期中	48	33	81	"文曲星"
早六上期末	55	37	92	
早六下期中	52	39	91	"文曲星"
早六下期末	56	40	96	"文曲星"

小皮的成长让我感触颇深。孩子身上其实都是有闪光点的，他们都是某方面的"英才"。作为教师，我们的责任是发现他们的闪光点，鼓励他们，引导他们，与家长携手成就他们，这个过程才是为师最大的幸福之源。多少年后，当学生回忆起他的求学生涯，回忆起某位老师，他的心里应该是幸福的，嘴角应该是上扬的——而这，就是我所追求的。

二、以静制动、以简驭繁

接任班主任之后，与学生接触的时间明显增加了。早培班一个明显的特点是男孩比例高，三班45个学生中有40个男孩子。男孩子好动爱闹，常规管理工作不容易做。怎么能以静制动、以简驭繁呢？我琢磨得有一条最简洁有力的规矩，每天只说这一条，天天强调，深入人心，进而变成孩子们的习惯。我想，第一条就是"尊重教室"。通过班会，我把这条思想解读、传达给学生。教室，是大家学习、修身的地方，是老师传道授业的场所，教室是神圣的，是需要每一个人尊重的。所以，只要进到教室里来，我们就要想着做对自己、对集体有益的事情，绝不能把教室当作打闹、喧哗、吃喝的场所。大家学习辛苦，想散散步、聊聊天，玩闹一下，可以理解，教学楼外、小树林里、运动场上，有专门的场所供大家放松。但是，只要进到教室，我们就要做在教室里应该做的事情。

解读传达完毕，孩子们也能理解并接受，接下来就是坚决执行了。之后的早读、午自习进班，我从不大声喊"某某某，回座位""某某某，别说话了"，我进教室，只传达一个意思："请大家在教室里做应该做的事情，没聊完的可以出去聊完再进来。"真心实意地说，也不是讽刺谁，没说完的真可以交代完再进来。有时候，我进教室之后，我也有自己的计划，我拿本书或者抱一摞作业，往讲台前一坐，看书、判作业，什么都不说。孩子们心领神会，渐渐也就开始做自己应该做的事情了。久而久之，大家渐渐从意识到转变成真正做到尊重教室。有几次因为开会或者与家长谈话，午自习我没有及时进班，会议结束后我进班的时候，班里真的好安静。我就大力表扬学生们，结果他们就做得更好，自习课都可以自我管理了。

我发现，早培班的孩子，你先要让他们理解为什么，然后再多鼓励，多以身作则，并给予充分的信任，奋进要强的他们，真的可以给老师惊喜。

三、"步步为营"，引领德行

早培班的孩子学习能力强、上进心强，他们应该成为德才兼备的真正英才，更应该具备家国情、报国志。所以我特别注重培养孩子的道德品质，注重唤醒他们的内驱力。

教育要注意学情。我观察3班亟待处理的问题是"不尊重同学的感受"，如一些同学总是针对年龄较小的同学，给同学起不雅绰号等。而此时年级要求做一节环保主题的班会，于是我就两相结合，做了一节"尊重自然，敬畏生命"的主题班会。3班的孩子多才多艺，时间虽然紧张，但是最后的呈现还是有条不紊。部分家长也参加了此次班会，大家反响不错。班会只是一个契机，靠的是通过学生的亲身参与获取深刻的感受，但是班会的好头开了，后续的教育一定要跟上。所以，后续我就抓住各种契机教育孩子们要尊重同学、尊重自然，尊重身边的一切。首先，我利用语文教学的阵地渗透思想教育。如语文随笔中，有学生写到课堂上同学嘲笑他人的事件，我就在讲评课上与大家共同分析这个问题；同样，随笔中有学生写到有的同学用开水泼虫子的事情，我又拿出来跟大家分析。还有利用日常的谈话，帮学生解开心结，使有矛盾的同学冰释前嫌。稍有成果，我就会在班里表扬，宣传造势，让大家觉得我们做得很好，我们完全可以做好。鼓励的效果真的令人惊喜！

除了不尊重同学之外，我觉得还应该激发3班的同学学习的内驱力。他们都是有能力学好的，如果内驱力足了，学习成绩好就是水到渠成的事情了。而这内驱力可是不好培养的，没关系，做总比不做强。我开始多管齐下，激发学生的内驱力。首先，家庭、亲情应该是很重要的内驱力。在我的倡议下，年级统一做了一次亲子书信沟通的班会。期中家长会，家长把手写的信件交给班主任，班主任在班会上下发给学生，并同时下发信纸和信封，让孩子给家长回信。回信由班主任收好，在大型活动现场发给家长们。很多孩子在读家长来信时，眼眶都湿润了，我想文字的力量一定是直抵内心的。孩子们要从家人之爱中获取前行的力量。

想要成为更好的自己，应该是优秀的人发展的动力。每周一早读，我都会放一些励志的演讲或短片。3班的孩子特别纯真，他们很容易被演讲者的激情和话语中的力量所感染。看着他们专注的神情和坚定的眼神，我知道，这份感动一定沉潜到他们心里去了。

再往后，应该让他们有服务社会的机会，让他们体会到知识的力量，这样反过来也会激发他们学习的内驱力。早培有公益研修课，我觉得这就是一个很好的平台。

这一年，我感觉自己也成长了很多。教学相长，早培的孩子们给了我很多力量和惊喜。有些做法在我心中更坚定了，比如鼓励，我觉得老师的定位就是引导、鼓励和帮助学生成为更好的自己，而不是高高在上的指挥家，也不是全权负责的统领者，摆平心态、摆正心态，对自己和学生都是好事。另外，我更深地体会到培养道德品质和内驱力的重要性，这是抓根本的事情，也是功在千秋的事业。还有，之前我不喜欢记录教育的故事和感受，觉得做了就是做了，说出来是不是有显摆的嫌疑。现在，我感觉心态成熟了一些，客观地记录下来一些教育过程，才能给自己或他人留下一些经验或者教训吧。

最后，我想说，得早培精英而教育之，真乃乐事也！

三、构建德育共同体——早培班的家校合作

苏联教育家苏霍姆林斯基在《帕夫雷什中学》中提道："儿童只有在这样的

条件下才能实现和谐的全面发展，就是两个教育者，即学校和家庭，不仅要有一致行动，要向儿童提出同样的要求，而且要志同道合，抱着一致的信念。"为了学生的发展，家庭教育与学校教育必须联合起来，形成一股强大的教育力量，切实为青少年的发展奠定坚实的基础。

目前，许多家庭由于教育理念不同或者个人家庭的某些状况，使得家庭教育和学校教育存在着某种程度的割裂。无论是单亲家庭问题、过度宠爱、放纵问题，还是家长忙于工作、忽视了与孩子的交流沟通问题，或者沟通方式出了问题，以及学习压力过大导致学生抑郁、逆反的问题，这些问题都在青春期的学生身上被放大。

要想让孩子们身心健康地成长，固然离不开学校的平台，离不开老师辛勤细致、诲人不倦的工作，但更离不开家长的密切配合！家庭的影响是潜移默化的，家长的一言一行、一举一动都在不知不觉间影响着孩子的思想、行为。学生在学校整整一天里刚刚形成的积极的思想火花和行为种子可能被家长不经意的一句话抹杀得干干净净。

如何发挥家长的作用，打造教育合力呢？

首先，要提升家长的教育水准，改善许多家长和孩子的沟通方式，调和家长和孩子之间的亲子关系。加强教师和家长的沟通，建立通畅的沟通方式是我们取得成果的前提。家长学校是一种不错的方式。无论是家长会，还是外聘专家举办讲座，或者请有能力的家长现身说法，我们努力使每一位家长都能掌握一定的教育学知识。既有家长应该了解的初中生学习阶段的特点，心理和身体等各方面的规律，也有在学生成长中的典型案例分析，还有专家传授的育儿指南等内容。

其次，要加强家长和学校的沟通，得到家长的信任和支持。

教师应该仔细观察学生的日常表现，寻找每一位学生的发展优势，并及时告知家长，引起家长的重视。要让家长感受到教师对每一个孩子的重视和认可。同时教师也要端正态度，尊重家长，理解家长对孩子的情感，不要给家长留下老师只会告状的印象，要让家长体会到教师和他是站在同一个立场上，为了孩子的发展而殚精竭虑。只有这样，家长才能真心愿意和你配合，解决好孩子的问题。否则，老师即使与家庭联系得再多，恐怕也会得不偿失，甚至适得其反。

最后，主动邀请家长参与学校组织的教育教学活动，向家长介绍学校教育教学的进程，了解学生习惯培养的状况与存在的问题，明确需要家长给予哪些帮助，促进家校合作。让家长了解、支持教育教学工作，进一步增强家长对教师的信任，同时，看到自己的孩子在集体中呈现出的状态，通过比较更加全面地了解孩子。交流报告、联谊活动、外出参观等，还可以利用家长的专业特长给孩子们拓宽知识范围，增广见闻。

对于家长来说，家校合作使他们有机会参与到学校教育中来，参与到孩子每天的学习生活中来，能够深刻地体会到孩子学习的不容易，从而更加关注孩子，不仅关注他们的衣食住行，更关心其对知识的掌握情况、与小伙伴的交往情况，等等。家长还能通过学校举办的活动与孩子进行深入的沟通，加强对孩子各个方面的重视。而对于学生来说，通过家校合作，他们看到了父母的关心，也看到了父母的不容易，进而能体谅父母、理解父母。和谐的家校合作关系增进了父母与子女之间的感情，有利于亲子交流。

早培班家校合作方式探索一直在进行，下面的三个案例能提供一些有益的经验。

"爸爸讲师团" 的创办与发展
麻程丽

针对当代家庭教育中父亲缺位的问题，2018 年 11 月，我创办了早培班"爸爸讲师团"，在家校合作领域进行了新的尝试。

在孩子的成长过程中，父亲扮演着母亲无法替代的角色。心理学上，父亲被看作孩子挣脱母亲怀抱的关键动因，是帮助孩子走向外部世界的桥梁，父亲在培养孩子独立性、自主性、安全感等方面有着天然的优势。早培班男孩比例较高，而父亲能够为孩子提供男性的榜样和行为模式。特别是早培班初中年级的学生正处于刚刚进入青春期的阶段，青春期男孩需要父亲在身边作为性别认同楷模，让他了解自己将来的样子。

然而在与家长的交流中，老师们观察到父亲对孩子教育的参与度较低，例如家长会中到场的母亲远多于父亲，主动与老师沟通孩子成长问题的鲜有父亲，有的家庭甚至有妈妈全管、爸爸全不管的现象。一个父亲角色缺位的家庭，孩子的社会性和性格等方面发展也更容易有缺失。

一直以来，早培班非常注重学生的心理健康教育，以培养心理健康、人格健全的学生为目标。为了更好发动父亲参与教育的积极性，避免父亲缺位造成孩子的心理问题，我在 2018 年入学的早培年级创立了早培班"爸爸讲师团"，请爸爸家长们发挥专长，到校为全年级同学分享自己的专业知识和经历，收到了意想不到的效果。

我们邀请的第一位爸爸讲师是国际关系领域的专家，他的讲座正好吻合我们开学初的德育主题"少小立志，我为祖国争光辉"。这位爸爸非常认真地对待这次讲座，反复与我探讨讲座题目和内容怎样更适合同学们的认知特点。讲座中，爸爸讲师生动地介绍了国际关系的基本原则和对于国民的深远意义，激励同学们好好学习，以后在国际关系中维护自己国家的利益。讲座结束后，全年级同学齐声朗诵《少年中国说》，在朗朗的"少年强，则国强"的诵读声中，讲座圆满结束。此外，在领导的支持下，我们还举行了隆重的证书授予仪式，为爸爸讲师颁发了美术老师设计的"爸爸讲师团"专属荣誉证书。虽然这只是一个小小荣誉，却被家长视若珍宝，骄傲地"晒"在朋友圈里。

为响应国家建设美丽中国、践行绿色生活方式的号召，早培 2018 级进行了环保系列教育活动，"爸爸讲师团"的讲座是其中重要的教育活动。我们邀请到一位环保界的专家爸爸，他在固体废物处理方面有丰富的经验。这位爸爸讲师用专业翔实的数据介绍了固体废物的危害，还教了孩子们一些垃圾分类的知识。听完讲座，同学们在感想中写道："我进一步认识到垃圾分类和回收利用的重要性与必要性。"最特别的是，我们在讲座结束时安排了一个环节：请孩子上台与爸爸握手，代表全年级同学表达对爸爸百忙中到校做讲座的感谢。孩子上台后，爸爸一把拉住孩子，给了孩子一个深情的拥抱，孩子的脸上立刻展开了羞涩又灿烂的笑容，满是难掩的骄傲和兴奋。这位有点不太会与人相处的孩子愿意大大方方地上台，很出乎老师们的意料，这让我们有足够的理由相信他在这次活动中受到了鼓励，树立了自信。对于他父亲来说，这次讲座也是一个契机。由于常年出差在外，他与孩子交流甚少，到校为孩子和孩子的同学做讲座，在父亲看来是让孩子了解自己的工作、拉近父子感情的绝佳机会。讲座后这位父亲在朋友圈展示了自己与儿子拥抱的照片："获得儿子的拥抱，这是最好的礼物。"

　　早培班的家长非常关心孩子的教育，也非常支持学校的工作。"爸爸讲师团"第一次讲座后，家长的热情和积极性仿佛有了一个展示的窗口，主动报名来做讲座或联系名家讲座的家长非常多，由于时间有限，我们不得不舍弃一些题目，选择最适合学生年龄和心理特点的讲座。后来，在"爸爸讲师团"的基础上，我们又成立了"名家讲师团"，在家长的联系下，我们邀请到了人工智能、航空航天等多个领域的知名专家到校讲座，这些讲座在学生中反响很大，负责联络的家长都非常有成就感。

　　也许每一位父母对待孩子的方式千差万别，但是父母与学校总能在"爱孩子"这一点上达成共识。出于对孩子的爱，我们主动邀请家长参与教育互动；同样出于对孩子的爱，家长积极地参与家校互动。"爸爸讲师团"巧妙地发挥了家长的教育作用，提升了父亲在教育中的参与意识，无形中引领了家庭教育理念，并且以点带面，在家长中传播了家校良好互动的正能量。可以预见，未来这条家校合作的纽带将持续发挥作用，开创更加值得期待的家校合作新局面。

共建爱与成长的平台
人大附中学生家长　吕挹清妈妈

　　"爱是自觉自愿的担当，爱是自然流溢的奉献。希望同学们在未来的人生中勇于担当、乐于奉献、用爱心去创造奇迹。在担当中懂得责任，在奉献中收获快乐，让爱心伴随同学们健康成长。"这是2014年刘彭芝校长为早培公益研修课专门题写的，而此刻秋天金色的阳光下新一届早七年级公益课正在有声有色地进行中。

　　作为早培2012级的学生家长，我们从学校有意向开设公益课之始，就全力配合学校创设课程，跟进课程，积极志愿服务，迄今已逾7年，我们的孩子今年已毕业离开人大附中，但是我们仍然服务于公益课。是什么如此吸引我们投身其中？又是什么使家长与学校紧密相连配合默契、持续正常地服务课程？每每思考这些问题，我们就会想起刘校长的这段话，虽然这是面向孩子们的，但其间流淌的亲切、温暖和一股坚定的力量同样深深地打动我们，我们看见了早培公益教育的理念，看见了真真切切、实实在在的美好事物，也看见了我们自己的愿望和收获。

公益课平台汇聚爱心资源和力量

2012年秋天,我们的孩子进入早培班,迎接我们的是亲切富有朝气的老师,科学而有活力的授课方式以及新鲜多样的研修课。人大附中这所具有先进教育理念、生机勃勃的名校,处处体现充分尊重每个孩子个性需求发展,为之计深远的人性化教育思想。

十三四岁的孩子懵懵懂懂,处于从少年到青年建立人生观、价值观的关键时期,又是敏感冲动的青春期。"00后"独生子女善良单纯、聪明活泼、个性张扬,但也自我中心,幼稚娇纵,不善与人相处。他们就像璞玉,如何雕琢塑造,建立完善人格,更好地成长,是家长一直困惑的。我们把孩子送入学校,期待他们汲取知识、强健体魄、激发潜能、自立自强,更希望他们获得美好心灵和优秀品德的滋养。

面对家长的困惑,具有丰富教育经验的学校和早培年级组长钱颖伟老师率先提出公益课设想,提供一个平台,用一种新颖的实践方式引导孩子们,让他们在真实的情境中学会爱与担当,懂得奉献付出和责任感。

学校的设想创新、开放,令家长们眼前为之一亮,有的家长提供了公益活动资源,学校和年级家委会进行考察比较,最终选定国际公益组织狮子会作为合作对象。一方面,狮子会是国内唯一拿到正式牌照的国际公益组织,为未来国际化人才的培养打开了一扇窗;另一方面,狮子会有百年历史、严谨的组织结构、丰富的公益活动经验、先进的公益理念,便于学习和开展活动。

2013年,汇聚人大附中早培班、狮子会、舒耘听力语言康复中心、红十字会血液中心、2012级志愿家长等多方资源和力量的家校合作大平台——公益研修课在早培领导和老师的倡导下,在狮子会和家长的配合推进下搭建起来,当年春秋两季分别开设了"红色行动——关爱无偿献血者"和"孩子,让我们一起说——听障儿童康复行动"公益研修课,2015年又开设了"名园讲堂——颐和园志愿讲解"公益课。

记得刘彭芝校长在家长会上曾说"教育是一切为了孩子",公益课平台的搭建正体现了这一思想。在我们眼中,这是一门创新、开拓、突破传统的课程。这门课程需要融合社会多方资源,带领孩子们走出校门、步入社会,改变了灌输式的教学方式,用开放探究的姿态使孩子们认识社会,看见更广阔的世界,接触不同群体，进行人生思考。公益课也让偶然遇见它的人感到惊奇和惊艳。不止一次，公益课所到之处，人们会竖起大拇指，投来赞赏的目光，而我们也为学校为孩子无比自豪。公益课让家长们再一次感受人大附中拥有的开阔视野、开放姿态、胸怀广大、兼容并包，再一次体会为了孩子们，早培老师时时刻刻地想方设法和执着努力。公益课平台为孩子们的成长搭建，家长和各方志愿者积极参与，这是令每一个有爱的生命炫舞飞扬的平台。

爱的情感课绽放青春

7 年来公益课平台共开设听障儿童课程 13 期，持续至今；红色行动课程 10 期、颐和园公益讲解课程 6 期。那么公益课到底是一门怎样的课程，它的无限魅力和吸引力在哪里呢？

如果今年秋天每周三下午，你能跟随我们去公园，就能看到那些十三四岁的同学和四五岁的听障小朋友，一对对手牵手，彼此注视，慢慢地一句句说话，开心地大笑，快乐地奔跑，风把孩子们的头发吹起来，阳光倾泻在他们脸上，这一幕正是"孩子，让我们一起说——听障儿童康复行动"公益研修课的现实情景。如果你能看见那种呵护的神情、明媚的笑容，那光影中飘动的发丝，再听听小朋友稚嫩的声音，你的心会柔软通透，会被一种无形的力量吸引，那是心与心相融的力量、爱的力量、情感的力量。是的，这就是公益课，一门爱的课程，它使每一位参与者发现爱、感受爱。我们的课堂有许多知识课，而公益课却是与众不同爱的情感课，是孩子们成长不可或缺和弥足珍贵的。

那么如果你听见课程中同学们的心声，你又会有怎样的感受呢？

"希望能用自己的爱与努力，帮助舒耘的宝宝，像其他孩子一样，勇敢自由地与人交流，阳光自信地融入社会，健康快乐地成长。"多么美好的心灵和愿望！

"碰到我的学生一时见不到我那种着急的眼神，看到他拒绝非我的老师，品尝他递给我的食物，听着他边叫哥哥边指给我的美景……我的心都化了！"温暖，动人，我们的心也化了！

"时间就像吸水的海绵，挤一挤总是有的，只要我还有水、有时间，我愿用心做一件有意义的事情。"追寻生命的意义，不正是我们的教育想让孩子们拥有的吗？

陶行知先生说，真教育是心心相印的活动，唯独从心里发出来，才能打动心灵的深处。在公益课中，你可以看见孩子们心灵深处的美、他们实实在在的变化与成长。他们的奉献和付出、快乐与辛苦；他们体会到为人父母的辛劳，学会感恩；他们发现生命的缺憾与美好，懂得珍惜，心地变得宽广、包容，也能更好地与人相处；他们珍重肩负的责任，小心翼翼，一丝不苟；他们心中种下了服务社会的公益之种。公益课激发了孩子们最美好的情感，让他们自信、充实、幸福。同样，参加课程的听障小宝宝也时时刻刻发生着改变，爱说爱笑，开朗而明亮。

这些看得见的爱与付出，真实发生的美好故事深深地吸引着我们，使我们甘愿投身其中，做一点力所能及之事。

共建课程，共同成长

公益课是孩子们成长的平台，也使家长在不断的服务和学习中成长。

课程开设之前，大多数家长从未听闻狮子会这一国际公益组织，对公益活动也知之甚少。公益课的引入让我们大开眼界，接触到新的领域，开始了解狮子会。"红色行动"是中狮联与红十字会血液中心的合作项目，运用狮子会公益理念和运行机制开展活动，比较成熟。因此学校第一门公益课选择"红色行动"，由狮子会狮友帮助共同开设，家长开始参与。在这过程中，我们目睹素昧平生的"狮兄狮姐"无私奉献、不计回报，热心地指导陪伴孩子们，讲解公益理念，践行公益，深受感动。为了我们自己能够更好地服务课程，深入体验狮子会的公益文化，学习和使用狮子会的有效资源，年级家委会会长王一苇妈妈率先加入狮子会，并于2014年秋季与部分家长志愿者成立了早培服务队，主要职能是服务公益课，协助学校开展假期公益活动，承担一些需要服务的其他任务。一年后，为了更长期持久地服务公益课，同时认同感召于狮子会"正己助人"的公益理念，一些家长加入狮子会，成立了以公益课为主要项目的中狮联青少年公益服务队，如今青少队成为公益课的合作方，和家长共同服务公益课。

服务队的成立使家长的服务与学校要求更加紧密，配合更默契，也更便于家长们各展其才、各尽其能。我们先后制定《人大附中早培班公益课基金管理办法》，用于筹集和管理公益课募捐资金，并在服务队内设立财务人员专项管理，经费使用需申请和批准，每期课结束后进行公示；《听障儿童公益课家长志愿者服务守则》《红色行动公益课志愿者服务规则》，用于明确家长志愿者服务内容和职责，约束和规范服务行为。服务队按照每门课程每期一位家长总负责（近几期课程均由王雨晨妈妈负责），当期服务家长分成小组轮流参加每次课程的形式开展。这些制度和规范有效保证了公益课的正常实施和志愿者的持续服务。

公益课开始以来，2012级青少队的家长一直坚持服务，有的参与课程前期教学目标、规划、内容、形式的设计，有的出谋划策多方联络各项资源，一批热心家长为课程场馆踩点、准备物料、组织实施、陪伴指导孩子，全程跟随，细致入微，做了方方面面的细节工作。为了给孩子们这段不凡的爱之旅留下美好回忆，志愿者拍摄了大量照片，尽力捕捉每一个美妙瞬间，还为听障儿童课程制作了照片书纪念册。更为感人的是从听障儿童课程第一期开始，每期都能收到参课学生家庭捐款，此外在学校的鼓励和支持下，每一年级都有学生家长参加服务，奉献爱心。志愿者们每一点每一滴的付出体现了公益课所要传达给孩子们的公益精神，家长的行为无形中熏陶和感染着孩子们，成为他们的榜样。

当我们接触狮子会，与家长们在一起为了公益课而共同努力，当我们投身公益课践行服务，与孩子共同成长，我们的学校课程也日渐成熟了。几年来，我们见证无数感人温暖的人和事，度过许多快乐幸福的时光，我们感到自己的生命在不断充实、生长，我们似乎也年轻了。这是公益课的魅力，我们期望曾经惠及我们自己孩子的平台能够持续支撑，惠及更多孩子。

孩子们的青春时代充满生机和梦想，也充满无限可能。在这个时期，孩子们能接受爱的教育，领悟奉献精神，养成健全的人格，十分必要和迫切，会给他们未来人生积淀最充实的力量。作为家长，我们希望教育使孩子成为科技人才、智慧人才，与此同时，真心希望他们接受一点理想主义的教育、情感的教育、心怀悲悯的教育、众生平等的教育、生命意义和价值的教育，希望他们未来无论从事什么职业、做哪些事情，都有一颗仁爱之心。公益课恰恰堪负此任。同时，作为志愿家长，能为孩子们成长，为他们获得有爱的、精彩的课程，而与学校共同努力、做一点服务，我们深感荣幸和骄傲。

三叶草工作室
——小早培家校合作实践探索
刘　峰　张冬梅

"三叶草工作室"是小早培家校合作途径多元化的一种积极探索，以学生成长为核心，以促进学生全面发展为目标，由教师和家长共同参与，促进学生、家长、教师三者共同成长的家校合作共同体。

一、三叶草工作室成立的缘由

习近平总书记多次强调家庭教育的重要性，家庭是社会的基本细胞，是人生的第一所学校。不论时代发生多大变化，不论生活格局发生多大变化，我们都要重视家庭建设，注重家庭、注重家教、注重家风……使千千万万个家庭成为国家发展、民族进步、社会和谐的重要基点。

就像苏联教育学家苏霍姆林斯基所说，最完备的教育是学校与家庭的结合。中国教育学会家庭教育专业委员会理事长朱永新说："学校不关注家庭教育，就不可能真正让孩子过上幸福而完整的生活。"中国青少年研究中心家庭教育首席专家、中国教育学会家庭教育专业委员会常务副理事长孙云晓指出，"家校合作不是一个选择，而应该成为一个原则"，"家校合作的核心目标是促进孩子健康而全面地发展，家校合作的方向是积极促进家庭建设，让家庭美好而完整，更有利于孩子成长"。

学校对家庭有引导作用，家庭对学校有协作作用，家庭与学校共同目标的一致性就是为了让孩子更好地成长和发展。为此，我们引入符合现代教育理念的"家校共同体"，开启并探索家校合作新模式。可以说，建设家校共同体，是未来家校合作发展的方向，是实现促进学生全面发展的有效形式。为使家校共同体能够有效运行，我们成立了专门的家校合作组织，命名为"三叶草工作室"。

二、三叶草工作室的内涵

美国高等教育协会的资深会员，也是幼儿园到十二年级的教师养成计划的创立者帕克·帕尔默认为，共同体并不只是借着我们个人思想和感觉的力量结合在一起，亦因"伟大事物的魅力"而结合在一起。"伟大事物的魅力"是指共同体成员形成的一种共同目标、共同的精神引领。那么，对于家校合作来说，"伟大事物的魅力"就是尽可能为学生创设最好的成长环境，促进学生全面发展的共同愿景。

习近平总书记提出了中国梦，中国梦的最大特点就是把国家、民族和个人作为一个命运共同体，把国家利益、民族利益和每个人的实际利益紧紧联系在一起。我们的学生、家长、老师是一个生命成长的共同体，学生成长让教师自身价值得以体现，孩子进步让家庭幸福得以实现，学校家庭的携手联动让社会更加和谐有序，联手实现我们的"教育梦"。

三叶草工作室由家长和教师基于共同愿景而自行加入，以促进学生全面发展为目标，以为学生创设更好的成长条件为宗旨，以合作对话为交流机制，促使家校双方围绕学生全面发展开展更加有效、深入合作的家校共同体。

古人云：三者多也，孔子说"三人行，必有我师焉"，老子的《道德经》中有"道生一，一生二，二生三，三生万物"。可见"三"是一个特别好的数字，我们工作室名字取其意，并以三叶草这种特殊的植物命名。三叶草的三片叶子我们也赋予了特殊的含义。首先，三片叶子分别代表学生、家长和老师，是以学生为核心的生命成长共同体，学生、家长和教师都以共同成长为目标。其次，三片叶子代表我们家校合作的新探索：共育、共建、共享。最后，三片叶子代表我们工作室的理念：信任、真爱、智慧。三叶草的花语代表着幸运，我们有理由相信，通过这种生命共同体共同成长的过程，家校必然形成合力，老师和家长彼此信任，用真爱与智慧助力孩子成长，一定会带给孩子们成长的力量，带给孩子们一生的好运气！

三、三叶草工作室的工作制度

为有效开展工作，三叶草工作室制定了以下工作制度：

- 合作对话制度
- 协作学习制度
- 反思自检制度

"三叶草工作室"的关键词是沟通，真诚的沟通、有建设性的沟通，需要参与其中的每一位成员真诚相对，务实合作，最终实现"家校共同体"的和谐与统一。合作对话是构建家校共同体的关键，这种对话有两层意思：一是作为一种态度，二是作为一种关系。作为一种态度，共同体成员需要一种积极主动的参与、互动、协商的态度，坚守一起做事的态度，在促进学生发展的共同事业上谁都不是旁观者。二是作为一种关系，家校双方要通过对话建立起一种真诚、互相尊重、互相信任的交往关系。在这种交往关系中，没有主客之分，家庭和学校都是主体，家校共同体成员间不再是对立关系，而是志同道合的伙伴关系，双方不是一方支配另一方，也不是帮助与被帮助的关系，而是围绕共同的目标，以一种相互尊重、相互倾听、平等的姿态和主体的意识真诚合作，探索、改进和解决家校合作中的一系列问题。

四、三叶草工作室的工作形式与内容

三叶草工作室的思路一经提出就得到了家长们的积极响应，先后有几十位家长报名。为了保护大家的积极性，我们设置了七个部门（各部门分工如下表所示），让所有报名家长都参与。

三叶草工作室各部门分工

三叶草工作室各部门		主要工作
三叶草成长规划部		1. 每学期整合各部门工作计划，统筹安排。 2. 组织工作室成员学习国内外家校合作的研究成果。 3. 记录三叶草工作室成长档案，梳理三叶草工作室的工作经验和成果。
三叶草家校协调部		1. 收集学生安全、教育、发展的问题，收集家长的反馈、意见、建议。 2. 组织家长为学校发展建言献策，带领工作室成员为共性问题研究解决方案，推进实施，对突出的个别问题进行辅导和干预。
三叶草家长学堂部		1. 每学年第一学期为新生家长举办"儿童技能教养法工作坊"。 2. 定期开展家长成长系列讲座，组织学习家庭教育、亲子教育的先进教育理念和方法。 3. 每学年第一学期开展一次早培家长育儿故事会。 4. 每学年第二学期开展一次读书会，老师和家长共读一本书。 5. 组织三叶草工作室团队核心成员的团建工作。
三叶草家长讲堂部	个体授课	1. 了解、整理家长资源及个人擅长领域，将资源进行初步整合。 2. 打破班级界限，打造特色课程，"了解爸爸妈妈的职业课程"、"兴趣伴我成长课程"（请爸爸妈妈讲个人擅长领域）、"跟着爸爸妈妈看世界课程"（各个国家、地区介绍）。 3. 外请专家、老师授课。
	团队授课	1. 学习美国 STEM 教学经验、芬兰现象教学经验，开展我们自己的"主题学习"研究与实践。 2. 整合家长授课资源，团队研发跨学科范畴的融合课程，涉及科学、数学、文学、历史、地理、政治、经济、哲学等多个学科领域。 3. 一学期开展一次团队授课。

续表

三叶草工作室各部门	主要工作
三叶草学生活动部	1. 挖掘社会资源，了解、整合、调控家长的外请资源，策划、组织各种主题活动以促进学生全面发展。 2. 探讨开设博物馆课程，比如"故宫课程""耳朵里的博物馆课程"。 3. 探索真正意义的混龄教育。
三叶草父亲俱乐部	1. 调动爸爸们参与教育的积极性、主动性，让更多的爸爸回归家庭教育。 2. 发挥爸爸们的特点，每学年打造一个三叶草父亲俱乐部的亮点工程。 3. 负责参加讨论、监督、维护校园安全工作。
三叶草月末下午茶	1. 组织每学期开学初、期末和一个月一次的三叶草月末下午茶活动，与相关部门协调，提前计划并通知落实。 2. 及时记录、总结、公布每一次会议的讨论内容。

在家长们的热情支持下，三叶草工作室的家长在一个百年讲堂内开设了家长个人讲座 24 节（如下表所示），另外团队授课部成功开设了"爱眼护眼"主题 STEM 课程。

2018—2019 学年度早二年级家长讲堂

序号	类别	课题名称	主讲人
1	智力加油站	方格游戏	学生家长
2		七巧板游戏	学生家长
3		桌游"车票之旅"	学生家长
4		百变魔术	学生家长
5		空气家族	学生家长
6		有趣的密码	学生家长
7	儿童幸福课	儿童哲学	学生家长
8		播种法律的种子	学生家长
9		和谐家庭有你有我	学生家长
10		舌尖上的健康	学生家长

续表

序号	类别	课题名称	主讲人
11	文化之旅	集邮知识	学生家长
12		探寻图坦卡蒙之墓	学生家长
13		货币的起源	学生家长
14		资源与环境	学生家长
15		足球金字塔阵型的演变	学生家长
16		看它说	学生家长
17		毛里求斯旅行分享	学生家长
18		国学小故事，蕴含大智慧	学生家长
19	专家说	你不知道的火箭秘密	外请专家
20		儿童创伤预防及卫生常识	外请专家
21		奇妙的博物馆	外请专家
22		有用的思维导图	外请专家
23		魔方的神奇世界	外请专家
24		整理启蒙课	外请专家

　　家长是学校教育的天然合作者，"三叶草工作室"将探索出有助于学生全面发展的家校合作模式，打破壁垒，凝聚共识，形成合力，实现家庭、学校、社会资源的共享互补，实现资源最大限度的共享整合，为学生成长提供更加宽广的空间和可能。这种多频、深度的互动，会让学校、老师和家长之间缩短心理距离，形成有效合力，为孩子们打造更优质的成长空间。

第二章

坚持尊重个性因材施教的
课程实践

《国家中长期教育改革和发展规划纲要（2010—2020 年)》（以下简称《纲要》）中指出："遵循教育规律和人才成长规律，深化教育教学改革，创新教育教学方法，探索多种培养模式，形成各类人才辈出、拔尖创新人才不断涌现的局面。"《纲要》强调了创新人才培养的重点在于教学方法和培养模式的改革。

　　自 2010 年 7 月开始，人大附中开始承担国家级课题"探索拔尖创新人才培养模式试验项目"。该项目从北京市小学五年级学生中选拔一部分超常儿童，在人大附中接受从六年级到十二年级共七年的教育。2014 年起，又启动了在小学一年级招生的"小早培"。至此，人大附中有了完整的 12 年制拔尖创新人才早期培养研究基地。

　　在《纲要》及刘彭芝校长设定的早培培养目标的指导和引领下，我们逐步明确了早培课程体系建设应指向学生的终身发展，突出社会责任感，推进创新教育，不拘一格育人才，为探索创新型拔尖人才的培养模式奠定基础。

　　学校的主阵地是课堂，创新人才的培养自然也基于课堂，课堂的讲授内容、活动方式以及教育效果都影响着人才的发展。而针对创新人才的课程改革则是一个复杂系统的工程。虽有前人经验可以借鉴，但许多新的发展需要（或"呼唤"）全新课题的出现。虽然项目实施过程中成立了早培课程中心，联合各方资源，从研发一门门单个课程到形成"课程群"再构建"课程体系"，但是仍然属于"摸着石头过河"。

一、搭建平台，学科贯通——探索创新人才培养的课程设置

怎样改革才能取得良好的效果呢？通过思考和实践，我们有了一些体悟。

第一，群策群力，以课程为核心的改革过程必须形成自上而下与自下而上的良性互动。"上"是指项目管理层面着重于课程体系的整体建构、课程管理的制度创新与操作的可能性的思考；"下"是指充分调动一线教师的主动性和创造性，使每个教师都能够参与对改革的思索而不是成为简单的理论实践者和经验提供者，有自己的独立思考和自选动作，并出新出彩。课程改革两级推进的模式，在项目管理层面和备课组层面积极结合，使课程改革既设计合理，结构优化，形成体系，同时又根植课堂。

第二，通过课程改革，建立适合拔尖创新人才成长的课程体系，建立丰富的课程资源库。以国家颁布的教学大纲为准则，在教学内容的广度和深度上充分拓展，拓宽学生的知识面，引导学生在感兴趣的领域进行深入的学习和研究，使学生既全面发展又突出特长，智力因素和非智力因素协调发展。

课程的设计与设置要以学习者为本。关注学生的学习兴趣和学习需求，寓有意义于有意思之中，让学习成为主动的行为，让学生体会到学习的快乐。既要让学生为将来的幸福做准备，也要使学生在为将来而努力的同时，享有现时的幸福。

课程的设计与设置要具有多样性、可选择性。创造适合每个学生发展的教育，促进学生全面而有个性地发展。学校课程给学生提供更多的选择性，让每个学生都能找到适合自己兴趣和特长发展的平台，让每个学生的潜能都能被发现与培养，并能适应未来社会对人才的多样化需求。

课程的设计与设置要体现继承与创新的有机融合，既坚守学校优秀的教育传统，又体现创新思维和创新能力的培养。通过课程设置与实施，不仅将学校精神文化以课程为载体传递给学生，而且在课程理念、内容、实施方法方面不断创新，凸显学校办学特色和育人理念。

课程的设计与设置要有时代性特色、国际化视野。学校的课程内容要紧跟时代发展的步伐，具有国际化的开放视野，构建面向未来国际化创新人才所需要的

学习与发展能力体系。

多年来，人大附中一直坚持在全面实施素质教育的基础上不断探索综合创新，积累了丰富的经验，作为拔尖创新人才早期培养的实验田，早培班肩负起了构建拔尖创新人才培养的课程体系和课程实施方法这一学校教育教学改革的重任。为了适应新形势下国家和社会发展需要以及学生自身多元化的发展需求，早培班还在不断探索体现现代化、国际化和未来教育理念的新型课程体系建设。

早培班课程体系包括课程目标、课程结构、课程实施、课程评价等方面的建设，本着立德树人的宗旨把培养科学精神、人文情怀、实践能力贯穿始终，以育为先、以生为本。课程建设突出课程标准、核心素养和学科素养。早培学生的特点是知识面广、思维活跃、勤于思考、乐于钻研。早培学生是我们教育服务的对象，同时也是我们教育活动的主体。针对早培学生的这些显著的特点，我们在课程建设上，更加注重培养学生的"自主、探究、合作"能力，充分体现早培课程的个性化、多样性，甚至我们还调动学生参与到课程建设中，发挥学生的能动性和积极性。

基于早培课程设计的理念和早培学生的鲜明特点，我们针对不同学段的学生发展制定了相应的契合早培特点的培养目标。

1. 早培小学阶段培养目标

课程设计方案以学生培养目标为出发点，聚焦学科素养和创新能力要素的培养，优化国家课程，开发校本课程，研发学科实践活动课程和跨学科综合实践活动课程，关注课程的"整体育人"功能，统筹各学段、各学科、各育人环节、各方参与人员与育人环境，以实现全科育人、全程育人、全员育人和实践育人，大力培育和践行社会主义核心价值观。更加关注课程的综合化、主题化发展趋势，通过学科之间的综合与整合，加强学科之间的统筹，发挥课程的整体育人功能。更加注重体验、合作和探究等现代学习方式的广泛应用，特别注重"互联网＋"背景下的学习方式的变革，让学生在多种学习方式灵活运用中生动活泼地开展学习，培养自主学习能力。更加突出对学生个性与潜能的发现与发掘，注重教师评价、自评、互评与家长评价相结合的动态多元评价。更加强调连贯性，关注幼儿园、小学衔接，关注小学与中学的衔接，为学生终身发展进行长远规划。

2. 早培中学阶段培养目标

在课程设计上有一整套七年整体规划目标。

六年级：了解早培班、做好小学与中学的过渡，不挫伤学生的积极性，但要注意培养优秀的学习习惯，延续小学优秀的文明礼仪教育。开设名著阅读课，开设以培养兴趣为主的理化生（在实验室，以实验为主）科学课程。

七年级：在六年级基础上，逐步拓宽加深，但要特别注意夯实学科基础。加大研修课力度，培养兴趣，激发好奇心，培养自主探究的能力，养成优良习惯。

八年级：发现兴趣，研修课更"专业"一些，在小范围内推出探究能力较强的学生去尝试真实的科学研究，在小范围内推出学科能力较强的学生参加高年级的选修课程。

九年级：部分学生参加高中部分学科会考，发现学生学科特长，逐步分流，参加毕业考试，参加中考，参加高一分班考试，按成绩分到相应班级。

十年级：学科特长得以加强，取得优异成绩，或者学生有一个自己喜欢的研究比较深入的课题。与普通高一逐渐并轨。

十一年级：力争有一门大学先修课、学科竞赛取得个人的突破或者科研课题取得阶段性的进展。积累丰富的素材，打下雄厚的基础。高中课程全部完成并深化，和高三年级逐渐并轨。

十二年级：进入高考复习，部分学生再冲一次学科竞赛。整理好个人综合素质评价的材料。

二、多元发展，专项研修——构建早培立体开放的课程体系

将学科内小学、初中、高中教学内容通盘考虑，在学生能接受的前提下，教学内容适当拓宽加深，根据学生的需求有的向大学课程延伸。教学中当然要注重基础知识的学习，但更看重能力的培养和创新精神、创造力的培养。操作层面上着重拓宽学生的视野，引导学生进行一些较深入的思考，注重动手能力，培养创新能力和探究能力，注重科学素质的培养。人文学科有些教学内容在历史教材上有、在地理教材上有、在思想品德和现代少年的课堂上也会出现，在这种情况下

我们尝试了几个学科教师同上一节课。学生进入八年级后，有些学生的自学能力有了长足的发展，接受数学和科学的能力有了明显的变化，有的甚至是阶梯式的飞跃，课程自然地向大学延伸，根据学生的需要，我们在八年级开设了以《普林斯顿微积分读本》为蓝本的大学微积分课程，选学该课程的学生有 20 人之多，另外有 13 人选学"大学物理先修基础"课程。

在新一轮课程改革的基础上，结合《纲要》的精神与要求，围绕拔尖创新人才培养的主要目标，早培班开展了国家必修必选课程体系改革和建设。

为满足学生全面发展、个性发展以及创新发展的需求，早培基础类的课程体系将国家必修课和选修课划分为语言与文化、人文与社会、数学与科学、工程与技术、艺术与欣赏、体育与健康、德育与心理等七大课程领域。这七大课程领域涵盖了在中学阶段人才培养的知识和能力等方面的要求。早培的课程体系建设和改革尤其重视高尚品德和健康人格的培养，重视创新能力和实践能力的培养，并重视学生的国际化视野。

在七大课程领域下，早培班还划分了学科课程体系（见表 2－1）。

表 2－1　早培班学科课程体系

语言与文化类课程	汉语与文学艺术
	汉语与传统文化
	英语与文学艺术
	英语与文化欣赏
人文与社会类课程	人文与地理科学
	历史与社会科学
	哲学与政治科学
	经济与法律科学
数学与科学类课程	数学科学
	物理科学
	化学科学
	生物科学
工程与技术类课程	通用技术与工程
	信息技术与工程

续表

	音乐与欣赏
艺术与欣赏类课程	美术与欣赏
	影视与欣赏
体育与健康类课程	体育运动与健康
	棋牌运动与竞技
德育与心理类课程	德育主题教育
	心理健康教育

在完成国家必修必选课程要求的基础上，我们针对早培学生的特点在课程设计上进行了更加深入大胆的改革尝试。

改革举措之一是打通小学、初中、高中课程，不仅学科内打通，学科间也交叉融合。早培学生进入高中年级后，还专门开设部分学科的大学先修课程和竞赛类课程，以满足学生高阶的需求和个性化的需要。数学是我校传统的优势学科，数学组很多老师都有绝活儿，数学课程的改革因此具有坚强的后盾。在数学学科的课程设计上，早培班的数学教学进行了大量深入细致的研究和探索。早培班的学生对于数学学科的学习兴趣浓厚，爱思考、爱质疑，具有一定的自主学习能力并具备一定的超前学习能力。针对这样的情况，数学备课组将小、初、高的学科知识进行整合贯通，这样省下来的时间进行教学内容的拓展和加深。教学形式采用常规教学与探究式、研修式学习方式相结合的形式。教师经常会给学生提出有难度的问题，由学生自由探究，时间不限，这样极大调动了学生学习的积极性。研修式学习，则是为学有特长的学生开设的，以满足学生在竞赛及高等数学方面的需求。这样的贯通模式不仅仅在数学一个学科，目前在语文、英语以及其他各个学科都在尝试和实践。小、初、高课程在学科间也交叉贯通。如生物、美术的融合教学，地理、历史联合上课，设计技术课与物理课协同创新等。早培班的课程可以说呈现出人文、理工齐头并进的局面。

改革举措之二是科学类课程下探到更低年级，如在早培六年级增加了物理、化学和生物课程，以适应学生们对科学的强烈兴趣，以及为未来学习储备必要的科学知识和实验能力。物理与化学两门学科，初中正常教学是从八年级（初二）开始开设物理学科，九年级（初三）开始开设化学学科。早培班针对有数理特长学生的发展特点，在早六年级将物理、化学、生物三门学科均开设起来以满足学生发展的需求。为了能跟小学科学类课程更好地衔接起来并融会贯通，早培班在物理和化学这两门课程的教学上进行大胆并有针对性的改革创新。教学计划并没有一味地安排理论学习，而是采取小班化的实验教学。从六年级学生的特点出发，设计生动有趣的实验类课程，激发学生对物理和化学这两门科学类学科的兴趣，引导学生有意愿进一步从事科研实践活动。

改革举措之三是语文学科将名著阅读引入早培课堂。多年来，早培班在发现和培养数理超常的学生方面进行了大量的探索，但是我们并没有忽视这些学生人文素养的积淀。在学科课程设计上，突出语文学科在培养人上的作用，特别突出传统、经典、红色文学阅读的重要地位，并且在课时上有所倾斜，重在打好早培学生的人文基础和精神底色。课程建设引入经典名著阅读，加强人文素养的熏陶。从早六年级开始，每位早培的学生都阅读了多本中外经典名著，全方位增色早培学生的人文底蕴。早培班在语文名著阅读上的探索旨在通过优秀文化的熏陶感染，提高学生的思想道德修养和审美情趣，使他们逐步形成良好的个性和健全的人格，促进学生可持续的和谐发展。

改革举措之四是创设早培班专项研修课。研修课可以说是早培班在课程设计上的一大创新，是早培的一道亮丽风景。作为一大类特色课程，早培从创立之初就设立了研修课，一路走来，一批批早培学生从中获益。早培班的专项研修课程开始是每周半天的研修课，现在已经发展到了几乎每个年级每周都有两个完整的半天，有些孩子还要利用课外的时间进行研修探究。研修课的模式是导师制，由导师设置情境，让学生在这个环境里自发地发现问题、提出问题、自行探究解决，培养创新能力。当然目前阶段我们也没有期望学生马上就有一个什么重大发现，关键是让他们体验科学探究的过程，通过学生的努力去解决问题，鼓励他们不断地发问、创新。研修课采用走班制、小班教学。每个年级一个半天的研修课就有 8～12 门，研修的课题是学生自选的，在不同的学段可以选不同的课题进行研修。早培学生和任课老师在研修课这个平台上都彻底地得到了松绑，自由潜能得到释放和发挥。老师鼓励学生发表自己的见解，发现问题，做自己喜欢的探究；学生的质疑、挑战又反过来促进了老师专业成长。研修课的创设营造出更加宽松的环境，更有创新氛围的空间。研修课已经成为早培学生创新能力培养和教师专业教学成长的一片沃土。

　　除了这些改革举措外，早培班在课程设计上还有很多尝试与探索。我们努力将原有常规教学中无法实现的，实现不够充分的，对于学生全面发展有利的方式方法在早培学生中进行尝试。考虑到创新人才需要拥有健康的体魄支撑，以及体育带给学生的快乐、人格培养和心理调整，早培班在各个年级开足体育课课时的情况下，低年级更是每天都有体育课，此外早培研修课大类里专门设有体育门类课程，如足球、篮球、橄榄球、雪上项目等研修课。考虑到在数学、物理、化学、生物以及信息领域有突出兴趣和特长的学生的需求，在学生学有余力的情况下，根据对不同学科上的兴趣，开设有竞赛类的研修课供学生选择。学校负责竞赛的教练们也分别在早培不同年级进行竞赛方面的辅导工作。考虑到创新人才培养离不开科研实践能力的培养，早培班积极鼓励学生参与科学实践类活动，并且以北京市青少年科技俱乐部、"翱翔计划"、"英才计划"等项目为依托，与北大、清华、中科院等十几所大学科研单位建立科研实践联合培养活动基地。对于那些在科研实践上有浓厚兴趣、有志于科学研究的优秀早培学生，积极鼓励他们进行项目式学习。学校还专门建设了科研型功能实验室，选派科研能力强、教学效果显著的教师重点培养学生的科研能力。

　　下面，我们将从学科特色改革和特殊板块两部分展开早培课程建设的论述。学科特色改革板块包括以语文、数学、英语学科为例的贯通培养体系建设和物理、化学、生物等科学类课程的下探设置模式探索；特殊板块包括小早培MAGIC 魅力课程体系建设、早培专项研修课程体系、早培学生科研实践以及早培教学系列开放活动。

（一）早培班语文学科贯通课程设计

1. 早培班语文学科贯通课程设置的宗旨、目标

　　早培班语文组认真学习、研究了《中国学生发展核心素养》《义务教育语文课程标准》《普通高中语文学科核心素养》，根据近几年的早培班教学实践，商讨设计了下面的贯通课程体系。在今后的教学实践中还将进一步完善和细化。

　　早培班的语文课程探索旨在激发和培育学生热爱祖国语文的思想感情，引导

学生丰富语言的积累，培养语感，发展思维，逐渐掌握学习语文的基本方法，养成良好的学习习惯，使他们具有适应实际需要的识字写字能力、阅读能力、写作能力、口语交际能力，正确地理解和运用祖国语文。同时，通过优秀文化的熏陶感染，提高学生的思想道德修养和审美情趣，使他们逐步形成良好的个性和健全的人格，促进学生可持续的和谐发展。在课程的设置上注重培养学生的语文实践能力，倡导自主、合作、探究的学习方式，努力建设开放而有活力的语文课程，用多样的语文课程评价反映和促进学生的语文学习。

我们的指导思想是：从人出发，着眼于人。从学生的成长需求出发，注重学生的全面发展。在课程设计上，我们一方面力求学生在"语言建构与应用、思维发展与品质、审美鉴赏与创造、文化传承与理解"等方面全面提升语文素养；另一方面希望体现早培项目的办学目标和育人目标，让我们的学生在语文课程的教育引领下拥有"健康人格、高尚品德、创新能力、质疑精神"，为他们未来成为各个领域的领军人才打下坚实的人文基础。

2. 早培班语文学科贯通课程的具体设置

人类社会需要通过教育不断培养社会需要的人才，需要通过教育来传授已知、更新旧知、开掘新知、探索未知，从而使人们能够更好认识世界和改造世界，更好创造人类的美好未来。

早培班的孩子，入学年龄偏小，男生占比大，心理年龄更是比同龄人小一些。但是他们的可塑性非常强，有很强的好奇心和求知欲，学习知识、探究实践的能力也很强，这个时候的育人工作就更加重要。如何把教书和育人更完美地结合在一起，让这些天资聪颖的孩子，成为名副其实的栋梁之材，就成了早培语文教学工作的重中之重。

针对早培班学生的特点，早培班语文课程设置分为三大板块——常规课程、校本课程和研修课程。

（1）"守正固本"的语文常规课程

常规课程以国家统一教材为教学内容，面向全体早培学生，重基础增能力。

在不同学段，语文组教师深度研讨"课程标准"，认真解读教材和教参，查找大量相关资料，形成了自主备课、集体备课和区级进修相结合的备课体系，"守正固本"，扎实教学。

在每周固定的 5～7 节语文课时中，我们用 2/3 的课时精讲国家教材。这就需要我们对语文教材进行科学有效的整合。在 2010—2017 年间，我们整合苏教版 6 本语文教材，保留古代的经典散文、古诗词，123 篇现代文中精讲最有代表的美文 45 篇，其他篇目作为略讲——教师精心设计，为学生布置一些思考讨论题目，学生在课下自主阅读或进行小组合作探究。这样我们既落实了国家教材的教学任务，还省出了大量的时间用于校本课程，更好地因材施教。

同时我们尽量减少重复性、机械性的练习和作业，把大量的时间还给学生，也还给老师自己，让我们可以有时间和精力带领学生在语文课堂上走进广阔的阅读世界。

以八年级上册的语文教材为例，我们先按照内容和文体把课文分为古文、古诗、小说、散文等几个板块；然后实行单元教学，精读与略读结合，24 篇现代文只讲其中的 6 个经典篇目，其他的篇目则作为略讲篇目和自读篇目。同时我们还会根据实际情况，打破单篇教学的局限，将课本单元教学与名著阅读打通，实现课文教学与名著阅读的同步推进。例如：八年级上册一单元中有 5 篇有关"长征"题材的课文，暑假我们向学生推荐了王树增的长篇小说《长征》，我们让学生把课文阅读和名著阅读进行比较，再补充阅读索尔兹伯里的《长征——前所未闻的故事》和斯诺的《红星照耀中国》，使课堂教学的容量大为增加，效率大为提高。

自 2017 年 9 月开始，各学段开始使用"教育部审定义务教育教科书"，简称"部编版"。"部编版"语文教材增加了"和大人一起读""快乐读书吧"等板块，如一年级的"和大人一起读"倡导孩子跟父母、老师一起读充满童趣的故事、童谣、寓言、科普文等，鼓励创造使用朗读、讲读、对话表演等多种方式。初中教材中的古诗文篇幅大大增加，还设计了"名著导读"板块，把课外阅读也纳入教学体系。高中语文教材则用学习任务群推动语文课程组织形态变革。我们整合教材、守正教学、固本教研的工作还在继续实践。

（2）打好"精神底色"的语文校本课程

早培班的教学，践行着习总书记"复兴传统文化，坚定文化自信"的指导思想。2018 年 5 月 2 日，习近平总书记在北京大学师生座谈会上强调：我们的教育要培养德智体美全面发展的社会主义建设者和接班人。中国人民的特质、禀赋不仅铸就了绵延几千年发展至今的中华文明，而且深刻影响着当代中国发展进步，深刻影响着当代中国人的精神世界。中国人民的伟大创造精神、伟大奋斗精神、伟大团结精神、伟大梦想精神是一代一代中华儿女创造和积淀出来的，也需要一代一代传承下去。

因此，在常规课之外，早培班还有一系列颇具特色的校本课程，同样是面对全体学生。校本课程以教师选编或创编的校本讲义为教学内容，重拓展，养个性。早培班校本课程的特色可以用"继往开来，守正创新"来概括，我们希望能设计最适合学生身心特点的课程，实现培养最优秀的社会主义建设者和接班人的目标。

以早培初中学段 6～9 年级为例，我们的校本课程有注重书写能力培养的硬笔书法课，引领学生写好方块字、做好中国人。因为在世界各国文字书写中，没有任何其他文字的书写，像汉字的书写一样，最终发展成为一种独特的艺术形式，并且源远流长，中国五千多年璀璨的文明及无与伦比的丰富文字记载都已为世人所认可。在这一博大精深的历史长河中，中国的书法艺术以其独特的艺术形式和艺术语言再现了这一历时性的嬗变过程。即便今天科技飞速发展，电脑普及度极高，语音录入也成为文字输入的新手段，但是作为我们的民族文化之根，书法教学仍然是必需的。学习书法不只是提高写字的水平，还能提高人的艺术修养和人的良好心理素质，传承民族的文化艺术。

再如，我们的校本课程当中，还有古诗文经典诵读和精讲课，老师们自己编辑了古诗文经典读本，利用早读进行诵读，开展学生读诗、赏诗、写诗的系列语文活动，几年下来学生积累的古诗文多达几百篇；这些古诗文有知识，有趣味，有哲理。学生在学习积累的过程中不仅提高了他们遣词造句的能力和阅读能力，还提升了他们的文学修养和审美鉴赏力，也让学生了解历史、学习古代文化、欣赏古代文学、研究古代文明，并且能够借先人的经验获得指引，与先人的智慧互相切磋，从先人的感叹中体验人生。

同时，每一届早培六年级的学生，我们都开设了"毛泽东诗词"精讲课。因为这个年龄段的孩子怀有英雄主义情结，对他们进行一些英雄主义教育和博大胸襟的培养尤为必要，而毛泽东诗词就是最完美的载体。因为读毛泽东诗词最鲜明的体验就是境界博大开阔，气势恢宏，摧山撼月，往往看似不经意的轻描淡写，却能展示纵横万里的境界，发出吞吐山河雷霆万钧的气势。而且，毛主席在他的作品中不做历史名人的崇拜者，而是热情地赞美当代英雄。他站在历史发展的最高点，运用的是最新的唯物史观，这就使他的评古具有前人没有的大气，这样的胸襟，这样的气魄，非常契合早培班孩子的特点。在这种大气磅礴的精神熏陶中，也能够激发学生要做当代风流人物的雄心壮志。

在校本课程中最富特色的是我们每周都会用1～2节语文课让学生进行名著阅读。每学期由老师推荐必读、选读的大部头作品，学生在"场作用"的引领下共读一本书。经过近十年的不断探索和总结，我们在"名著阅读"方面总结出了一系列行而有效的经验。

我们设计梯度，让名著阅读有"序"。不同年龄阶段的学生其阅读兴趣和认知水平也有所不同，推荐适合的读物对名著阅读活动的顺利开展至关重要。作品过浅过易不利调动阅读兴趣，而过难过偏——譬如厚古薄今、厚外薄中的倾向，同样会形成阅读障碍，影响阅读的展开。我们采取的方法是：由浅而深、由易而难（朱永新先生称之为"智慧的阅读策略"），即从学生容易读懂、较少障碍的中国现当代经典作品起步，逐步形成了一个有利于名著阅读活动顺利展开的作品序列。

当学生对现当代名著产生浓厚的阅读兴趣之后，老师们在推荐作品时，从时间上适当向古典名著扩展，从空间上逐步向外国名著扩展，从体裁上则向散文、人物传记、纪实作品扩展，逐渐拓宽孩子的阅读视野。低年级的学生有了现当代文学的积淀后，我们又带领高年级的学生去司汤达、莫泊桑、小仲马、高尔基、狄更斯、雨果、梭罗的著作中畅游；他们会体会托尔斯泰《战争与和平》的崇高，感受莎士比亚"四大悲剧"的震撼，结识《堂吉诃德》中的荒唐骑士，目睹《百年孤独》里触目惊心的布恩迪亚家族传奇……这些宝贵的书籍不仅带给孩子们以巨大启迪，同时带给孩子们以极大乐趣。就这样，孩子们对阅读经典产生了强烈兴趣，阅读的局面就随之打开。

在选择书目方面，我们明确标准，解决"读什么"的问题。书籍是精神食粮，中学生正处在精神成长的关键阶段，"读什么书"直接影响到他们的健康成长。孩子们代表希望，他们延续着民族的发展方向，续写着祖国的未来。因此所推荐的读物，既要符合孩子的年龄特点，又要有利于精神成长，我们以"美"

"健康""正能量"为基本标准，在推荐名著时，尽可能慎之又慎，精益求精。有的作品虽然不属名著，但也应是同类中的精品；即便是公认的经典，也要考虑是否适合学生当下去读，切不可一味厚古薄今、舍中趋外、偏深偏难、盲目随意、好高骛远，让孩子一上来就产生排斥和拒绝；更要坚决抵拒小里小气、旁门左道、俗不可耐的读物。我们带领学生先后走进红色经典《红岩》、弘扬民族大义的《四世同堂》、"茅盾文学奖"获奖的扛鼎作品《穆斯林的葬礼》、当代文学的不朽经典《平凡的世界》、荣获亚洲最高文学奖的《狼图腾》等。从反映人大附中学生名著阅读情况的《走进名著——人大附中学生这样读书》中可以看出，书中涉及学生读过的上百部作品，都符合这样的推荐标准。

我们还会把一些反映现实生活、时代色彩很强的作品推荐给学生，这些作品可能一时还不能成为经典，但一定是同类作品中的精品，或者有望成为未来的经典。比如，我们给孩子推荐了两部"狼书"，都取得了很好的阅读效果。从《狼图腾》中，他们懂得了狼性的价值和环保的重要；从《重返狼群》中，他们懂得了什么是超越族群的大爱。《重返狼群》是"80 后"作家李微漪创作的纪实作品，记述作者自己舍生忘死，历尽艰险，把小狼放归狼群的真实经历，创造了迄今为止历史上首例成功放归的奇迹。这本书文笔优美，故事传奇，孩子们沉醉其中，既陶冶精神，又开启心智，李微漪也因此成了孩子心目中"最让人佩服的人"。这本书虽然眼下不能称为经典，但未必不能成为未来的经典。正如《狼图腾》的作者姜戎在《重返狼群》序言中所说："我已经精读四遍《重返狼群》，仍想再读。这部狼书经常让我冷汗淋漓，或热血沸腾，抑或潸然泪下……给予了我精神上空前的震撼。"

在推进阅读的过程当中，我们讲究方法，让名著阅读有"趣"。开展好名著阅读活动，激发兴趣、培养习惯是第一位的。我们发现，推荐作品后，老师不应喋喋不休地讲读书的技法技巧，要让学生径直走进作品，在一个完整而丰富的语境中，自主自在地去读，无拘无束地去读，轻轻松松地去读，这样，学生就会沉浸在书中，和作者、和书中的人物同悲喜、共忧乐，尽享读书的快乐。在人大附中，无论课间还是午休，无论楼道还是操场，随处可见一道美丽的风景：三五成群的孩子抱着一本大部头在专注地阅读，或在热烈地议论……

读书兴趣形成后，学生会产生难以想象的爆发力，他们的理解能力、思维水平、读写能力突飞猛进，自主的读写能力明显提升。他们会刚读完一本，就追着老师去推荐下一本……

早八年级要求寒假读《骆驼祥子》《茶馆》《莎士比亚四大悲剧》《悲惨世界》4部书，结果有半数同学在完成规定的阅读书目后，去自主选择其他读物。经统计，贺思凯、石宗华、高可心等同学另外读了20多部书，阅读量达500万字以上。石定川、孙闻溪等同学在完成规定的两篇读书笔记之外，自主增加练笔十几篇，写下上万字的读书生活随笔。班里特地为孙闻溪出了一期个人随笔专辑。早六到早八三年间，学生人均完成规定读物20部以上，自主选择读物10部以上，包雨轩、孙嘉悦等同学可达50部以上。

同时，我们开发资源，让学生举目有"得"。语文教育可供开发的课程资源无限广阔，既有经典名著这浩瀚的"有字书"，又有社会自然这本更为广阔的"无字书"，还有可供选择的优秀音频、视频作品。在走进名著的同时，我们还带领学生走进鲁迅、老舍等名人的故居，徜徉南锣鼓巷等古老街巷，参观现代文学馆、《复兴之路》等展览、卢沟桥抗战纪念馆……去回顾历史、开阔视野，体验生活。在讲苏教版八年级（上）长征单元课文时，我们让学生去读王树增的纪实文学《长征》，读背精选毛泽东诗词40首，欣赏诗词艺术片《独领风骚》，观看反映长征题材的电影《万水千山》。课程资源的开发使课本内容得到极大的丰富和拓展，原本单薄的课文就立体化了。一个同学在读书笔记《意外的发现》中写道："我突然感到课文学习和名著阅读是分不开的，那些逼真的场景、真实的故事、浓浓的情感，无一不令人深深感动。如果光凭课文中的'红军都是钢铁汉'，你怎能相信这一切呢？"

有一位同学在读了《南京安魂曲》之后，在一个周末自己去南京进行实地寻访，由于年代久隔物是人非，几经周折之后他才在现在的南京师范大学院内找到了金陵女子学院旧址。他写道："南京师范大学从前的这些厚重的历史，正迈着沉重的步伐向历史的深处走去，而这些动人的故事也会随着时间的推移被人们渐渐遗忘。这让我深思我们应该怎样去面对历史。"在立体阅读中，孩子们的思考更深了，对家国天下责任的那份担当更强了。

（3）勇于创新彰显个性的语文研修课程

除了常规课程和校本课程，我们还针对早培学生学情开设了研修课程，可以说得上是因材施教、量身打造。研修课程尊重学生个体的爱好，发展学生的人文专长，是为有需求的学生开设的课程。研修课程的特点是精品化、个性化。

以早培初中学段六年级至九年级为例，我们的研修课程类别涉及文化类、文学类、应用类等多种类型：主讲戏剧鉴赏表演的"多彩舞台"，指导朗诵演讲的"我是演说家"，带领孩子们游览整个中国文学史的"千古风流人物"，走进名家系列的"走进鲁迅"，古典小说鉴赏课"漫话红楼"，文化经典讲评课"《老子》研读"……这些课程的设置完全契合了习近平总书记在不同场合多次提出的"坚定文化自信"这一重大命题，强调"讲清楚中华文化积淀着中华民族最深沉的精神追求，是中华民族生生不息、发展壮大的丰厚滋养；讲清楚中华优秀传统文化是中华民族的突出优势，是我们最深厚的文化软实力；讲清楚中国特色社会主义植根于中华文化沃土、反映中国人民意愿、适应中国和时代发展进步要求，有着深厚历史渊源和广泛现实基础"，明确要求推动中华优秀传统文化创造性转化、创新性发展，不断铸就中华文化新辉煌。这为新时代中国特色社会主义文化建设指明了方向。中华优秀传统文化是文化自信的牢固根基，也是中华民族伟大复兴的核心要素之一，我们要善于站在新的历史高度上来重新认识传统思想文化的现代价值。

再如深受学生喜爱的研修课"人间的诗意"是一门诗歌鉴赏与写作课程，面向早八年级开设，每期为一学年。课程设计为每两次课为一单元，第一次课为专题学习，第二次课为学生活动。专题学习每次选取一个话题，包括自然意象如"花""鸟""树""河流"，抽象话题如"时间"，此外还有富于现代性的话题如"城市"专题。

教师在选诗层面务求兼顾古今中外，展示人类整体的诗意空间，使学生开阔文学视野，了解各国历史与文化。中国诗上自《诗经》，下至当代，多选取课外篇目；外国诗则涵盖亚非欧诸国名家和不同流派，上自古希腊的《荷马史诗》、古埃及的《亡灵书》，下至现代派的艾略特、叶芝、波德莱尔，重视其经典性。

除了传统的诗歌鉴赏和诵读之外，每次还设有"诗歌翻译"环节。或独立完成，或团队合作，借助这种形式，试图锻炼学生的文笔，增强其对诗歌语言、韵律和表现手法方面的理解力。

每个专题的第二次课为学生活动。学生分为几个诗社，进行作品的展示和交流，同时会伴随一个趣味诗歌写作活动，如诗歌接龙、诗歌联句与唱和、拈题分韵等。每学期的结课作业没有考试，而是将学生一学期以来的作品结集，作为诗歌之旅的留念。一些学员以此为基础，正式出版了自己的个人诗集，作为成长路上小小成就的见证。

除了亲近文字、锻炼文笔之外，"人间的诗意"是将语文教学与美育相结合的一个尝试，希望在文字与学生的成长经历、人生体悟之间建立起更加紧密的联系，让文学成为学生理解社会与人生的窗口、抒情言志的媒介。

可以说，我们的研修课，不仅增强了学生的学术能力，而且培养了学生的历史思维能力、辩证思维能力和创新思维能力。

(二) 早培班数学学科贯通课程设计

1. 早培班数学学科贯通课程设置的宗旨、目标

数学是一切科学的基础，可以说人类的每一次重大进步背后都有数学强有力的推动。数学学科是培养思维的最好载体，学习教学不仅可以掌握简单的基本知识，还可以培养人的逻辑推理能力、空间想象能力、抽象分析能力，这些能力可以让人们更加清晰地认识世界，解决问题。

史宁中教授曾指出：数学教学的最终目标，是让学习者会用数学的眼光观察现实世界，会用数学的思维思考现实世界，会用数学的语言表达现实世界。这对教师的教学提出了明确的指导方向。对于数学的基本思想，史宁中教授做出了进一步的解读：数学的眼光就是抽象，数学的思维就是推理，数学的语言就是模型。

在《义务教育数学课程标准》及普通高中数学学科核心素养的引领下，早培班的数学教师们不断摸索尝试，在一轮一个年级的数学教学过程中，对教学内容、进度、形式等各个方面进行了不同程度的探索与实践尝试，探寻适合早培班学生学习的内容与方法，以期待解决我们一直在思考的问题：多年以后，早培班的数学课堂能够留给学生什么？

早培班数学课程的探索旨在激发学生的学习热情，培养学生的数学思维，养成良好的学习习惯，搭建恰当的发展平台，同时实现数学课育人的教育目标，让学生们学会分享与合作，敢于质疑与探究，并能够学以致用。

我们的指导思想是：以人为本，学生在学习的过程中，知识是载体、思维是本质、用数学是目标，注重可持续发展，奠定基础学科的作用。在课程设计上，关注学科知识的连贯性、注重学生的基本素养与学习品质、为不同的学生搭建适合的发展平台。希望体现早培项目的办学目标和育人目标，让我们的学生在数学课程的教育引领下拥有"健康人格、高尚品德、创新能力、质疑精神"，为未来成为各个领域的领军人才打下坚实的基础。

2. 早培班数学学科贯通课程的具体设置

早培班学生的基本情况是数学课程设置的前提。

早培班的孩子对于数学学科的学习兴趣浓厚，爱思考、爱质疑，一些学生具有较大的钻研数学的愿望与热情；学生具有一定的自主学习能力，有探究的意识与愿望，乐于完成具有挑战性的任务；学生具备一定的超前学习能力，部分学生在进入学校的学习过程之前已经储备了相当多的相关知识，知识面较宽且有一定深度。

但同时也存在一些问题，例如：学生的学习习惯有待提高，有时候因为快速得到答案而忽略了思维的深度与严谨；部分学生学习的功利性较强，重结果而轻过程；还有一些由于超前带来的问题，思考不够深入、探究不够系统、学习的知识不连贯等；此外，学生的自我意识也比较强，在合作交流方面还有待提高。

基于学生情况的分析，我们在以下四个方面有很多值得思考的问题：教学的目的与意义，教学的内容与难度，教学的形式与进度，教学的评价与反思。

（1）课程设计板块划分

针对早培班学生的特点，早培班数学课程设置分为两大板块——常规课程和研修课程。常规课程面向全体早培学生，常规课程以人教版教材为教学内容，结合早培数学教学指导意见有针对性地学习。研修课程，则是针对部分学生开设的：既有针对学有余力或在数学学科有特长学生的竞赛研修课，也有针对学生兴趣培养的趣味课，还有针对基础薄弱学生的学法指导课等。

每周固定的 4～5 个课时，是我们的常规课教学时间。每周两次 3 个课时是研修课时间。

从教学形式上来讲，我们采用的是常规教学与探究式、研修式学习方式相结合。探究式，教师经常会给学生提出有难度的问题，由学生自由探究，时间不限，这样极大调动了学生学习的积极性。研修式，则是为有不同学习需求的学生开设的，满足学生在竞赛及高等数学方面的需求。

（2）关于常规课程

早培班教师对教学内容、教学进度、教学方式等进行了几年的探索，摸索出了不少适合这些学生的教学经验。

首先，从教学内容的安排上，我们曾尝试按照教学的模块去划分，例如：代数与几何分别教学。这样做虽然在知识的连贯性与完整性上有好处，但学生理解的情况并不十分理想，有时会把难点相对集中，学生的认知能力也没能很好衔接。

其次，从教学进度的安排上，结合学生的具体情况，针对初中数学教学内容的完成时间也有了不同的实践经验，最终将整体的学习时间确定在两年半到三年之间。

最后，在教学方式上，教师非常关注学生的探究能力与创新意识、批判性思维的培养，课堂中有意识地提高学生的主动性。

在早培，每个学期都有教学开放日，教师可以接受来自其他教师、专家的指导与引领，不停地反思改进教学。小早培还大胆地举办了"家长开放周"的活动，老师们认真研读家长的听课反馈表，以用于自己的教学改进与教学研究。

一期期的开放月，一期期的开放周，为我们的教学与课程研究提供了翔实且重要的第一手资料。

第一，深入研究教材，贯通教学内容。

小早培的数学教师一次次从不同角度梳理着所有内容，尝试将小学六年的学习内容进行有效整合。老师们按一至六年级内容进行了纵向梳理，也按数与代数、空间与几何、统计与概率、数学实践这四大领域进行了横向整理。老师们会在每学期初进行学生学习起点的调研，再根据自己年级的调研结果，将每个年级的具体学习内容进行梳理。整合计划的实施会根据学生的具体学习情况进行适时调整与修改，最终形成本学期本学年的整合内容。

六至九年级数学教师结合几年的教学经验，邀请教研组及高中有经验的教师召开了多次关于教学内容的研讨会。结合学生的实际情况，设计符合早培班学生学习的教学内容指导建议，从教学内容的顺序上来讲，基本符合义务教育阶段数学教材的安排，个别章节做出了调整。

从整体规划来讲，进度安排如表2-2所示。

表 2-2　早培班数学教学整体规划

时间	内容
六至八年级	做好小初衔接，学完全部初中内容，增加高中"集合"
九年级	梳理中考相关内容，增加高中"函数"等内容教学
十至十一年级第一学期	学完高中必修＋选择性必修内容，增加高联一试内容
十一年级第二学期	增加自招与大学先修的内容
十二年级	准备高考，增加自招课程的比例

不仅仅是教学进度，教师们也从教学深度与广度方面进行了补充整理。例如，实数提前到有理数章节，从数的扩充角度进行探索研究等。表 2-3 为六至九年级教学指导建议中的个别章节的设计。

表 2-3　教学指导建议中的"有理数"的设计

1.1　有理数的概念	1.1.1　正数与负数		1. 理解有理数的意义，**有理数的两种定义方式。** 2. **数的再认识、拓展与发展历程。** 3. **有理数的稠密性与对四则运算的封闭性。**
	1.1.2　数轴		1. **数轴的三要素，能用数轴上的点表示有理数。** 2. 能结合数轴比较有理数的大小。
	1.1.3　相反数		1. 相反数的概念。 2. 相反数的几何含义。（结合平方、倒数、负倒数、相反数比较有理数大小）
1.2　绝对值	1.2.1　绝对值的概念		1. 绝对值的概念。 2. **绝对值的几何含义，$\lvert a\pm b\rvert$ 的几何含义。** 3. **绝对值的性质。** 4. **绝对值不等式及等号成立条件。**
	1.2.2　绝对值的化简		1. x 的取值范围与绝对值符号的化简结果的关系。 2. **含有多个或多重绝对值的化简与零点分段法。**
	1.2.3　含绝对值的最值问题		1. **若干个绝对值之和或差最值的几何含义与几何解法。** 2. **零点分段法。**
	1.2.4　含绝对值的方程（初步）		1. $\lvert x\rvert = a\ (a\geqslant 0)$ 的讨论。 2. **利用零点分段法解不含参数的一元绝对值方程。** 3. **利用几何含义解不含参数的一元绝对值方程。**

1.3　有理数的运算	1.3.1　有理数的四则运算	1. 有理数的四则运算法则 2. 有理数的四则混合运算
	1.3.2　有理数的乘方	1. 指数奇偶性对于负数的方幂符号的影响。 **2. 幂运算法则，负整数次幂的介绍。** 3. 有理数的混合运算。（含乘方和绝对值）
1.4　科学计数法与近似数	1.4.1　科学计数法与近似数	1. 科学计数法的含义，**利用 10 的负整数次幂表示绝对值小于 1 的数。** **2. 根据精确度要求求近似数，根据近似数及精确度求原数范围。** **3. 有效数字的概念。**

说明：其中粗体部分为与《义务教育数学学科课程标准（2017 年版）》相比增加部分。

第二，纵观学科发展，贯通思维培养。

早培班数学教师在教学内容设计上比较注重知识的整合，但这是以发展学生的数学思维、培养学生的创新精神为前提进行设计的。

小早培在教学上，常常会提出"胖问题"，给予学生充分的时间与空间研究解决问题的方法，再通过小组合作交流、全班反馈进行总结提升。我们强调：知其然，更要知其所以然——学得通透，才能走得长远。

其他年级，也经常会提出有难度的问题，不追求快速得到答案，不追求一定有答案，重视研究的过程。学生彼此之间也经常提出问题，班级会有问题讨论角，也会有学生自己命题的试卷。表 2-4 为列举案例。

表 2-4　三个案例

关于"数与运算"的思维培养——早一年级"数与运算"模块案例
展开线索：自然数的产生（补充内容）→自然数的组成与表示（整合一上、一下、二下相关单元）→数量与序数（整合一上、一下、二下相关单元）→自然数的大小关系（整合一上、一下、二下相关单元）→自然数的运算（100 以内加减法及其应用，表内乘除法及其应用，整合一上、一下、二上相关单元）。 　　这一线索是对自然数研究过程的模拟和归纳，还可以应用到后续小数、分数的学习中来。 　　这一过程的研究方法，可以持续运用到早六年级负数与实数的学习中来。
关于"图形与几何"的思维培养——早五年级"立体图形的度量计算"模块
在以往教学中，学生在学习完表面积或体积后做相应的练习，会产生一定的思维定式。当总复习阶段将所有内容混合在一起时，有的问题不是直接说明是求表面积还是体积的问题，学生容易混淆。基于这些问题，我们把表面积与体积整合在一起进行对比学习，让学生产生空间上的冲击感。同理，将长度、面积、体积进行整合复习，在学生头脑中建立起一维、二维、三维的空间对比与联系。 　　这也为后续学习"几何图形初步""立体几何"打下基础。

关于"函数"的思维培养——早八年级"函数"模块教学整合案例

关于"函数"的起始课，设计了三个课时来完成：函数概念的教学、函数图象的定性分析与函数图象的定量分析。

第一节，函数概念。首先，由学生列举生活中有关系的变量，如：速度、时间、路程。在相互启发下，例子渐渐丰富，如：某人的年龄与身高。在以实际问题为背景的基础上，进一步利用符号进行表示，再从中找出两个变量之间的特殊对应关系。这样处理的好处是：函数概念并不是凭空出现的，而是对现实世界的一种刻画，借助数学符号恰恰可以表达出最本质、最抽象的对应关系。其次，进一步体会到并不是所有的函数都可以写出解析式。经历了这样的过程，学生能够深刻体会到当自变量变化时，因变量有唯一一个值与其对应，而这种对应的思想就是函数概念中最本质的内容。

第二节，函数的图象，选择了一个学生非常熟悉的小故事——龟兔赛跑。横轴表示时间，纵轴表示路程，请学生借助图象刻画完整的寓言故事。数学并不枯燥，它可以用独特的语言来描述实际问题。学生作品也很丰富，如以下示意图：

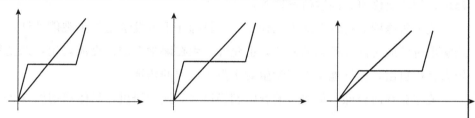

在观察、比较的过程中，关于定义域、值域、斜率、交点等很多图象特征所表示的数学信息被揭示出来。讨论过程中留给学生最大的收获是：感受了图象的优越性，直观简单且包含大量信息；体会了观察图象的技巧与方法；开放性的问题激发了学生更深入的思考。

第三节，在前面利用图象表示寓言故事的基础上，提出一个更具体的函数：$y = \dfrac{1}{x^2-1}$，我们该怎样画出它的图象呢？引导学生从解析式分析开始，再画图象研究。从研究方法上与高中进行接轨。为后续高中阶段研究函数打下基础。

总体来说，在计算与方程学习中，关注初小衔接；在函数与方程学习中，关注初高衔接；从学科内容角度看数的发展与式的发展。而每一个整合内容的实施，离不开学生的主动探究与深度思维，这样的整合与安排可以让学生的思维逐步发展，能力逐步提升。

第三，实现全面育人，贯通习惯养成。

针对学生特点，无论是课堂还是作业，教师都比较关注习惯的养成。从进入课堂的第一天起，要求学生学会记笔记、听讲，学会倾听、与人交流，学会展示自我。

以小早培 2014 级学生为例，每天的数学练习册，老师都进行书写奖和作业完美两个维度的反馈与总结，从不间断。对个别书写潦草、不用尺子、不写完整过程的学生会要求重新改正，合格为止。目前，绝大多数学生都能做到数学书写工整、美观。

升入六年级的学生，也会在听讲、作业等各个方面得到教师的鼓励和引导，教师充分结合不同年龄段学生的特点，调动他们的积极性，养成好习惯。

对于年级较高的学生，更多的是学法指导与心理疏导。师生共同讨论问题，培养学生谦虚有礼、钻研与坚持的品质。

一个有着优秀习惯和良好品质的学生才能走得更加长远。

（3）关于研修课程

基本设计宗旨：六、七年级以兴趣培养、习惯养成、打好基础为主；八、九年级以高端课程、先修课程、专题课程为主。以下为开设过的一些研修课案例：数独、生活中的数学、数字幻方、数学与物理、线性代数、数学讨论班、中考研修班、初联研修班、高联研修班等。

关于研修课的授课形式也比较灵活。教师注重激发学生的主观能动性，经常给学生讲题或者回答问题的机会，也允许学生在课堂上进行交流讨论，课堂氛围较为轻松自由，较好地维护了学生对于数学学习的热情。

关于竞赛研修课，早培班的教师们经过多年摸索研讨，具体规划见表2-5。

表2-5　早培班竞赛研修课规划

学期	教学目标	内容	同期活动
六年级上	小初过渡，熟悉初中数学竞赛，熟悉基本的代数工具和几何问题	绝对值综合、整式乘除、复杂因式分解、线段与角、全等三角形	早六数学大联盟测试
六年级下	熟练掌握代数运算，直线形几何提高，组合数学意识培养	分式、根式、四边形、相似三角形、组合问题选讲	北京市初二数学竞赛全国初中数学联合竞赛
七年级上	函数与一元二次方程，初中平面几何中与圆相关的问题，数论初步	四点共圆、圆幂定理、重要几何定理、一次函数与反比例函数、二次函数、一元二次方程、同余与不定方程	早七数学大联盟测试
七年级下	结束初中数学竞赛学习，开始学习高中数学课内内容	联赛模拟测试，初中数学竞赛中的组合问题，高中数学内容简介，集合的概念和运算，函数的概念与性质	全国初中数学联合竞赛

续表

学期	教学目标	内容	同期活动
八年级上	原高中数学必修一、四，部分必修五内容	幂函数、指数函数与对数函数，任意角三角函数，三角恒等变形，平面向量的概念和运算，等差数列与等比数列，递推数列初步与数学归纳法	全国初中数学联合竞赛 全国高中数学联合竞赛 人大附中高中数学竞赛
八年级下	原高中数学必修二、五	不等式的解法与不等式的证明、立体几何初步、直线与圆	人大附中数学邀请赛 全国初中数学联合竞赛 北京市高一数学竞赛
九年级上	结束高中数学课内板块学习	圆锥曲线、复数、排列组合与二项式定理、向量法解立体几何、极限与导数	全国高中数学联合竞赛 人大附中高中数学竞赛
九年级下	高中数学二试平面几何板块	圆幂与根轴、调和线束与调和点列、极点与极线、反演	人大附中数学邀请赛 北京市高一数学竞赛
十年级上	高中数学二试数论与代数板块	整除理论、同余理论、指数与原根、不定方程、不等式的证明	全国高中数学联合竞赛 人大附中高中数学竞赛
十年级下	高中数学二试其他板块	联赛二试的四个板块为主，适当补充难度较大的问题	人大附中数学邀请赛 北京市高一数学竞赛
十一年级	套题模拟	薄弱环节及套题训练	全国高中数学联合竞赛 人大附中高中数学竞赛

3. 早培班数学学科贯通课程的评价——专注素养，多维评价

　　早培班的数学教学关注学生习惯的养成，关注学习过程中创新能力、合作交流、欣赏感恩的培养，让每个学生有持久、自控、专注的学习能力。例如：生活中的大数、美丽的平移、多彩的几何图形……在各式各样的活动中实现对学生品格的培养。

评价方式也是多元的。过程性评价具体方案为：课堂表现 10 分＋平时成绩
10 分＋作业情况 10 分＋数学活动 10 分。

总之，我们在学科内容、学习方法和学术品质上，对学生进行有针对性的指
导。连贯地设计学科教学内容，让每个孩子经历有价值的、完整的学习过程。

(三) 早培班英语学科贯通课程设计

1. 早培班英语学科贯通课程设置的宗旨、目标

英语课程是全面落实党的教育方针、落实立德树人根本任务、发展英语学科
核心素养、培养社会主义建设者和接班人的基础文化课程。英语课程不仅具有工
具性——培养学生的基本英语语言素养，聚焦语言知识、语言技能、语用能力，
更具有人文性——培养学生的家国情怀、国际视野、跨文化沟通能力、创新创造
精神、终身学习习惯等。

根据立德树人、全面发展总体要求和将社会主义核心价值观融入基础教育的
要求，根据社会对人才的基本要求和对外语能力的特殊需求，结合早培班学生的
心智成长规律和外语学习规律，基于《义务教育阶段英语课程标准（2011 年
版)》《普通高中英语课程标准（2017 年版)》，人大附中早培班的英语贯通课程
目标设置为：提升在社会情境中借助语言理解和表达意义的能力；拓宽国际视
野，增强家国情怀，提高文化自信力；提高分析判断能力，提升思维的逻辑性、
批判性和创造性；树立终身学习意识，培养学习习惯，提升学习品质。

2. 早培班英语学科贯通课程的具体设置

（1）增强家国情怀，落实立德树人根本任务

随着经济全球化的深入发展，信息网络技术的突飞猛进，青少年成长环境时
刻充斥着各种文化交流、思想交融和观念交锋。每一届早培班学生新入学时，总
会有家长带着自豪介绍："孩子英语水平很高，小时候已经能读原版书了"。而我
们作为教师，在为孩子们学习能力强感到高兴的同时，总会有些担忧：孩子们在
读什么原版书？谁来为孩子们筛选书？他们这么小的年纪，能否形成自己独立的
判断，在良莠不齐的文化碰撞中自觉取其精华、弃其糟粕，在文化对比中增强文
化自省力和文化自信力？

针对这一点，英语学科贯通课程的设置和实施紧密围绕落实立德树人根本任务这一主线，特别注重围绕社会主义核心价值观进行选材，培养学生成为立足中国国情、具有世界眼光、有深厚的家国情怀和社会责任感的人，并且结合英语学科的特点，促进学生了解国际社会和英语国际文化，为国家培养参与国际合作和竞争、加强国际传播的后备军。

（2）丰富学习内容，激发学习兴趣

早培班英语课在探索中逐步形成了多层次、多样化的课程体系，包括主修课程、自主学习课程、综合素质课程和个性化拓展课程，其中主修课程、自主学习课程、综合素质课程，旨在为所有学生构建英语学科核心素养的共同基础，个性化拓展课程则面向有个性化英语学习需求的学生。主修课程使用国家教材，并按照国家课程标准实施教学，早培一至五年级使用人教版"新起点"《英语》，六至八年级使用人教版"Go for it!"《英语》，九至十二年级使用北师大版高中《英语》（见表2-6）。除此之外，还有针对早培班学生好奇心强、求知欲旺盛、喜欢思维挑战等特点特设的课程。

早培班英语自主学习课程主要有教师指导下的广泛阅读和视听说练习，旨在丰富学习内容，拓展学习领域。正如何其莘教授所说：对于一个生活在非英语环境中的中国学生来说，要做到部分或全部用英文来思考确有很大难度，但也不是可望而不可即。坚持大量阅读是实现这一目标最有效的途径之一。广泛阅读可以培养敏锐丰富的语言领悟力，提高语言表现力，并且提高学生的思想洞察力，养成学生志存高远、兼济天下的浩然之气。自2010年第一届早培学生入校以来，早培英语教师一直注重通过持续默读、"文学圈"讨论等形式引导学生进行英语阅读。持续默读（sustained silent reading，SSR）要求学生自选难度适中的书目（语言难度在每页5个生词左右），每天安排出10～30分钟的时间安静地阅读，培养学生的阅读习惯。在刚开始的时候，教师会与学生一起在教室里进行持续默读。每个学期，教师还会布置一些所有同学的必读书目，并在课堂上以"文学圈"的形式讨论。文学圈有里有多种角色，如"language master"（语言大师）、"plot analyst"（情节分析师）、"theme analyst"（主题分析师）、"character analyst"（角色分析师）、"resource person"（背景提供者）等，学生从中选择自己喜欢的角色进行相关部分的学习，并与组内其他角色的同学分享。在阅读、思考、提问、分享、讨论、写作的整个环节中，学生对阅读内容的理解更加深入，对阅读中习得语言的应用也更加自如。自主学习课程还包括视听说练习，如每两周一次的"A Song in the Morning"（英文歌曲欣赏），多种主题的英语演讲赏析，教师指导、学生完成的英语配音等，这些学习内容丰富有趣，形式灵活，深受学生欢迎。

表 2-6 早培班英语国家教材及阅读书目

		国家教材	阅读书目	备注
早培低年级	早一	人教版新起点《新维度英语》	《典范英语》	同时补充：英译简写版中国童话故事、英译简写版中国民俗故事等。
	早二	人教版新起点《新维度英语》	《典范英语》	
	早三	人教版新起点《新维度英语》	学生自选书目	
	早四	人教版新起点《新维度英语》	《典范英语》	
	早五	人教版新起点《新维度英语》	学生自选书目	
早培初中	早六	人教版七年级 Go for it!	《小屁孩日记》《夏洛的网》	1. 根据文本语言难度和每届学生的具体学情调整。2. 根据课文单元话题，同时扩充关于中国文化的相关英文介绍。
	早七	人教版八年级 Go for it!	《金银岛》《小妇人》	
	早八	人教版九年级 Go for it!	《圣诞颂歌》《野性的呼唤》	
	早九	人教版高一（上）	短篇经典时文报刊	
早培高中	早十至早十二	北师大版必修+选修	英文短篇小说《芒果街上的小屋》《相约星期二》《牧羊少年奇幻之旅》	根据课文单元话题，同时扩充中国文化的相关英文介绍。

（3）搭建真实情境，增强语言运用

按照新课改特别强调"学用结合、学以致用"的精神，英语学科为学生提供了丰富的综合素质课程，如学科活动、跨学科实践、友好校交流活动等，这些课程为学生搭建了语言运用的真实情境，拓宽了学习的内容和空间，帮助学生提升对语言的认识和感知，并明晰英语语言和汉语语言、英语文化和汉语文化的思维脉络和思维特征。

英语学科活动丰富多彩，形式灵活，参与性强。从低年级的配音大赛、演讲比赛，到高年级的歌曲比赛、戏剧展演、读书分享会，英语学科活动（见表2-7）为学生提供了展示和交流的平台。

表 2-7　早培班英语学科活动

开设年级	学科活动	对应核心素养
早一	夏日故事会（阅读、提问、读书分享）	语言能力、思维品质
	绘本创编（绘制图文并展示）	语言能力、思维品质、文化品格
早二、早三	早培电影院（配音及展示）	语言能力、学习能力
	故事创编（创编故事并结集印刷）	语言能力、学习能力、思维品质、文化品格
早四、早五	演讲比赛	语言能力、学习能力、思维品质、文化品格
	电影配音大赛	语言能力、学习能力、文化品格
早六至早九	英语歌曲联欢	语言能力、学习能力、文化品格
	英文书写大赛	学习能力、文化品格
	英语趣配音比赛	语言能力、学习能力
	英语才艺表演	语言能力、学习能力、思维品质、文化品格
	名著短剧表演	语言能力、学习能力、思维品质、文化品格
	英语读书分享会	语言能力、学习能力、思维品质、文化品格

跨学科实践是综合素质课程的另一重要组成部分，在跨学科实践中，英语语言是一把打开科学、人文、艺术领域的钥匙。早培英语组开设了英语和科学的跨

学科实践课，有英语与科学的融合，如学生用英语探讨混色原理和物体的沉浮；有英语和体育的碰撞，学生们用英语介绍足球规则，并能够边踢球边用英语进行讲解；有英语和自我保护的结合，学生们讨论校园霸凌的危害和预防。

友好校师生到本校的访问也极大地提高了学生的语言运用意识和能力，在与友好校学生的互动中早培班的学生们用英语介绍自己的学习生活和中国传统文化，同时了解其他国家的生活与文化，既锤炼了语言能力，又增进了学生的国际理解。

（4）渗透思维训练，提升思维品质

在语言课堂里，所有思维品质主要通过语言实践来达成的。早培班的英语教学活动摆脱了应试的桎梏，在各类课程的教学过程中都积极渗透思维训练，促进目标中提升思维品质的达成。

在主修课程的教学中，教师积极构建主题语境，整合语言知识和文化知识，鼓励学生围绕各单元主题进行主题意义的探究。例如，在七年级英语课本中，有一个单元的话题是"天气"，老师们将课本内容和补充材料围绕"天气与生活方式""天气与健康""极端天气与气候变化"等模块进行整合，引导学生从多个角度思考天气对人类生活的影响，促进学生热爱自然、尊重自然和保护自然的积极情感，激发学生对人与自然和谐相处方式的思考与探索。

在自主学习课程中，教师引导学生在广泛的语言材料中关注知识的获取方式，关注获取、理解和应用知识的过程，逐渐形成对建构想法过程的自我觉察，换句话说，英语教学承担了培养学生成为自己思维主人的责任。例如，在阅读教学中，教师常常使用故事地图（story map）来帮助学生加深对故事情节的了解，学生在作图的过程中，思维更趋主动。在人物分析部分，通过给学生基本的思维分析框架，让学生有证据、有逻辑地表达，使学生的思维更趋理性。在续写、扩写文本或表演新故事的环节，学生思维的创意性表达得到最大的鼓励。在对非故事性文本的探究中，教师又将"有自我要求的阅读者"应时刻关注的四个问题逐一渗透并引导学生带着问题去分析文本，诸如：

1）整体来说，这本书到底在谈些什么？（What is the book about as a whole?）

2）作者细部说了什么，怎么说的？（What is being said in detail, and how?）

3）这本书说得有道理吗？是全部有道理，还是部分有道理？（Is the book true, in whole or part?）

4）这本书跟你有什么关系？（What of it?）

除此之外，在个性拓展课程（主要是早培班的研修课，见表2-8）中，学生根据自己的兴趣选择希望深入学习研究的领域，教师利用自己的学科专长带领学生探索新知、碰撞思维，进一步拓深、扩宽了学生思维。例如，早培低年级和高年级分别开设的演讲与辩论研修课，低年级学段注重培养学生的演讲能力，帮助学生关注演讲的内容、逻辑和仪态；高年级学段注重培养学生的逻辑思辨，用辩论的形式巩固演讲技巧，着重关注学生语言产出的质量和思维深度。在研修课上，教师选取合适的材料，结合学生的学习生活体验，兼顾中外时事热点，帮助学生透彻了解某一话题。低年级讨论"学校是否应该9点上学"，辩论双方在交锋过程中逐渐明晰世界是普遍联系着的，任何一个小的改变都会造成一系列变化。高年级讨论"中国学生是否应该过洋节"，学生广泛调查阅读，形成自己的观点，逐渐能够透过各种节庆行为的表象体会节日庆祝、珍惜相聚的真谛，开阔了国际视野。

表2-8 早培班英语研修课程

开设年级		课程名称	课程内容	授课教师
早培低年级	早一	英语故事会	绘本阅读	杨阳
	早二、早三	英语聊聊吧	口语听说	吴国华
		英语戏剧花园	戏剧表演	刘勇
	早四、早五	小小演说家	演讲辩论	杨阳
早培初中年级	早六至早九	英语演讲	演讲辩论	杨阳、麻程丽
		《典范英语》系列阅读	系列阅读	杨乐
		英语影视赏析	视听说	董梦婕
		Taking Sides：英语思辨	英语辩论	麻程丽
		英语报刊阅读	时事科技阅读	杨乐

（5）立足以人为本，创新评价体系

早培班英语课程评价采用形成性评价和终结性评价相结合、定量评价与定性评价相结合的方式。早培一至五年级以过程性评价为主，评价内容包括课堂常规、活动参与、阅读记录等。早一、早二终结性评价为"乐考"，通过游戏中的提问环节，考查学生对知识点的掌握。早三至早五过程性评价除课堂常规、活动参与和阅读记录外，还包括单元任务，终结性评价为纸笔测试。早六至早九过程性评价分为四项：课堂表现、作业上交、平时小测以及听力口语学期测试（每学期进行早培六至八年级的统一口试，所有教师参与每个年级的口试）。

早培班英语课程的评价反映以人为本的教育理念，关注学生的全面发展和进步，重视学生的全员参与和共同进步，并且有许多新的尝试。例如，为了评价学生的阅读效果，教师与学生共同设计开展了一次读书分享会（Reading Carnival）。在分享会上，喜欢演讲的同学发表了自己读书后的感想；喜欢表演的同学一起演出名著改编的短剧；喜欢朗诵的同学与老师一起展示了自己写的诗歌；喜欢知识竞赛的同学设计了互动性非常强的名著阅读知识竞答；喜欢配音的同学表演书籍改编的电影配音……每个学生都参与其中、乐在其中，他们忘我地为了自己的所爱奉献时间和精力，在活动中展露了自己多方面的能力，增强了自信心。

早培班英语课程评价为了更好地实现评价的反馈作用，使评价更好地为教和学服务，结合学情，尝试了许多新的做法。例如，在完成一学期的阅读后，学生需要提交一份读书清单，以及最为推荐的一本书的书评，全班同学的书评和清单最后汇集成一本文集。学生拿着文集，体验着英语学习过程中的收获，也看到更优秀同学的做法，从而自我激励。又如，在测试题中，教师加入名著改编的文章阅读题，把课本中的知识融入题目中，学生在做题的同时，也对名著中的语言之美印象深刻，或是对主人公的精神感叹不已，起到很好的德育效果，同时，试题对学生的阅读习惯也有很好的促进作用。

总之，早培班英语贯通课程坚决落实立德树人的根本任务，凸显学科育人价值。在主修课程的基础上，开设了自主学习课程、综合素质课程和个性化拓展课程，既构建学生核心素养形成的共同基础，又满足学生个性发展需求。早培班英语贯通课程建立了以学生为主体、促进学生全面、健康而又个性地发展的评价体系。早培班英语组结合学情，做了多种创新的教学尝试，取得了适应学生发展的良好效果，未来将继续认真围绕"培养什么人、怎样培养人、为谁培养人"这一根本问题继续探索，为祖国教育事业交上一份满意的答卷。

（四）早培班科学类课程设置的探索

早培班的学生进入初中阶段是早培六年级，其心理和生理年龄实际还是小学六年级的学生。虽然他们在小学阶段学习了科学课程，但是从我校几十年的超常教育实验班教学实践来看，如果仅仅是衔接或者过渡小学的科学课程根本无法满足超常儿童的需求。而中学科学类课程的设置又是什么样的呢？在初中科学类学科的课程设计上，正常教学是从八年级（初二）开始开设物理学科课程，九年级（初三）开始开设化学学科课程，七年级（初一）开始开设生物学科课程。作为拔尖创新人才的培养，大力发展科学类课程是必然的，也是必需的。以科学类课程的知识和能力作为载体，可以很好地培养学生的科学思维和创新精神。以往我校对超常教育实验班学生的特征研究也表明，不少学生对科学课程有非常浓厚的兴趣，有些学生甚至达到了痴迷的程度。因此课程设置上，在早培六至八年级我们就尝试提前开设物理课、化学课和生物课，将这些科学类课程下探到低年级以满足学生对科学知识的渴求，适应学生发展的需要。虽然课时很少，却也比以往的初中生提前了一到两个学年。除了向低年级延伸，我们也尝试把小学与初中的课程加以贯通。

早培班科学类课程的设置和设计，以国家课程标准为依托，针对数理特长学生发展的特点：求知欲强、兴趣广泛、喜欢自然科学，对物理、化学和生物这三门课程进行了大胆并有针对性的改革创新。课程设计并没有一味地安排知识理论学习，而是更注重动手实践，着力培养学生的科学素养，努力搭建各种平台，建设多维度、多层次课程教学体系，满足不同水平学生的发展需求。我们在课程设计的探索上，也并非一蹴而就的。早期我们尝试在早六年级开设物理、化学课，课堂内容以初中的课程知识为主。可是，在具体教学过程中，老师们发现学生对基础理论知识的理解还有一定的困难，课堂内容推进不理想。任课教师讨论分析，认为基于早六学生的认知特点，我们可以开设物理、化学课程，应该坚持。但是，要符合他们的认知能力，教学应该以实验类的探究学习取代抽象的理论学习，课堂应该从教室搬到实验室，恢复科学类课程本来面貌，引导和鼓励学生在体验中学习，从体验中总结知识理论。经过几年的探索与实践，我们逐渐形成了早六科学类课程的教学特色。目前，我们的早六物理和化学课均采取小班化的实验室教学，从六年级学生的特点和生活经验出发，设计生动有趣的实验类课程，激发学生对物理、化学这两门科学类学科的兴趣，引导学生有意愿进一步进行科研实践探究与钻研。

有了课程，教学用的资料和讲义也是必不可少的。为此，我们召开过多次不同规模的专家座谈会和教师研讨会，制定针对早培学生的物理、化学和生物学科的教学计划。依据教学计划，整合各个部分的内容知识，在每届学生的教学中，不断实践、总结、反思、调整，并将新的经验传给下一个年级。早六年级，我们从无到有，自立探索。目前，我们已经整理编写出一套针对早六年级的自编物理、化学和生物课程的校本讲义，供早六年级新生入学时使用。

总体上，科学类的物理、化学和生物三门课程，我们都对原有的初中阶段课程设置进行了大幅度的创新性调整，改革主要包括课程向低年级下探和六年级课程的重新设计两方面。我们期望这样的创新举措可以助力学生科学素养的培养。

1. 物理学科贯通课程的具体设置

（1）早培班物理学科贯通课程设置的宗旨、目标

物理学是自然科学领域的一门基础学科，研究自然界物质的基本结构、相互作用和运动规律。物理学始终引领着人类对自然奥秘的探索，深化着人类对自然界的认识，是技术进步的重要基础。尤其是 20 世纪初建立的相对论和量子论，引发了物理学的革命，对化学、生物学、地学、天文学等自然科学产生了重要影响，推动了材料、能源、环境、信息等科学技术的进步，改变了人类的生产生活方式，对人类文明和社会进步做出了重要贡献。

基于《义务教育物理课程标准（2011 年版）》《普通高中物理课程标准（2017 年版）》，结合早培班学生不同年龄阶段的特点，我们近几年的教学实践，注重体现物理学的本质，关注学生的全面发展，培养学生的科学素养。以下仅对早培初中年级的课程设计做个梳理，希冀在今后的教学过程中继续完善。

（2）早培班物理学科贯通课程的具体设置

第一，常规课程。

常规课程的设置注重提升学生科学素养：不仅注重科学知识的传授和技能的训练，而且注重学生学习兴趣、探究能力、创新意识以及科学态度、科学精神等方面的培养；注重让学生经历实验探究过程，学习科学知识和科学探究方法，提高分析问题及解决问题的能力；注重与生产生活实际及时代发展的联系。

早六学生对知识具有强烈的好奇心，但对事物的认识多停留在感性层面，缺

乏抽象的理性思维。物理中有很多理想化的概念、模型以及大量的符号和公式，学生很难一下子完成这种转换，在概念的理解上就会遇到困难。现在的孩子缺乏生活经验和自然现象的积累，缺少动手的机会。为了发掘并保护他们的好奇心、求知欲和探索精神，同时培养他们的科学素养，养成良好的思维习惯，我们选取了与实际生活紧密联系的主题，引导学生注重现象、认真观察、善于思考、乐于动手、敢于质疑、勇于创新，把原来从书本、视频、演示中得来的内容尽可能地变成孩子们的亲身体验，我们的物理课堂变成了"玩中学"的探究活动课（见表2-9）。比如在探究水果电池电压和什么因素有关的实验中，学生利用电压表测得水果电池两端的电压与水果的种类、极板间距离和极板插入深度等有关，而且意外发现水果电池串联起来电压比并联起来要小，为什么是这样呢？或许早六的物理课堂并不能解决这个问题，但是学生带着问题和兴趣进入早七、早八的物理学习一定会更加高效。

表2-9　早六物理学科教学计划

课次	内容主题
第一次课	神奇的两心壶
第二次课	惊险的平衡
第三次课	神奇的滚筒
第四次课	皮筋动力飞机的制作
第五次课	听话的笑脸
第六次课	无尽头的灯廊
第七次课	组装风车驱动系统
第八次课	无转向系统的四轮车
第九次课	汽车的转向系统
第十次课	搭建其他模型

早七的学生迫切想知道现象背后的原因，对知识充满了渴望，而且思辨能力有一定的提高，早七、早八两年主要依据北师大版八年级和九年级的教材，适度拓展。学生不仅知道现象、懂得原理，并且知道用所学知识来指导我们的生活，即从生活走向物理，从物理走向社会。比如不同物体放入水中，有的上浮有的下沉，我们需要从力与运动的关系出发去探讨原因，在生活中用盐水选种就是沉浮

条件的应用。在教学的过程中，我们注重科学探究，思维探究与动手探究并重，在通过探究获得新知的过程中，学生掌握了控制变量等科学方法的使用，学生亲历科学探究的整个过程，为以后解决实际问题奠定了基础。我们课程的一大特色是注重思维的深度挖掘，比如测量物体密度这一节，为了解决学校工地买沙子时每吨价格相同，买粗沙还是细沙从质量上更合算的问题，引导学生测不同粗细沙子的密度。为了测量体积，可以直接拿量筒测量或用排水法测量，哪个密度更接近沙子这种物质的密度？为什么？如何更准确地测量体积？对应地我们测出了沙堆的密度、沙粒的密度和沙子的密度，学生的思维也在如何更准确测量沙子密度的过程中得到提升。

早九开始进行高一知识的学习，通过运动学、动力学、机械能等知识的学习，学生建立起物质观、运动观、能量观等基本观念，为后续的经典物理学习打下坚实的基础。早九下学期 5 月 1 日前后进入初中物理总复习，通过中考检阅学生的中学物理知识学习。

第二，研修及年级活动。

在早六到早九的物理学习过程中，我们在常规课堂上利用国家教材、校本教材夯实基础，在研修课上同步提高，有的研修课注重实验能力的培养，有的研修课注重理论修养的提升，让学有余力的同学有更广阔的学习平台。早培初中年级开展的研修课有：物理遇上多米诺、早七物理拓展、早八物理拓展、物理实验探究、粒子物理实验中的仪器控制与数据获取、中考研修、竞赛研修等。以早七年级和早八年级的物理拓展为例，该研修课配合课内内容，同时注意加强课堂内容的同步实践，教师鼓励同学们课后动手操作。学习测量时学生可以用各种方法测量维达卷纸的长度；学习热学时学生可以自制液体、热电偶温度计、测水的汽化热、冰的熔化热、金属的比热容；学习光学时，学生可以做望远镜、伪全息；学习力学时学生可以做喷泉、密封隔舱船、水式托里拆利实验；学习电学时可以自制小电动机、测干电池的内电阻等。每一个实验都是课内知识的拓展和延伸，也必将促进学生对课堂内容的理解。

每学期每个年级都会有至少一次年级活动，如纸飞机大赛、质量测量大赛、自制乐器比赛、一滴水看世界、电磁铁大赛、奇妙的平衡等，促进同学们理论与实际相结合，促进物理知识的理解，增强实践能力。以一滴水看世界为例，凸透镜成像的规律复杂且抽象，没有铺垫，直接去实验室探究难度很大。水滴相当于一个凸透镜，何不给同学们布置一个实践作业让同学们观察物体通过水滴所成的像是都有什么性质的，成像条件是什么，这不是探究凸透镜成像规律的很好的铺垫吗？恰逢寒假，我们给同学们布置了"一滴水看世界"的实践作业，要求同学们把通过水滴看到的物体的像用相机记录下来。同学们想象力非常丰富，在完成作业时，除了水滴，水晶球、鱼缸、花瓶、水杯、胶囊等都成了道具。同学们拍摄了非常漂亮的图片，探究凸透镜成像规律这节课就在此实践作业的基础上展开，有了感性认识，探究难度大大降低了。

通过早培初中阶段的物理学习，学生们初步建立了物质观、运动及相互作用观、能量观等基本物理观念；学生能根据具体情景建立物理模型，经过科学推理论证得出合理结论，可以对不同观点提出质疑；学生提出科学问题，进行猜想假设并且制订合适的实验方案，实验过程中学生获取信息，基于证据得出正确的结论，并且可以相互交流、评估；学生养成了实事求是、持之以恒的科学态度，而且有可持续发展的意识。学生物理观念、科学思维、科学探究、科学态度与责任等核心素养得到了提升。

2. 化学学科贯通课程的具体设置

（1）早培班化学贯通课程设置的宗旨、目标

化学是科学课程的重要组成部分。早培班化学课程坚持学科育人，重在激发学生探索科学奥秘的兴趣，提高学生的科学素养，培养科学精神，分阶段逐步落实宏观辨识与微观探析、变化观念与平衡思想、证据推理与模型认知、科学探究与创新意识等化学学科素养。

早培班化学课程设置是在国家化学课程的基础上，结合早培班七年学制特点和早培班男生人数偏多、整体偏好数理、思维活跃等特点，坚持早期发现、早期培养，感性启蒙、逐级提升、课程多样、因材施教的原则，初高中整体设计，建设满足不同需求的个性化课程体系。

（2）早培班化学贯通课程的具体设置

早培班育人目标是培养各个领域的拔尖创新人才，努力搭建各种平台，建设丰富多彩的课程体系，让学生接触到不同的领域，从而发现自己的兴趣点和自己

的爱好特长。早培班的学生求知欲强、兴趣广泛、喜欢自然科学。基于育人目标和学生群体特点，早培班六年级就在小学课程的基础上，开设了独特的早培化学课程，一直开设到十二年级。其特点是早期接触、早期发现、早期培养，拉长培养周期，搭建平台，建设多维度、不同层次的化学课程体系，因材施教，满足不同水平学生的需求，更让一些有化学爱好特长的孩子有机会脱颖而出。以下为2018届早培毕业生谭淞宸同学对自己在早培班学习的回顾：

> 得益于早培班从早六起就开设的化学课程，我很早就能够接触化学这一学科，并开始对它产生了浓厚的兴趣。在早七、早八阶段，我利用课余时间自学了大量高中和大学的化学知识，并在早九和早十两次参加中国化学奥林匹克竞赛决赛，其中早十的那次获得金牌并入选国家集训队，保送北京大学。保送后，我对自己有了更高的追求，利用周末和假期时间到大学体验科研实践，并最终提前一年参加高考，开始大学生活。
>
> 在大学里，出于我对化学学科的个人理解，我选择了"理论与计算化学"这一分支作为我的研究方向，加入了刘剑课题组，并为此从大二开始读了物理学双学位。我计划出国攻读研究生，为此目前正在积极做准备，并在大三上学期前往洛杉矶加州大学交流访问，开阔我的国际视野。

第一，建设多维度、不同层次的早培化学课程体系。

早培班学生的兴趣取向多元，要给有化学爱好特长的学生搭建发展平台，同时更要以普通学生为中心，要给他们适合的公民科学素养教育，为他们的综合发展打下坚实的基础。为此早培班建设了多维度、不同水平的化学课程体系。课程设置综合考虑了学生的年龄特点、化学学科认知发展规律、早培学生的个性化需求等。

其一，基础课程。基础课程的实施途径主要是常规课堂教学，面向全体学生（高年级可以考虑个别优秀学生免修）。教授的内容是国家规定的课程，教学基本依据是国家教委颁布的最新初高中课程标准。但依据早培七年学制特点和学生的特点，早培班的化学教学在内容安排、教学进度、教学方式等方面都形成了自己的课程特色。

其二，拓展课程。为激发学生的兴趣，拓宽学生的视野，早培班开设了丰富的化学研修课程，在每个学期初，通过学生自选、教师面试的方式确定学生名单。学生每周用半天时间进行该课程的学习。化学研修课程多数是在实验室上课，学生在教师的引导下，通过动手实验主动探究化学问题是这些课程学习的主要方式，学生们都非常喜欢化学研修课。

第二，早六化学"探索与发现"课程设置。

早六年级设置的"探索与发现"课程是早培的特色课程，是化学课程体系中的启蒙课程，课程是依据早培育人目标和早培学生特点专门设置的，其课程内容和授课方式历经探索，如今已基本固化下来，成为早培课程探索中的亮点，是早培学生非常喜欢的课程之一。

"探索与发现"的课程目标有以下三个：

其一，衔接和发展。在小学科学课程的基础上，衔接和发展学生有关科学素养。在综合学科的基础上逐渐过渡到分学科学习，逐渐走向专业化研究学习。

其二，实践与体验。以科学探究、动手实践为主要学习方式。主要目的是让学生感受化学、体验化学，学会基本的实验操作技能，积累一定的化学学科知识，理解一些基本的化学概念，逐步学会以小组为学习单位，去用化学的知识和方法来探究化学问题。

其三，兴趣与探究。依据学生年龄特征，教学中弱化学科知识本身，强调积累渗透，重在通过探究体验式教学学习激发、调动学生自主读书和钻研，参加有关化学学科研修，体现早培的个性化课程特点。

"探索与发现"的课程内容见表 2-10。

表 2-10　早六化学"探索与发现"课程内容

板块主题	内容主题
观察与发现	奇妙的化学变化
	多变的蜡烛
真实问题探究	对人体吸入空气和呼出气体的探究
	泡腾片和碳酸饮料中小泡泡
	"灯火实验"探秘与求证
变化条件探究	物质加热带来的变化
	神奇的催化剂

续表

板块主题	内容主题
物质分离方法	如何除去水中的杂质
身边物质探究	空气组成探究
	神奇的氧气
	金属的奥秘
物质构成探秘	分子性质探究
	化学变化中的分子与原子

3. 生物学科贯通课程的具体设置

（1）早培班生物学科贯通课程设置的宗旨、目标

生物学是自然科学中的基础学科之一，研究生物现象和生命活动的规律。它是农林、医药卫生、环境保护及其他有关应用科学的基础。生物学经历了从现象到本质、从定性到定量的发展过程，并与工程技术相结合，对社会、经济和人类生活产生越来越大的影响。生物学研究成果更加迅速地转化为社会生产力，显现出巨大的社会效益和经济效益。

现代生物学向着更加关注人类自身的方向发展。生物科学和生物技术在解决人口问题、资源危机、生态环境恶化、生物多样性面临威胁等诸多问题方面发挥的作用越来越大，有力地促进了现代社会文明的发展。生物学不仅是一个结论丰富的知识体系，而且包括了人类认识自然界的一些特有的思维方式和探究过程。

早培班的生物贯通课程着眼适应未来社会发展和个人生活的需要，从生命观念、科学思维、科学探究和社会责任等方面发展学生的生物学科核心素养，充分体现本课程的学科特点和育人价值。期望每一个学生通过学习，能够对生物学知识有更深入的理解，对今后的职业选择和学习方向有更多的思考；能够在探究能力、学习能力和解决问题能力方面有更好的发展；能够在责任感、合作精神、创新意识等方面得到提高。

（2）早培班生物学科贯通课程的具体设置

生物课程既要让学生获得基础的生物学知识，又要让学生养成科学思维的习惯、形成积极的科学态度、发展终身学习及创新实践能力。随着与物理学、化学、数学以及其他各学科之间不断交叉、渗透和融合，生物科学已经日益呈现出

主导学科的地位，需要许多人的共同努力和不断探索。

早培班学生正处于培养生物学核心素养的最佳时期。早培班的学生入学时是六年级，在小学参与过科学课程的学习，也具有很多科学实践的经验，对生物学知识有既广泛又浓厚的兴趣。早培班生物课程又向他们开启了一扇大门，从微观到宏观正式接触生命科学，走入观察生命现象、研究生命活动规律的世界。

第一，早培班初中阶段的常规课。

从六年级开始，到九年级结束，完成初中课程标准中的所有内容，使用人教版教材，使用校本自编早培班的生命科学探究作业。早培班生命科学探究作业在初中课程实验的基础上，结合观察类活动、探究类实验、调查活动和信息化应用等促进高级技能的学习。

观察类活动促进动手操作能力提高。"舌的感受器""鸟卵的形状"等观察实验为学生拓宽课外知识，静下心来耐心细心地观察总结，进一步提高学生生物学核心素养发挥了重要作用。

探究类实验培养探究能力。"测定人体的反应速度""测定种子的发芽率"等探究实验体现探究的科学性、开放性，使学生在探究实验中掌握科学探究的方法，总结规律，思考科学问题，从而引导学生运用科学思维，推动高级技能的学习。

调查活动总结科学规律，发展科学思维。遗传规律等较为复杂的知识内容在作业中以调查的形式出现，学生在完成"血型大调查""人的指纹调查"后，完成开放性的规律总结，获得了不同层次的启发和收获。

信息化应用促进综合学习。教师通过环境保护等社会热点问题引发青少年热爱自然的思想共鸣，例如"保护生物多样性"，学生运用信息手段，以视频录制等方式加以保留并分享，提问、思考、精心制作等过程培养学生求知与创新意识、信息化的应用发展综合能力。

第二，早培班生物研修课程。

早培班生物研修课程包括生命科学研修——初中实验、植物培养、模式生物研究、分子生物学、微生物培养等。其中生命科学研修——初中实验是早培学生在六、七年级必修的课程，其余为选修。

我们为早培六、七年级的学生设计了生物研究手册——在每周研修课时间使用的校本实验手册。学生们利用每周三课时，一学期 14 周左右的时间，既要完成人教版教材初中部分的所有分组实验，又需要增加丰富的拓展内容，包括参观校外科普场馆和生物多样性丰富的北京园林。为了使研究课内容的自主性和探究性更强，在生物研修手册中，老师们设计了丰富的问题和活动来引领学生发现问题、提出问题、分析问题、解决问题。

生物研修课讲义的编写从第一届早培学生开始到目前，汇集了李锂、王志鹏、梁慧媛、姜茜、孙欣、戚迪、马微微、刘文凤等老师的集体智慧。老师们针对学生群体和北京市可利用的资源，在每个学年、每个学期都会对课程设置进行更新和调整，使其逐渐趋于完善和合理。比如说参观场所的调整，从坐车半小时以上才能到达的北京市植物园调整到 4 号线地铁 3 站地即可达的紫竹院，我们留给了学生更多的调查时间；如果是寒冷的冬季，我们还会将对动物园的参观更换到国家动物博物馆；从观赏性强的植物园温室到科研氛围更浓厚的中国农业科学院的温室大棚；从人大附中的中心花园到中国人民大学北校区小花园。经过尝试，实验材料也逐渐丰富起来。在观察双壳类动物的过程中，我们从选用教材中建议的缢蛏到更容易观察到内部结构的扇贝和黄金贝；在被子植物的花的解剖和观察中，我们选用了多种植物的花，让学生体会生物种类的多样性及其结构统一性，从而运用归纳概括得出结论。我们还先后采购并使用互动式显微镜、体视镜、水银血压计、心肺复苏急救模型等仪器设备，这为学生的实验打开了一扇扇新的大门，动手操作能力得到提升。早六生物研修课程的总体计划如表 2-11 所示。

表 2-11 早六生物研修课程计划

课次	内容主题
第一次课	显微镜的使用
第二次课	植物细胞临时装片的制作（一）
第三次课	植物细胞临时装片的制作（二）
第四次课	动物细胞临时装片的制作
第五次课	观察血液在血管中流动
第六次课	校园生物种类分布调查
第七次课	紫竹院植物大调查活动

续表

课次	内容主题
第八次课	细胞的物质和能量
第九次课	馒头在口腔中的变化
第十次课	绿叶在光下制造的有机物是什么？
第十一次课	探秘国家动物博物馆
第十二次课	观察双壳类动物和鸡心
第十三次课	心肺复苏与血压脉搏测量
第十四次课	人体的呼吸——肺通气模型制作

（五）小早培课程体系建构与实施

1. 小早培魅力 MAGIC 课程体系建构的宗旨与目标

2014 年起，早培项目向小学学段延伸，逐步向"小—初—高"贯通培养的方向发展，一群六七岁的小朋友成了小早培的第一批学生。2016 年起，平均每年又有近 60 位一年级同学加入小早培。这些孩子知识面广，好奇心强，精力充沛，在阅读兴趣、逻辑思维等方面具有远超出同龄孩子平均程度的水平。为了给这些孩子搭建更加广阔的学习平台，保护他们的好奇心和想象力，创设适合拔尖创新人才在儿童期成长的学习环境，小早培的教师团队共同打造了魅力课程体系。

魅力课程体系以中国学生核心素养的培育为出发点，从学生的成长需求出发，聚焦学科素养和创新能力要素的培养，优化国家课程，开发校本课程，研发学科实践活动课程和跨学科综合实践活动课程，关注课程的"整体育人"功能，统筹各学段、各学科、各育人环节、各方参与人员与育人环境，以实现全科育人、全程育人、全员育人和实践育人，大力培育和践行社会主义核心价值观，为学生终身的可持续和谐发展打下良好的基础。

2. 魅力课程体系设计

魅力课程体系围绕"创新能力培养"这一核心目标，以国家统一的主修课程为基础，校本开发的自主学习课程、综合素质课程、个性化拓展课程为补充，将多元化的课程融为一体，满足不同学生的学习需要，为学生的终身发展奠基（见图 2－1）。

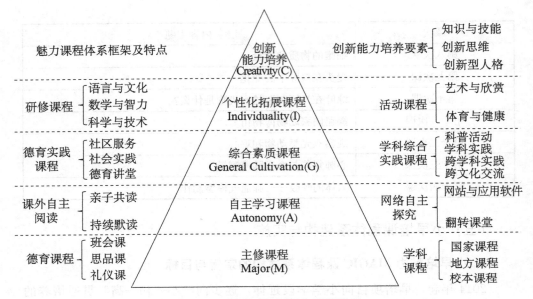

图 2-1 魅力（MAGIC）课程体系

（1）主修课程（M）

主修课程分为德育课程与学科课程两部分。德育课程以"践行规则，养成习惯，修习礼仪"为主线，包括班会课、思品课，以及小早培专门引入专职教师承担的儿童礼仪课（在一二年级开设）。学科课程以国家规定的必修课程为主，包括语文、数学、外语、科学、体育、音乐、美术、书法、信息技术等，并依托人大附中实验小学、人大附中三高基地的资源开设了足球校本课程。主修课程是学生学习的基础课程，是课程体系中的第一层级，对学生的基础知识、基本技能、基本思想和基本活动经验的积累起着非常重要的作用。

（2）自主学习课程（A）

自主学习课程分为课外自主阅读与网络自主探究两部分。老师们在日常教学和假期中都非常注重课外阅读习惯的养成，有建议、有指导地在各个年级布置阅读任务，开展阅读活动，从低年级亲子阅读逐步过渡到中高年级自主阅读。各班都设置有图书区，包括语文、数学、外语、科学等学科的教师推荐阅读书籍，学生在教室内的自由支配时间都可以选择阅读。同时，为了给同学们创设更加灵活的学习环境，老师们还推荐了一些网站和应用软件作为补充参考的学习资源。例如，英语学科推荐的盒子鱼、伴鱼绘本、趣配音等 App，便于学生随时随地自由练习听力和口语，拓展了学习的时间和空间。

（3）综合素质课程（G）

综合素质课程分为德育实践课程与学科综合实践课程两部分。秉承"实践育人，活动育人"的理念，这部分课程以专题活动为主要的组织开展形式，包括各班自主开设的家长课堂、各学科组织的学科实践活动、小早培传统节日系列主题活动、假期综合实践活动等。学校内外处处都是提升综合素质、发展综合能力的大舞台。

（4）个性化拓展课程（I）

个性化拓展课程分为活动课程与研修课程，利用每周的一个下午及每天学校的"课后一小时"时间开展。活动课程包括"体育与健康""艺术与欣赏"两个领域，旨在增强学生身体素质，提高学生艺术素养。研修课程包括"数学与智力""科学与技术""语言与文化"三个领域，旨在增强学生思维能力，提高学生科学素养，增强学生文化底蕴。

在小早培教师团队的共同努力下，近年来，个性化拓展课程每学期共开设约 50门，为学生提供了充分的选择性，深受学生喜爱，是小早培极具特色的亮点课程。

（5）创新能力培养（C）

创新能力培养并非一门课程，而是以上所有课程指向的目标。小早培教师团队不断思考，勇于探索，在各门课程中力求突出学生创新能力的培养（创新能力的要素与结构见表 2-12），付出了很多努力，受到了学生、家长的高度肯定与赞扬。

表 2-12　创新能力的要素与结构

维度	内容	要素
知识与技能	事实性知识	正确把握事实
		注意事物的细节
	概念性知识	用自己的语言表述概念
		形成完整的知识结构
	基本技能	科学探究能力 （发现问题、提出假设、收集和分析资料）
		设计制作能力 （设计方案、搭建模型、测试和完善作品）

续表

维度	内容	要素
创新思维	逻辑思维	对事物进行归纳、比较和分类
		根据事实做出正确判断
	形象思维	提出新颖、独特的想法
	灵感和顿悟	快速做出反应，有较强的顿悟能力
创新型人格	认知特征	实事求是，不盲从、不迷信
		兴趣广泛，愿意接受新经验
		能接受不确定性，尊重反面意见
	情感特征	有较强的自信心
		有强烈的社会责任感
		乐观面对困难和挑战
	行为特征	既追求理想，也能适应现实
		能做到自我管理，能与他人合作
		敢于打破常规，并能坚持不懈

3. 魅力课程的实施

五年来，小早培魅力课程的实施平稳而高效，老师们用心设计，点滴落实，在反思中不断完善这一课程体系，取得了优异的教学效果。

（1）主修课程（M）

第一，常规教研促提升。

每学期，各个学科组都有固定的组内教研时间，在教研时间全员参与研讨，除了针对公开课进行的备课磨课之外，各组还结合自己的学科特点进行专题性的研讨。例如，语文组针对"不同文体的阅读教学""整本书阅读""学科整合""识字教学""书法课教学""低年级乐考方案"等主题进行了交流研讨；数学组围绕"学科整合计划""数学游戏""问题引领"等主题进行了研讨，还走出校门聆听专家讲座；英语组重点开展了"英语戏剧教育"方面的学习和研讨；科学组李璟老师长期坚持和实验小学本部共同进行科学课程的教研，受到了小学本部老师们的一致好评。

第二，点滴落实求发展。

所有的课程，老师们面向学科整合与习惯养成目标进行设计，以课堂活动和课余辅导加以落实。针对早培孩子思维活跃、"好动"的特点，老师们想了很多办法，让孩子们在校的生活"动起来"。体育白老师精心组织课间操和体育课活动，安排适合不同季节的体育锻炼内容，让孩子们"喘气、出汗、不感冒"。科学恽老师组织孩子们到校园里去，观察与发现"土壤之中有什么"，在真实的环境中产生真实的学习。美术谢老师安排孩子们剪纸偶、捏彩泥，孩子们玩得不亦乐乎，还创造出了很多漂亮有趣的作品。语文张老师也在 2018 级学生学习绘本《蚯蚓的日记》期间，让孩子们观察蚯蚓，与绘本故事相互对照。

在平时学习中，老师们重点开展"学法指导"工作。以 2016 级为例，语文以"思维导图"为载体进行课文的学习和笔记的摘录，还用不同颜色的笔来标记不同的思维模块；数学引导孩子们对平时练习的情况进行自我反思，重点突出检查方法的学习和使用，期末复习阶段还开展了复习笔记的交流活动，孩子们看其他同学的笔记，讲优点，提建议，互相学习；英语在日常阅读《典范英语》的基础上，指导孩子们如何改写与创编英语故事，最终两个班的英语故事作品汇集成了《典范故事创编集》，也成了具有早培特色的晨读新材料。

作为小早培第一届"毕业班"的 2014 级，老师们在对其学生的平时指导方面可谓是倾情付出，费尽心思，他们经常扎根班级，利用一切业余时间指导学生改正错题、面批作文、巩固单词等。数学许老师为学生自编了一系列讲义和练习，史老师备课时经常数学书和教参铺满了整张桌子，英语吴老师每天中午都约一些同学到办公室来读书、听写。期中测评后，老师们几乎找班里的学生谈了个遍，有的还约家长来一起谈，鼓励优秀的同学百尺竿头更进一步，引导中等的同学寻找自己在学科上的发展方向和着力点，帮助程度较弱的同学想办法，家校共同支撑学生的提升。老师们的勤下功夫带动同学们在期末测评时取得了非常显著的进步。

（2）自主学习课程（A）

在自主学习方面，老师们非常重视学生阅读能力的发展。小早培班班都有图书区，天天都有学生读。老师们还组织学生进行小组共读、分享交流等活动。英语学科推荐的盒子鱼、伴鱼绘本、趣配音等 App，受到了学生们的普遍欢迎和喜爱，阅读打卡、配音打卡成了小早培自主学习的"新时尚"。

（3）综合素质课程（G）

以活动为主要载体的综合素质课程，在学期内、假期内都有开设。学期内，老师们组织了丰富多彩的学科活动。以 2018 年秋季学期为例：语文组在各个年级举行了"诵读经典，传承文化"经典诵读大赛、"学生讲坛"活动和读书分享活动，古文、诗词、成语、童话、小说、新闻等方面，孩子们自己演讲，相互交流；"画月饼，庆中秋"和"堂堂正正做中国人、工工整整写中国字"硬笔书法展示活动，弘扬传统文化，提升审美品位。数学组的"数学游戏第二季"活动推出了方格游戏，从班级、年级的个人赛到打通年级的混龄赛，小方寸间有大智慧，孩子们乐在其中；参加"数学嘉年华"活动，孩子们体验了很多好玩的游戏，还增强了班级凝聚力，2016 级 2 班和 2018 级 1 班各自获得年级组第一名的好成绩；各个年级也结合学生特点举办了各具特色的数学活动，如 2018 级的"计算接力赛"，2017 级的"学生小讲师"，2016 级的"新年数学游艺会"，2014 级的"早培名师讲堂"。英语组在 2017 级举行了"英语手偶剧"展演，在 2016 级开办了"早培电影院"，在 2014 级举行了"趣配音大赛"，孩子们在提升听说能力的同时也扩充了词汇量；此外，还承担了荷兰友好校访问活动的组织工作，增强文化体验与文化交流。

每个假期前，老师们都会精心设计一系列综合实践项目，让学生观察生活、体验生活，将生活与所学互相印证。2019 年暑期，离新中国七十华诞已近，老师们就以"新中国 70 年"为主题设计了一系列综合实践活动项目。小早培的同学从各个不同的角度，用自己的眼睛去观察，用自己的心灵去感受，了解和研究祖国 70 年奋斗发展的历程。开学后，各班都进行了非常精彩的展示汇报。结合各班推荐，小早培整体开展了"大眼睛，看中国"暑期综合实践展示汇报活动。同学们有些以自己身边的家庭生活为例，有些调研了我国的人民币、粮食产量、铁路发展、阅兵活动等方方面面，以小见大地呈现祖国的发展变化。看到我国取得的一个又一个新成就，同学们都情不自禁地欢呼雀跃，爱国的种子在心中萌芽生长。最后，2017 级 2 班唐誉玮同学介绍了自己的画作《起飞吧少年，共筑中国梦》，号召新时代少年紧随前辈的脚步，昂首启程，为建设伟大祖国而不懈奋斗，获得了大家的热烈响应。

各个活动中，同学们广泛参与，脑手并用，互相合作，共同分享，在活动中学习，在活动中收获，在活动中成长。

（4）个性化拓展课程（I）

个性化拓展课程种类繁多，异常丰富。每年的选课季，同学们在网上选报自己心仪的课程时，都会兴奋不已。课程的学习过程更是充满了趣味性和挑战性。在"数学与智力"领域，同学们巧解鲁班锁、拼摆智立方；打桥牌，团队间密切合作；下围棋，黑白间纵横驰骋。在"科学与技术"领域，同学们动手实验、制作标本，感受大自然的神奇；编写程序、搭建模型，迸发无穷尽的创意。在"语言与文化"领域，有英语聊聊吧的轻松愉快，有戏剧花园的朗朗笑声，有绘本阅读的放飞想象，有诗词创作的奇思妙语。体育活动课上，同学们玩轮滑、打篮球、练武术、抖空竹，既强健体魄，又磨炼意志。艺术活动课上，同学们做面塑、刻图章、画脸谱、练合唱，学会技能，更学会审美。拓展课程为同学们搭建了个性发展的平台，让每个人获得专属于自己的乐趣和成长。

每学期期末，拓展课的老师们都会给每个孩子发送专属于他的个性化课程学习评价表，并提供自己课堂上的精彩照片和课堂小结。2018年秋季学期，小早培按照拓展课的五个领域分别整理后在自己的微信公众号"晨曦"上进行了推送。看到一学期来孩子的所思所学，老师们、家长们都赞叹不已。拓展课的教师团队以外聘老师居多，但老师们不分彼此，都为孩子们的培养倾注了很多时间与心力，展示了小早培大团队和衷共济、团结协作的精神。

在魅力课程的引领下，小早培的学生取得了很多成就。有些孩子在附中举办了自己的个人书画展，有些孩子参加了央视书画春晚的录制，有些孩子在各级各类科技比赛中摘金夺银……魅力课程不仅是小早培学生学习的起点，更是他们拔节孕穗的沃土和自由绽放的舞台。我们有理由相信，在魅力课程的滋养下，小早培每一个独特的生命都能茁壮成长，绽放属于自己的精彩。

（六）专项研修课程

研修课是早培的一大类特色课程。从早培创立之初就设立了研修课，一路走来，一批批早培学生从中获益。每周1～2个半天的专用时间，排入常规课表。

学生们依据自己的兴趣，根据自己的选择进入教室、实验室甚至大学进行学习。导师制、双选制、小班化、探究式，领域涵盖人才培养所需的各方面的知识与能力，一学期开设近百门研修课程、课程评价展示，这一系列课程建设的改革措施为学生创新能力的培养搭建了无比广阔的平台。

"专项"有两层含义：第一层含义是设置"专门的时间"把专项研修课排入正常课表；第二层含义是专门做课题研修这件事情。目前开设有12个系列的专项研修，研修课题既有学生自选老师开设的，也有学生自设的。

专项研修课内容不是课内基础课程的重复练习，虽然有些要依托课内课程在学科领域延续和提高，但更多的是"拓展和探究性"的课题。随着学生年级的升高，有的研修课题已经上升到了研究的高度。专项研修课更注重动手、动脑的能力培养，让学生自发地发问、质疑，研修课注重过程性评价和多元化的评价。

早培班课程改革的力度很大，多年的教学实践，课程方面我们感到收获最大的是我们彻底放开的、真正给学生松绑的、每周两个半天的专项研修课程。通过比较一下学生取得的不同于以往的突出成绩，我们可以发现有一个共同点是都和他们自选的专项研修课有直接联系。开设专项研修课程是培养学生发现问题、解决问题的能力，培养学生的科学精神、人文艺术修养与创新能力的良好举措，也是创新人才早期培养的有效途径，这是我们的切身体会。

早培专项研修课程的特点可以归纳为以下几个方面：

（1）专门的时间：早培班每周1～2个半天的专用时间，排入常规课表（见表2-13）。

表 2 - 13　早六至早十专项研修课时间安排

年级	早六	早七	早八	早九	早十 （高一）
研修课时间	周五上午 第3、4、5节	周三下午 第6、7、8节 周五上午 第4、5节	周二下午 第6、7、8节 周四下午 第6、7、8节	周四下午 第6、7、8节	周四下午 第6、7、8节

（2）跑班教学：打破班级界限，按学生所选课题在实验室或相应教室走班

上课。

（3）研修方式：实行导师制，小班教学（5～30 人），学生按自选课题既可以进行科学类探究性实验，也可以进行文学、艺术、体育、数学、人文学科等研修。

（4）创新能力培养：导师设置情境，学生发现问题，提出问题，自行探究，解决问题。

（5）组织形式：

早培各年级组：组织报课、学生选课、任课教师面试；

早培各备课组：本学科研修计划；

早培课程中心：协调各年级、各学科，做出早培研修总体规划。

表 2 - 14 汇总了 2018—2019 学年下学期早六至早十的专项研修课，以供参考。

表 2 - 14　2018—2019 学年下学期早六至早十专项研修课汇总

早六				
编号	课程名称	上课时间	主要任课教师	是否跨年级
6501	数学竞赛	周五第 3～5 节	张端阳	仅早六
6502	趣味数学	周五第 3～5 节	陈佳杰	仅早六
6503	物理遇到多米诺	周五第 3～5 节	杜宇禅、武文赟	仅早六
6504	生命科学研修——初中生物 a	周五第 3～5 节	马微微	仅早六
6505	生命科学研修——初中生物 b	周五第 3～5 节	王志鹏	仅早六
6506	德语	周五第 3～5 节	张怡	仅早六
6507	乐高机器人	周五第 3～5 节	卢婧华	仅早六
6508	戏剧表演	周五第 3～5 节	杨画（外聘）	仅早六
6509	桥牌基础与实战	周五第 3～5 节	荆歌（外聘）	早六和低年级
6510	信息学竞赛	周五第 3～5 节	谷多玉	仅早六
早七				
编号	课程名称	上课时间	主要任课教师	是否跨年级
7301	生命科学研修 1	周三第 6～8 节	戚迪	仅早七

续表

编号	课程名称	上课时间	主要任课教师	是否跨年级
7302	生命科学研修 2	周三第 6～8 节	雷杨	仅早七
7303	FLL 机器人	周三第 6～8 节	徐乾	仅早七
7304	非遗珠宝设计	周三第 6～8 节	何玲燕	仅早七
7305	孩子，让我们一起说	周三第 6～8 节	宋丽波	仅早七
7306	物理实验探究	周三第 6～8 节	吴月江	仅早七
7307	古观象台	周三第 6～8 节	张兴	仅早七
7308	滑雪基础与提高	周三第 6～8 节	李琦、刘慧之	仅早七
7309	VEX 机器人	周三第 6～8 节	张思	仅早七
7310	物质结构与性质	周三第 6～8 节	王天吉	仅早七
7311	早七年级数学研修课一班	周三第 6～8 节	杨功荣	仅早七
7312	戏剧与舞台表演	周三第 6～8 节	杨画（外聘）	仅早七
7313	足球	周三第 6～8 节	蔡隆龙	仅早七
7501	绘声绘影学英文	周五第 4～5 节	董梦婕	仅早七
7502	数字化产品设计与科技创新实践	周五第 4～5 节	姜凤敏	仅早七
7503	早七年级信息学竞赛	周五第 4～5 节	梁霄	仅早七
7504	初中物理竞赛（七年级）	周五第 4～5 节	田晓娜	仅早七
7505	演讲辩论基础	周五第 4～5 节	孙江波	仅早七
7506	Photoshop 图像处理与创意设计	周五第 4～5 节	温婷婷	仅早七
7507	足球	周五第 4～5 节	蔡隆龙	仅早七
7508	早七年级数学研修课二班	周五第 4～5 节	杨功荣	仅早七
7509	桥牌竞技	周五第 4～5 节	孙世昱（外聘）	仅早七
7510	诗词朗诵和戏剧台词	周五第 4～5 节	张璇	仅早七
7511	品质生活与化学	周五第 4～5 节	王天吉	仅早七
早八				
编号	课程名称	上课时间	主要任课教师	是否跨年级
8201	滑雪基础与提高	周二第 6～8 节	杜方志、王晶晶	仅早八
8202	信息学奥赛	周二第 6～8 节	谷多玉	仅早八
8203	舌尖上的化学	周二第 6～8 节	曹葵、李政（外聘）	仅早八

续表

编号	课程名称	上课时间	主要任课教师	是否跨年级
8204	物理专题研修二	周二第6~8节	陈晓辉	仅早八
8205	粒子物理实验中的仪器控制与数据获取	周二第6~8节	雷祥翠	仅早八
8206	国际理解	周二第6~8节	杨杰川	仅早八
8207	生化能力提高班	周二第6~8节	刘丹、戚迪	仅早八
8208	语文能力提高班	周二第6~8节	钱颖伟、艾麟	仅早八
8209	走进千年艺术殿堂——莫高窟	周二第6~8节	王朵	仅早八
8210	机电类创意项目研究	周二第6~8节	刘长焕	仅早八
8211	戏剧与舞台表演	周二第6~8节	杨画（外聘）	仅早八
8212	科技俱乐部科研实践高级科学研究课程	周二第6~8节	万丹	仅早八
8401	数学竞赛讨论班	周四第6~8节	宋坤	仅早八
8402	数学竞赛	周四第6~8节	孙理	仅早八
8403	科技俱乐部科研实践高级科学研究课程	周四第6~8节	万丹	仅早八
8404	物理专题研修一	周四第6~8节	陈晓辉	仅早八
8405	生物竞赛研修	周四第6~8节	王一苇	仅早八
8406	微电影创作	周四第6~8节	彭惠群	仅早八
8407	生化联合开发学生用日化产品	周四第6~8节	刘丹、姜茜	仅早八
8408	辩论进阶课	周四第6~8节	孙江波	仅早八
8409	化学竞赛	周四第6~8节	刘俊杰	早八、早九、早十
8410	英语能力提高班	周四第6~8节	杨乐、宋荷新	仅早八
8411	空间科技探究实践	周四第6~8节	佟松龄	仅早八
8412	机器学习、学科交叉——人工智能的内涵与外延	周四第6~8节	武迪、梁霄	仅早八

续表

早九				
编号	课程名称	上课时间	主要任课教师	是否跨年级
9401	数学竞赛	周四第6~8节	唐小徐	仅早九
9402	物理竞赛	周四第9节	赵子龙	早九、早十
9403	化学竞赛	周四第6~8节	刘俊杰	早八、早九、早十
9404	生物竞赛提高	周四第6~8节	鲁冰	早九、早十
9405	信息学竞赛（高级）	周四第6~8节	叶金毅	早九、早十
9406	中考地理拓展	周四第6~7节	关京竹、韦小宁	仅早九
9407	中考数学拓展	周四第8~9节	李海波	仅早九
9408	中考生物拓展	周四第6~7节	孙欣	仅早九
9409	中考物理拓展	周四第8~9节	周晶、赵子龙	仅早九
9410	中考化学拓展	周四第6~7节	晁小雨、张文胜	仅早九
9411	中考英语拓展	周四第8~9节	宋玖青、杨莉	仅早九
9412	中考语文拓展	周四第6~7节	吴凌、刘成章	仅早九
9413	中考体育拓展	周四第8~9节	孙振辉	仅早九
早十				
编号	课程名称	上课时间	主要任课教师	是否跨年级
10401	信息学竞赛（高级）	周四第6~8节	叶金毅	早九、早十
10402	植物发育实验课程	周四第6~8节	李峰	仅早十
10403	物理竞赛实验	周四第6~8节	吴月江	仅早十
10404	高一年级生物竞赛	周四第6~8节	鲁冰	早八、早十
10405	早十数学竞赛	周四第6~8节	唐晓苗	仅早十
10406	理论物理初步	周四第6~8节	胡继超	仅早十
10407	科技俱乐部科研实践高级科学研究课程	周四第6~8节	徐乾	仅早十
10408	化学竞赛	周四第6~8节	刘俊杰	早八、早九、早十

以下为专项研修课程的案例：

跨学科融合课："斜杠"课程
——古观象台研修课
张　兴[1]

课程的目的：面对"理科生"切实有用地开展艺术教学

文理分科是在部分国家和地区实行的一种教育制度，即将课程分为文科和理科对学生进行分别教育。我国恢复高考时，因为急需专业人才，开始施行这种文理划分的教育模式。随着教育的普及，逐渐衍化出"文科生"和"理科生"的刻板标签，加之互联网调侃文化的推波助澜，出现了大量关于文科生和理科生对比的段子。这些"段子"潜移默化，使得一些心智未成熟的"理科"孩子信以为真：理科生才是对国家有用的栋梁之材，而文科生则被贴上夸夸其谈、不肯实干，不了解自然科学知识的标签。本来是平行的文理分科甚至变成了一种能力强弱的划分：学不了理科，只能去学文科。

这种"文科歧视"广泛的存在，也造成"理科生"对艺术类课程往往有一定的抵触情绪，对"美术""艺术"这些词汇的内涵外延完全陌生，可以说是不知道自己"不知道美术是什么"。即便是那些具有一两样艺术特长的学生，多数也是以消费的心态来吸收这些专业之外的知识，对他们来说，艺术仅仅是雕虫小技，是开胃甜点或闲聊的谈资，并没有进入他们核心的心智结构。

实际上，艺术和科学是同源的，甚至有人说过没有艺术就没有科学，艺术是科学的未来，是锻炼人思维能力的绝佳途径，创新人才需要有艺术和科学的双素养，艺术之于科学的重要意义可见一斑。随着社会的发展，未来的创新人才教育应立足于培养艺术和科学相结合的新型艺术创新人才。因此，以进入学生核心心智结构为目的艺术课程对于拔尖创新人才的培养和创新素养的养成是有重要意义的。

---

① 张兴，字憬之，1984年北京出生，自小学习绘画，2004年考入中央美术学院，后考入法国巴黎国立高等美术学院（ENSBA）。其间赴美国纽约视觉艺术学院（SVA）交流访问，学习结束获得法国国家高等造型艺术硕士文凭后回国于人大附中任教至今。

达成目标的方式：数学和美术的结合

为了达成目标，需要艺术课程教师深入了解学情，发挥教学智慧，深入探索本学科的特质，运用自己的知识和技能，真正地做到"文理科融合"，激发学生的兴趣。

美术是个非常复杂古老的复合概念，没有被很好地学科化，评价标准显示出较强的主观性，这也是世界性难题。至今，由于艺术学科难以融入，STEAM的教育理念往往只能止步于STEM。因此，目前的美术教学多是孤立的，知识环节缺失，逻辑链条断裂，更重视情感体验而不是具体内容；知识和技能基本都是默会性的，过程和方法也"只可意会不可言传"，这样确实也给学生的学习造成了极大困难。

另外，学生花费大量时间进行的练习其实只是盲目的试错，最后习得的是经验，而不是学会运用理性。因此选择一种可以和"理科思维"较好融合，更重知识技能和过程方法的绘画技能作为教学的切入口，更能很好地适应学生的思维方式。这种技能不仅要具备绘画制图的基本形式，还需要兼具可推导性、可验证性和精确性，这样学生在实践过程可以在习得中运用理性解决问题的能力。经过反复推敲，正等轴测图正符合这样融合的要求。

正等轴测图是工业图学中的一种立体图，很接近人的视觉习惯，也因此叫作直观图。但度量的精度较平面投影图稍差，作图过程也比较复杂。因此，常作为辅助图样，用以说明物体的结构、安装、使用等情况。由于计算机辅助设计的普及，这种图法渐渐在实际生产中失去了实用价值，一般大学相关专业只简单地学习一般画法，而对于自然曲线、球剖面等复杂结构的特殊画法，则不再涉及。

其实，正等轴测图具有表达和认知的二元功能，虽然表达的功能被逐步取代，但其对认知的促进效果却有很高的教学价值，可以作为一种思维方法用来帮助构思、想象三维物体的形状，真正地培养学生的立体思维。正好解决了传统美术教学中三维造型全靠"感觉"的问题，为美术学科充实了很多具体内容，让学生可以抓得住，借得上力。

具体实施方法：正等轴测图的实际应用

正等轴测图的作图方法非常具体，简单地说分为几个大的步骤：首先学生要完全理解所画物体的结构，甚至要通过精确的测量来完成，之后将这些数据整理并制作成平面的三视图，然后以 X、Y、Z 三个轴之间的角度是 120°的原则在二维平面上建立三维立体坐标系，最后将平面三视图带入正等轴测图的坐标系并合成为最终的立体视图。总结起来就是：看到东西（see），进行分析（analyse），把理解的结构画出来（draw）。

正等轴测图中任何一个正常的二维平面都要呈现在空间中，因此平面图中的角度信息无法直接使用，绘制出来的图形会在平面图的基础上发生形变，比如一个顶点位于原点的正方体的外轮廓会变成一个正六边形。这虽然更接近人类的视觉习惯，然而在制图阶段却带来了很多麻烦：一些在平面几何上很容易实现的几何作图方法无法使用，需要巧妙地借助直线的平行、圆的几何性质等几何常识来间接证明，学生在这个过程中会有较强的"学以致用"的体验。

随着所画的事物越来越复杂，学生会碰到越来越多的难题，这就会促使他们运用越来越多的几何知识，在此过程中一次次地完成导学的任务，不断从未经训练的原始认知中超越出来。美术学科不再是孤立的副科，而转变为辅助性学科。在此过程中，学生逐步认识到用绘画（制图）也可以作为一种思维模式，从而真正地得到一种新的思维工具。

核心课程的任务驱动扩展：课题研究意识

以上课程虽然说有着方方面面的优越性，可仍然无法适应 40 分钟限制的常规课堂，因此在教学实践中我以正等轴测图为核心技能和思维方式，将之作为一种独特的语言来理解和阐释其他学科的内容，并通过增加模块开设了两种研修课程——博物图志和古观象台。

博物志（博物学）出现在科学史的早期阶段，研究对象是自然界存在物，手段是发现、记录和研究，是一种硬核的源头性学科。通过博物学的教学可以引导学生建立正确的科学史观，建立正确的与自然相处的态度和方式，实现实验传统与博物学传统的统一。

博物学在研究过程中需要依靠插图来了解和展示研究对象，因此博物志的插图作为一种传达精确信息的语言工具出现，强调以图志物。所以博物学和绘画并不是跨界，只是还原了学科的本来面貌，弥合了专业化单一化所造成的学科裂痕。

然而，传统的博物插图没有特定的观察方法，绘制者也多不是专业画家，因此图片虽然记录了很多有用的细节但往往在三维空间上存在矛盾而不成立，对结构的观察也多有错误，正好结合正等轴测图的图法来进行矫正。

博物图志的课程依托学校的食虫植物温室和生物老师合作开发，本校的食虫植物温室收集、引种、培养了大量的食虫植物。食虫植物研究起来十分新奇有趣，它们不仅可以运动捕虫，超越了一般人对植物获取养料形式的认知，而且还有很多精妙的三维结构，非常适合使用正等轴测图的图法绘制和研究。

古观象台课程则侧重于多学科的融合，古观象台始建于明朝正统七年（1442年），是世界上古老的天文台之一，位于北京市建国门立交桥西南角，之前是北京古城墙的一部分，台上陈设有简仪、浑仪和浑象等八件铜制的大型天文仪器，均采用欧洲天文学度量制和仪器结构，反映了西欧当时大型天文仪器的最高水平，而仪器在造型、纹饰等方面却采用了中国传统样式，反映了中国古代精妙的雕塑、铸造和组装等配套技术，以及与西方截然不同的世界观和宇宙观。这些融汇了东西方文化的仪器一次次见证了钦天监和外国传教士之间的各种有趣的故事，在东西方文化交流中具有独特地位。这使得它们成为重要的具有历史、艺术、科学价值的遗物，是人类宝贵的历史文化遗产。

本课程是真正的"斜杠"课程，可谓学科融合，活动丰富。首先，以核心技术正等轴测图画法为吸引点和课程切入点进入绘制仪器的任务导向。其次，与本校历史老师配合，为学生们讲述历史学的研究方法，以学科史的重要意义以及天文学在历史学科中的价值与地位作为铺垫，接下来，由天象台的老师具体带领学生进行中西方天文学史的比较，以及一些天文学的基础测量方法和仪器的基本原理，以人文的方式来介绍科学史的内容。同时，为了让学生更好地理解天文仪器的结构和原理，我们还和本校的通用技术教师合作，教授三维软件和平面零件图，以及展开图，并进行最优化的工业设计，以激光切割的形式得到零件并设计组装制作出等比例缩小的天文仪器的可动模型。

上述内容充分践行了 STEAM 的课程理念，真正做到了学科融合。上完全部课程的学生在期末和我说了一句让我特别欣慰的话："这么多年学来的数学知识，一下子都用上了。"学生在课程中经过了自主探究，逐步地融会贯通，最后达到学以致用的目的。

下表为古观象台研修课程教学计划。

课程名称	古观象台	
任课教师	张兴、杨帆、施一宁、姜凤敏、纪朝宪、杨园	
课程领域	美术、数学、工程通用技术、历史	
教学目标	学会正等轴测图的基本画法，使用正等轴测图绘制一件古观象台仪器的功能性部分，并制作缩微模型	
选修条件	不畏惧绘画、喜欢论证、好奇心强，希望获得新知	
教学设施	普通教室	
教学时间	周三	
教学计划		
课次	教学内容	授课教师
第 1 次课	正等轴测图介绍：正等轴测图及其意义 正等轴测图的一般画法：坐标系、投影转化、圆的画法	张　兴
第 2 次课	正等轴测图的特殊画法：难题解读（风扇、圆柱贯穿体）	张　兴
第 3 次课	正等轴测图的特殊画法：圆内接正方形转正 32 边形、过球心任意截面的画法，直径长度的变化	张　兴
第 4 次课	古观象台仪器介绍，详细的测量（古观象台上课）	杨　帆
第 5 次课	使用 3D 软件绘制古观象台仪器：Sketch Up 的熟悉和使用	施一宁
第 6 次课	使用 3D 软件绘制古观象台仪器：制作完整仪器	施一宁
第 7 次课	绘制古观象台仪器的平面零件图：Solid Edge 软件的使用，零件分割和组装的设计	姜凤敏
第 8 次课	绘制古观象台仪器的平面零件图：零件平面展开图的最优化工业设计	姜凤敏
第 9 次课	激光切割	纪朝宪
第 10 次课	组装模型/绘制正等轴测图	张　兴
第 11 次课	组装模型/绘制正等轴测图	张　兴
第 12 次课	组装模型/绘制正等轴测图	张　兴
第 13 次课	古观象台仪器的意义：天文学史——中国古代的世界观	杨　帆
第 14 次课	历史学的方法和思维方式，学科史的重要意义，天文学史的价值	杨　园

学分认定标准（学分设置：2 学分）		
项目	二级指标	评价细则
过程性评价（40%）	全勤	10（缺勤一次扣 1 分，三次及以上缺勤没有成绩）
	了解正等轴测图/学会一般画法	10
	学会正等轴测图特殊画法	10
	掌握三维软件和平面图设计软件	10
终结性评价（60%）	制作模型/绘制正等轴测图	45 满分（不平行错误减 15，结构错误减 15 分，比例错误减 15 分，数据不精确减 5 分）
	古台相关知识	15

（七）科研实践活动

人大附中科技俱乐部经过 20 年的教育探索，在指导高中学生科研实践活动方面已经积累了一些经验，面对早培班学生的特点和早培特色培养模式，我们从 2013 年（第一届早培班八年级）又开始了新的教育实践探索。

1. 科研实践活动教育模式

科研实践活动不同于常规的教育教学，具有通过教学推进活动，通过活动实践教学的特点。我们通过开设配套研修课、加强联合培养、全程对学生活动进行跟进管理等举措，保障科研实践活动的顺利开展并实现育人目标。

2. 学习探索，开发活动配套课程

科技俱乐部为同学们提供了多种多样的课外活动机会。除了个性化科研实践活动，感兴趣的同学还可以在平时的周末参加科学名家讲座，在寒暑假参加科学考察活动等，但是仅仅是参加这些课外活动，还远远达不到中学科技教育的目的，因此我们还探讨设计科研实践活动配套研修课程，对学生的科研实践课题研究进行教学辅助和活动推进。

3. 统一理念，多方联合培养

多方联合培养，一方面体现在我们为每位同学都安排了校内指导教师，配合校外导师共同指导学生；另一方面就是我们会联合高校、学生、家长来多方面沟

通协作，每学期组织学生、导师、家长见面会，全方位推进学生科研实践活动的开展（科学研究高级课程的主要内容见图 2-2）。科研实践活动不仅仅是做课题研究，还会涉及与人沟通的情商方面的培养，有时候学生和实验室出现沟通问题时，我们除了和学生进行引导，必要时也需要和家长进行沟通，通过和家长、导师的多方交流沟通，力争做到理念趋同、通力合作，共同推进孩子们的科研实践活动。

图 2-2　科学研究高级课程的主要内容

以下以物理科研实践活动为例分析早培班的科研情况。

培养物理学科拔尖创新人才，物理竞赛无疑提供了一个很好的平台，我校在这个方面进行了有益的探索，但每年参与物理竞赛的学生人数毕竟还是很少的。让更多对物理感兴趣的学生参与进来，就需要搭建更广阔的平台。为此，我们尝试和大学以及科研院所对接，从八年级开始让学生利用研修课的时间进行真实的科研实践，由于研修课是列入平时课表的，这样除了周末平时也有固定时间做保证，科研实践可以顺利进行。根据我们的统计，学生去校外实验室次数最多的可以达到每学期 33 次，平均每周两次左右。学生到科研院所做课题研究，校内导师要同时联系校外导师和学生，并且按相关领域把学生分为若干个讨论组进行个性化专业指导。学生在选择好课题之初要做开题报告，后面每组两周一次相互交流、汇报，有的课题研究要持续一年或者几年，每个学期安排一次非常正规的课题答辩，由校外导师甚至是院士、教授组成的专家团进行评议。因此，解放学生，给学生自由，不是放任不管，学生可以按照自己的想法去选题，去探究，但我们的评价会及时地跟进，评价的方式也是多元化过程性评价。表 2-15 部分地反映了首届早培班学生在十年级时参加物理学科课题的研究情况。（课题研究都是从八年级开始进行。）

表 2-15　人大附中早十学生（共 22 个小组，32 人）参加物理学科课题的研究情况（部分）

序号	导师所在单位	导师	职称	科研实践课题方向	学生
1	清华大学物理系	宁传刚	教授	电子动量谱学研究，测量静止 μ 子的平均寿命	胡雨石、王天冶
2	清华大学物理系	兰岳恒	教授	非线性动力学与时空斑图形成机制，重整化群与半经典物理	郝祎辰
3	清华大学物理系	王合英	教授	凝聚态物理，低维磁性材料的制备及性能研究	王子逸
4	中国科学院卡弗里理论物理研究所	吴岳良	院士	宇宙线探测	高鹏昊、王竞先、胡荣格
5	中国科学院高能物理研究所	衡月昆	研究员	粒子物理实验，探测器物理	赵子荀
6	北京大学物理学院	龚旗煌	院士	飞秒科学和非线性光学新效应	景一馨
7	北京师范大学化学学院	卢忠林	教授	有机磷酸酯的催化降解	聂桢轲

　　以表 2-15 中的胡雨石、王天冶两名学生的选题过程和研究过程为例，我们在七年级的时候曾经开设了科学交流课，这个课非常的开放，主要交流学生们在课下阅读的文献，其中不少是英文文献。这也吸引了不少不同领域的博士硕士老师参与，我们每次课安排 3~5 位老师参与学生的交流，每次课有 20 多名学生在科学交流课上提出自己在读文献时发现的问题，有不少人读的是最新的科技前沿的专业文章，这些问题有时候博士老师也不懂，我们会带领学生继续研读，一点一点培养阅读和交流的能力，继续查找文献，阅读有关专业书籍，渐渐地大家都有了兴趣，视野也一下被打开了。胡雨石和王天冶两位同学都对物理学很感兴趣，他们在阅读文献的时候发现芝加哥大学的一篇文章讲到了 μ 子平均寿命测量试验（见图 2-3），他们也想通过实验进行测量，为此，他们的导师清华大学物理系宁传刚老师给他们指定了一系列的参考书，这些书包括《高等数学》《工程数学——线性代数》《原子物理学》《大学物理学——热学、光学、量子力学》。

两位学生配合默契，自己总结了两点：一个是以自学为主，学校及导师帮助解答问题。二是开展针对性学习：抓主要问题，挑选重点内容学习，分板块进行，最后解决全部问题。

VOLUME 16, NUMBER 12　　PHYSICAL REVIEW LETTERS　　21 MARCH 1966

MEASUREMENT OF THE ELECTRON SPECTRUM FROM MUON DECAY,
AND ITS IMPLICATIONS*

R. D. Ehrlich, D. Fryberger,† R. J. Powers,‡ B. A. Sherwood,§ and V. L. Telegdi

Department of Physics and the Enrico Fermi Institute for Nuclear Studies,
The University of Chicago, Chicago, Illinois

and

J. Bounin

Institute for Computer Research, University of Chicago, Chicago, Illinois
(Received 6 January 1966)

图 2-3　胡雨石和王天冶两位学生阅读的文献

但胡雨石和王天冶发现文献中提到的方法是原子物理学标准方法，存在两点不足：第一，测量成本超高，约 10 万元；第二，通用性差，只能测量寿命，设备均需特别购买。他们决定进行改进，采用的仪器均为实验室的常见仪器，这样成本大大下降但测量的精度并没有下降，同时增加了统计能谱的新功能。他们的课题得到了评议组专家的高度评价，课题成果发表在了 2016 年 7 月的《物理与工程》上。两位学生不仅要学习大学物理专业的知识，同时还有计算机软件的学习及应用，他们说："在宁老师的耐心指导下，我们学习了如何用 Gaussian03w、Gaussview 及学术网站上的基组库对各种分子进行计算并从中了解各个分子的有关数据如能量、键长、键角、不同温度下振动性质等。整个过程历时两年的时间，失败是很普通的事情，困难并不可怕，我们体验到了科学研究的艰辛过程和成功的快乐，看到了科学家身上诸多值得我们学习的优秀品质。"

清华大学物理系王合英教授给表 2-15 中王子逸同学的课题评语如下：在整个研究参与过程中，该同学表现出了积极好学、认真努力、百折不挠的学习和研究精神，对这一点，我们给予很高的评价，尤其在认真查阅资料、逐步完善自己的实验方案方面表现卓越。王子逸参与的项目获得清华大学第十三届实验技术成果奖二等奖，论文发表在《物理实验》学术期刊上。

（八）早培课堂教学开放活动

课程是一所学校教育教学核心部分，也是学校办学理念和育人目标的集中体现。早培班在创立之初就依据人大附中的培养目标、刘彭芝校长的教育思想对课程目标、结构、实施、评价等方面进行大胆的尝试和改革。早培班的课程建设始终秉承着立德树人的理念、培养学生的人文情怀、科学精神和实践品质，尤其重视培养创新意识、实践能力和社会责任感。早培项目成立之日起就深入推进教学改革，特别是课堂教学的研究，逐步探索出一条适合早培学生发展的课堂教学模式。一系列研究课、公开课以及常规推门课，在早培班每一个学期都大量开展，不断促进教学模式的创新。

2017年起，早培班在以往课堂教学探索的基础上，继续深入推动教育教学改革，全面落实立德树人的根本任务，每学期定期开展早培教学开放月活动，迄今已举办了四届。早培教师在开放月活动中得到了极大的锻炼和展示，早培的教学研究也得到了社会各界的肯定与支持。

2018年4月的早培教学开放月，我们全面总结了八年来早培创新课程改革的经验成果，以推进早培项目教科研实验的深入发展。这次的教学开放月中，共组织了110节早培各年级超大型公开课、录像课。其中，低年级推出研修课、活动课、跨学科融合研究课共计20节，早培初高中年级推出学科常规课、各类研修课共计90节，主题德育课7节。此次教学开放月活动围绕"创新课堂组织活动形式，倡导自主、探究、合作学习方式"这一主题展开，同时聚焦实践探索"基于课程标准的创新智慧课堂"教学方式，按照课程标准所倡导的理念与目标来开展教学。在学科团队的共同努力下，此次活动涌现了一大批优秀教学能手和优质课。

承担授课任务的83位老师不仅包括我们本校的老师，还有一些外聘的老师，除了年富力强经验丰富的中年教师、学科组长和学科带头人，更多的是一大批充满活力的青年才俊，他们不仅高学历、高水平、高颜值，而且爱钻研、有爱心、肯奉献。很多老师这次同时展示常规课与研修课，有的老师的展示课多达四节，全方位地展示了教师个人的教学功底与学科组浓厚的教研风气。学校这种开放灵活的用人机制，也为早培项目的创新与发展不断注入活力。

这次教学开放活动反馈热烈。学校很多老师在百忙中抽出时间认真听课、细致评课，和我们凝心聚力共谋早培的未来发展。我们收到了来自学校各个方面的评价，包括校级领导的，学校科研室和各学科教研组长的，还有令人敬佩的退休教师靳忠良。靳老师家住很远，每次要往返近 3 个小时、至少要倒三趟车来校听课，他一共听了 15 节课，作为海淀优秀督学，靳忠良老师独具慧眼，对每节课都进行了中肯的评价，他严谨认真的态度和心系学校的情怀成为此次活动的一段佳话。这些评价给予了任课教师充分的肯定，也为我们今后的工作提出了很好的建议，这些建议必将进一步推进早培教学工作，使早培项目更好地发展。

2018 年 10 月 18 日，为配合人大附中教育部重点课题"拔尖创新人才早期培养研究"中期汇报会，早培班与海淀区教师进修学校联合举办了新一届早培教学开放日活动，教育部基础教育课程教材发展中心教学处处长莫景祺研究员，北京教育科学研究院基础教育研究所所长张熙研究员以及海淀区教科院专家等应邀参与了此次教学开放日活动。

此次教学开放日活动，公开课部分是课题的展示环节，由人大附中与海淀区教师进修学校联合举办。本次活动推出了小学、初中、高中共计 21 节区级研究课，15 节校级研修课公开课。开放课充分体现早培特色，聚焦早培贯通课程体系及高效课堂的探索与研究成果，课程突出课程标准、核心素养和学科素养，培养学生的创新能力和学习共同体意识，教学活动设计体现"自主、探究、合作"的教学形式，教学组织形式体现早培个性化、多样性，有利于学生的长远发展和终身发展。活动当天共接待了来自海淀区各中小学以及全国各地在进修学校跟岗培训的教研员、教师和领导五百六十人，反响热烈。

2019 年 4 月 1 日至 11 日，小早培在"教学开放月"同期举办了"家长开放周"活动。在两周的日子里，各个年级的家长走进我们的校园与课堂，和孩子一起参加了常规课、研修课与活动课的学习。此次开放周，小早培共推出常规课 21 节，研修课、活动课 37 节。老师们精心设计、认真组织实施，帮助家长直观深入地了解孩子在校的学习情况。

此次家长开放日得到了家长们的积极响应，到校参与活动的家长对学校举办这样的活动赞赏有加，对老师们的授课给予了积极的肯定。参加活动的 200 多位家长共填写听课反馈表 156 张，字迹工整、填写内容认认真真。反馈表中除了对老师认真准备教学内容、精心设计教学环节、用心开展教学活动以及老师教学水平和组织教学能力的认可以外，我们还看到了更多这样的描述：互动性强、启发式教学、开放式教学、拓展学生思维、激发想象力、学生课堂活跃、兴趣浓厚、参与度高等，小早培低年级课堂欢乐有序、严谨开放、颇具创新性。当然各年级家长也毫不吝惜地为老师们送上了很多个赞，除了点赞还有更多的感谢。老师们的课得到家长的广泛认可。

家长开放周活动是小早培教育教学家校互动模式之一，家校携手，共同育人，助力孩子成长为"更好的自己"。

在新一轮课改的大背景下，早培班将以开放求实的姿态迎接未来，紧紧围绕立德树人这一宗旨，继续深化创新课程改革，落地核心素养，不忘初心，牢记使命，团结奋斗，真抓实干，更好地为人大附中的发展服务，为国家拔尖创新人才培养的战略贡献自己的智慧和力量。

第三章

坚持以"四有"好老师的标准建设教师队伍

一、建设高素质教师队伍

习近平总书记指出："百年大计，教育为本。教师是立教之本、兴教之源，承担着让每个孩子健康成长、办好人民满意教育的重任。"改革开放以来，我国经历了从"站起来"到"富起来"的历史进程，现在正从"富起来"进入"强起来"的历史发展阶段。教师强则教育强，教育强则国家强。教师于学生的关系正如血液于生命一般重要，教师塑造学生的未来，也是塑造国家的未来，教师队伍的质量直接影响到国家基础教育的质量和学生的成长。2014 年 9 月 9 日，习近平总书记在北京师范大学与师生座谈时，号召全国教师做有理想信念、有道德情操、有扎实学识、有仁爱之心的"四有"好老师。2018 年年初，中共中央、国务院印发《关于全面深化新时代教师队伍建设改革的意见》，明确提出要"弘扬高尚师德……争做'四有'好教师"。"争做'四有'好教师"成为新时代师德建设的新内涵、新标准。学校建设一支具有更高素质的教师队伍，是推进教育现代化、建设教育强国的必然要求。

2010 年，国务院办公厅印发《关于开展国家教育体制改革试点的通知》，其中特别强调要加强教师队伍建设。国务院 2012 年发布的《关于加强教师队伍建设的指导意见》明确指出，到 2020 年的总体目标是形成一支师德高尚、业务精湛、结构合理、充满活力的高素质专业化教师队伍。其中的重点就是大力提高教师的专业化水平，包括：完善教师专业发展标准体系、提高教师培养质量、建立教师学习培训制度、完善教师培养培训体系、培养造就高端教育人才。

当前，教育领域综合改革浪潮一浪高过一浪，2017 年，北京和山东、天津、海南一同进入全国第二轮课程改革试点。之后，北京市教委相继密集出台一系列有关深化考试招生制度改革的文件和意见，希望通过评价体系的改革推动学校教育教学向更深层次推进，以适应学生在新时代发展的需求。在新高考中考改革方案实施后，随着走班教学的推进，学科课程实现分层、分类及个性化设计，教师专业发展的多元化趋势已经形成。

在这样的大背景下，人大附中走在教育改革潮头，紧紧围绕为党育人、为国育才，教师队伍的建设突出以"培养什么人、怎样培养人、为谁培养人"这一根本问题为指南，紧扣立德树人根本任务，以学生发展为目标，以教师发展为导向，围绕课程改革这一切入点，积极探索教师专业发展的新模式，以适应 21 世纪人才培养对多样化高素质未来教师人才队伍的需求。

对于人大附中"拔尖创新人才早期培养试验项目"来说，教师队伍更是项目实践成败的关键。如何促进教师教育理念和教学方式的转变，如何促进教师专业素养和教学能力的提升，使他们成为学生成长的指导者和引路人？如何激发教师自身的潜能和创造力，如何为教师构建专业发展的广阔空间，使他们在教育教学中获得自我认同感和成就感？学校如何进行教师团队建设，形成教师成长共同体，为每一位教师的成长和发展都提供助力？这些都是我们在"拔尖创新人才早期培养试验项目"中所面临的问题和挑战。

在此之前的 20 多年间，人大附中在超常儿童培养方面做了很多有益的探索，研究问题主要集中在拔尖创新后备人才教育的模式、拔尖创新后备人才的鉴别、课程的设置以及拔尖创新学生的非智力因素等问题上，而对教师尤其是拔尖创新人才教师队伍的专项研究还需进一步深入。因而，如何适应创新人才培养的需要，探索师资队伍建设的新思路，形成行之有效的师资培养机制和模式，成为我们在实践中必须要重点研究和解决的问题。

早培班自 2010 年创办以来，在刘彭芝校长"尊重个性，探索适合全校每一个师生员工发展"的教育理念引领下，深入实践，不断探索，逐步构建起培养拔尖创新后备人才的"教师教育"培养模式，形成了一支"四有""三型"高素质、高水平、具有国际视野的教师队伍。"四有"即有坚定的理想信念，有高尚的道德情操，有精深的扎实学识，有广博的仁爱之心；"三型"即研究型、综合型、贯通型。他们的言传身教、行为世范，引领守护着那些具有超常潜能的孩子健康成长；他们的创新精神、深厚学养和追求卓越、坚韧不拔的作风，成为人大附中高素质教师队伍独特而精彩的写照。

二、汇聚人才——早培教师队伍的组建

（一）队伍构成

1. 校内骨干教师

2010 年 9 月，第一届早培班正式成立。由谁来担当这两个班 80 多个孩子的任课教师，成了人大附中领导班子斟酌考虑的实际问题。

刘彭芝校长在师资配备调度上堪称"大手笔""出奇兵"。

（1）安排人大附中副校长、物理特级教师、物理奥赛金牌教练高江涛全面主持早培班工作，高校长亲自为早培班孩子上物理课，亲自带领团队研究物理学科的贯通课程。在高校长的领导下，早培团队经过近十年的探索，已经形成了一套科学完善的拔尖创新后备人才培养体系。德育方面，构建了小-初主题式德育教育课程，厚植爱国主义情怀，形成了"小学——天安门入队仪式，童心绘本记成长；初中——诵读红色经典，传承革命文化；初高中——从学公益课程到真做公益，实现知行合一；高中——研学实践周，重走长征路"等特色活动。课改方面，形成了"拓宽-加深"为主的充实式教学模式，创设了丰富学生个性发展的研修课课程与评价体系。此外，构建了一套立体多元的超常儿童甄别方法，建设了一支高水平高素质高规格的师资队伍，开发了配套培养的教程与教材。为国家推动中小学发现与培养拔尖创新人才的探索提供了一种成熟的范式。

（2）"空降"在高三年级长达 8 年的把关语文特级教师于树、安排有初中语文教学 13 年实践经验的骨干教师吴凌共同担任语文教学工作。两位语文老师就是在这次不一般的工作安排中成为日后默契的教学搭档，共同编写了早培语文课程的校本教材，尝试将名著阅读带入语文课堂，引领了语文课程的新革命。

（3）安排有多年班主任经验的李欣老师和主抓数学竞赛的唐晓苗老师担任两

个早培班的班主任，这两位班主任不仅是优秀的英语、数学教师，还在学生的常规习惯养成、品格精神铸造方面做出了引领。

（4）安排多位骨干教师担任化学、生物、地理、历史、劳技、体育等科目教学工作。

刘彭芝校长对超常儿童培养有着独到的见解，她认为早培班的学生年龄小，所以早培班师资队伍中一定要有初中教学经验的骨干教师，他们更了解学生的心理年龄特点，心思细腻、管理细致、充满爱心，可以很快走进孩子们的情感世界，构建一个具有凝聚力的集体。与此同时，刘校长也敏锐而果敢地挑选了一批有高中教学经验甚至是专家学者型的"大咖"来教早培班的孩子。当时，校内有很多老师并不理解这样的安排，很多人觉得让特级教师、金牌教练离开高三阵地转去教天真幼稚的"小朋友"，简直是大材小用。刘校长秉承这样的理念：拔尖创新人才的早期培养需要高起点，专家学者型老师有着深厚的学养和独特的视角，长年高三高考教学经验和带竞赛实践会让这些老师有更多的沉淀思考——如果有机会从小培养这些学生，应培养他们怎样的能力素质？如何设置适合他们的课程？有哪些初高中知识可以打通……刘校长就是想组建这样一个前所未有的师资团队，让初高中老师团结协作，更好地研究课程的贯通，探索一条因材施教、融会贯通的教育教学之路。

基于这样的目的，最初的早培班师资队伍由高江涛副校长挂帅组建，他们有丰富的教育教学经验，都曾担任过实验班的任课教师，热爱教师职业，有吃苦奉献的精神。他们花费了大量的心力研究学生、研究课程，集体开发研修课程，为早培班的初期教育教学探索开辟了新道路，谱写了新篇章。

从第二届早培班招生起，每一年学校都会调配各年级各学科的骨干教师加入早培教师团队。

2011年骨干教师钱颖伟、刘成章、段宝维加入早培团队。钱颖伟老师发起了早培公益研修课项目，并一直担任早培德育教育工作；刘成章老师是中国人民大学国学博士，在早培班当班主任期间富有创意地组织了班级合唱团，对学生进行美育教育，培养早培学子的团队意识。段宝维老师完成了从早培六年级到早培十二年级的七年物理教学贯通实践，培养出大批优秀人才。

2012年、2013年北京市骨干教师、数学组副教研组长孙芳，语文组高级教师张璇，英语组备课组长宋荷新，化学组副教研组长张文胜加入早培团队。一年后，张文胜老师担任早培班年级组长，主管早培各年级的教学工作和课程探究。

2014 年小早培第一届招生，北京市"紫禁杯"优秀班主任张冬梅老师走马上任，几年后早培小学部蒸蒸日上。

2014 年第一届早培学生升入高中，越来越多的高中骨干教师加入早培团队：语文教研组长王艳、廖昌燕，数学教研组长梁丽平、高级教师李岩、于金华，英语教研组长刘景军，物理高级教师胡继超，化学教研组长贺新，生物教研组长闫新霞，高级教师王润英……

2015 年，北京市"紫禁杯"优秀班主任蔡芳成为早培项目负责人之一。她专业精深，常年担任高三第一实验班班主任和英语教学工作，成绩卓著；更重要的是她方法独到，特别善于处理应对各种疑难杂症。她接手早培班工作后，仍驻守高三，把关早培学生的出口；同时，她带领管理团队求真务实，开拓创新，深入研究，深抓质量。她积极倡导"关怀与解放"的教育理念，组织家校教育共同体，开展"中国学生发展核心素养"下的德育与课程研究，形成了早培班的德育培养体系。她主张开放课堂，创建互动平台，推出"早培开放日"活动，每学期开展一次"教学开放日"活动，聚焦"自主、合作、探究"创新型课堂教学模式的探讨，落地学科素养和育人目标，推广早培班教育教学改革成果。如今，"早培开放日"活动已经成为人大附中推进基础教育课程改革的一扇窗口。2019 年10 月，人大附中创新探究课程借助"中国移动"技术平台面向全国直播，实现线下线上全覆盖，优质资源得以辐射全国。早培班在科教融合、创新引领、扶贫攻坚的路上自觉担当，越走越宽。

在全校老师的共同努力下，早培班已经连续送走三届毕业生，早培班的学生不仅取得了出色的竞赛成绩，科研与高考成绩也十分喜人。

一批批骨干教师的加入让早培团队更加强大，他们成为早培教师队伍的中流砥柱。

2. 新入职教师

从学校课程建设发展和需要出发，2011—2018 年我校招聘了数量较多的重点大学博士、硕士应届毕业生。新教师学历高，学科领域广泛，科研能力及国际交流能力强，充分满足学校对多学科、创新型、综合型、科研型师资队伍的数量和质量需求，优化了教师队伍的年龄结构、学历结构和专业结构。

这些年轻教师中的一部分成为早培师资队伍的新鲜血液。如毕业于美国哈佛大学的博士后王志鹏老师，刘彭芝校长在美国认识他时曾希望王志鹏在人大附中美国分校担任教师工作。但王志鹏老师的理想是学成回国，希望在国内进行创新人才培养的工作。怀揣着这样的理想和情怀，王志鹏2012年回国后担任早培八年级的生物教师和班主任，并开设生物类研修课。现在，王志鹏老师已经是早培项目的负责人之一了。

毕业于中科院的数学博士王鼎，一来到人大附中就担任了第二届早培班的数学老师和班主任。当时早培班正在探索分层教学，由于受师资、教室数量的限制，实施起来困难重重，单是排课表这件事就令人头痛。王鼎老师发挥自己的聪明才智，奋战几个晚上，设计出几套方案供大家讨论。后来王鼎老师成为早培课程中心的负责人之一，为早培班的课程创新及研究做出了很多努力。

毕业于中科院高能所的陈晓辉老师是粒子物理与原子核物理专业的博士，陈晓辉老师入职后除了担任物理实验研修课外，主要参与学校高端实验室的创办。现在我校已经有12个高端实验室，为学有余力的学生在中学搞科学研究提供了良好条件和专业平台。陈晓辉老师和物理组其他几位博士与清华、北大、中科院的很多实验室都建立了良好的联系，优秀的同学可以参与大学教授的一些科研项目，为热爱科学、具备能力的学生提供了探索未知的更大空间。

刘璐老师本科和研究生均就读于北京大学英语语言文学专业，她在大学的学业成绩一直名列前茅，多次获得国家奖学金。她的职业理想是希望找一份"变中有稳"的工作，这样既能在日新月异的社会变化中赶上不断革新的脚步，而又相对的稳定性，可以让她踏实下来，在时间的积淀中逐渐提升业务能力，形成长期的职业规划。刘璐老师因为实习代课期间表现优秀得到高中学生的喜爱，本来已经在高中任教了，碰巧当时早培有一位英语老师需要较长时间出差，刘璐老师就来到早培班工作。刘璐老师说："在早培班的教学工作中我发现学生的思维非常活跃，好奇心和求知欲都很强，这一方面迫使我在教学中丝毫不能放松，另一方面孩子们新奇的想法也时常'惊艳'到我，让我深切体会到'得天下英才而育之'的幸福感。"

除此之外，还有北大物理博士周晶，北大化学博士邹明健、刘俊杰，中科院心理所博士陆丽萍，中科院生物物理所博士戚迪，北大中文专业研究生许晓颖，英国帝国理工学院化学生物专业研究生晁小雨，北外英语专业研究生麻程丽……这些高学历、高学养、有理想、有情怀的新入职教师带着他们的青春激情和拼搏精神加入早培班，为早培班的师资团队带来了时代的脉动和火热的活力。

3. 双重身份的教师

在早培班的师资队伍中，还有一批非常特殊的教师。他们和人大附中有解不开的缘分，他们的心中对人大附中有不一样的情感。

他们的少年时代就是在人大附中度过的，他们曾经就是人大附中实验班的超常儿童。他们在人大附中"崇德、博学、创新、求实"的校训熏陶下长大，他们曾在人大附中富有创意的课堂中收获真知，在老师们的引领下发现并发展了自己的学科兴趣，考取了知名大学继续深造，还有的在海外开阔了眼界。

他们毕业学成后，怀揣着对母校的一颗赤诚之心和对教育事业的无限憧憬，选择回到母校当一名教师，这是一种难能可贵的情缘。毕业于清华大学的数学博士庄丽、毕业于清华大学数学系的研究生薛坤、毕业于北大数学系的研究生唐小徐、毕业于清华大学的生物博士马微微、毕业于中国人民大学英语系的研究生宋玖青……他们都曾是人大附中超常儿童实验班的学生，他们自己身上就有超常儿童的特性，他们更了解超常儿童的特点和成长规律。

2019 年是宋玖青老师从人大附中毕业第十年，而她成为早培教师已经五年了。她说："我很感谢人大附中，我也希望能够传承从我的老师们身上所学到的知识、态度和能力，为附中培养更多优秀的毕业生。所以从高中毕业之后，一上大学我就一直以能回到人大附中教书为目标而努力。"谈到自己当早培班老师的优势时，玖青老师说："我是从一个很小的初中学校考到人大附中高中部的。在以前的学校，我一直都是佼佼者。可进入人大附中之后，身边有很多很厉害的同学，所以难免会觉得有些自卑。但是慢慢地，我发现学校给我们提供的并不只是学习这一个平台，而是多方位多维度的舞台，所以我就参加了很多的学生工作，包括学生会、志愿团，也变得越来越自信和开朗了。可以说我现在的性格基本上就是在人大附中的三年所养成的。作为曾经的人大附中人，我想我更理解早培的孩子，也希望作为一个'学姐'，通过我自己的经历，去鼓励每一个孩子，告诉他们只要努力学习，总会创造奇迹。我更希望用'爱与尊重'的理念，去引导每个孩子发现自己身上的闪光点，去发挥自己的特长，能够变成更好的自己。"

薛坤老师的初高中时代都是在人大附中第一实验班度过的，作为曾经的超常儿童，他这样说："我觉得自己最大的优势在于比较容易理解学生的思维途径。举个不是数学的例子，七年级的时候我和教我们班英语的老师聊天，英语老师谈起来说学生总是跟她抬杠，对于语法语义和阅读理解中的一些选项在课上争执不休。我就告诉她，学生的理科思维比较强，喜欢用推理化的方式去学习，对于需要一定感性理解、认知的问题处理起来往往思维模式没有切换好，这能促使她从学生能够理解的角度去解释问题，和学生去交流不同学科的学习思维方式的差别。这些都是我们当年上学的时候遇到过的问题，虽然现在学生思维的广度和深度都优于我上学的年代，但这种从小养成的思考问题的习惯方式确实还是相像的。因为了解和理解，我能更好地走进学生的内心，成为他们的大朋友。"

在同一所学校，这些有双重身份的年轻人，曾经是自己学生一般的孩子，现在又成长为教育孩子的老师。正因为这特殊的换位，使他们具备了一种不同于常人的优势。

4. 独特的编外教师

为了更好地给予学生个性化的培养，为具有科学潜质的学生搭建更好的平台，我们在课程建设和师资配备上广开渠道，广纳贤才。我们鼓励在校的早培学生或者在大学读书的人大附中毕业生申报研修课，担任研修课教师；邀请在校内外各领域富有专长的专家或家长担任早培研修课教师；与大学科研院所进行对接培养，实行双导师制，聘请大学博士、教授，科研院所专家、研究员、院士等担任早培科研实践校外教师等，2017—2023届科研实践校外导师目录见表3-1至表3-7。这支独特的编外教师队伍是早培的特色，这种全新的教育生态孕育于灵活创新的早培班用人机制。2015届超常班毕业生李聪乔在北京大学物理学院读书期间，曾受蔡芳老师邀请带过几节早培班九年级的物理探究课。他说："早培学生带给我最直接的印象就是：异常活跃，喜欢提问，而且不畏发言与上台讲解，课堂氛围相比北大的小班课堂都要积极许多倍。早培班的课堂鼓励积极思考与讨论的氛围，使大家无形中相互激励，不断促进大家练习如何思考与快速组织语言表达自己，久而久之则可以帮助每一个个体培养出优秀的思考习惯与表达能力,并终身受用。至少从在北大的几年经历来看毕业于附中的同学在这方面还是会强很多的。"德国海德堡大学哲学博士、清华大学新雅书院院长助理张伟特教授曾经在 2016—2017 学年度担任人大附中高一早培班"哲学导学"研修课教师,谈起早培研修课,他说:"早培机制给予学生的培养设计的开放性和探索性让我十分震惊。中国要回答'钱学森之问'在于实现优质高等教育的充足性(现在我们还不能实现每一个县有一所 211 大学)和初等教育办学的科学性。初等教育的科学性在于强化学生批判思维能力的培养和弱化标准化考试的霸权地位。在人大附中的早培理念和设计中,我看到了初等教育迈向世界一流教育的操作性尝试,代表着一种未来。"正是由于我们集结多方力量,形成了一个立体多元的教育共同体,为拔尖创新后备人才的早期发现与早期培养开拓了一方沃土。

首届毕业生丁子扬与他的母亲、早培家长杨画都是编外教师代表。丁子扬同学曾经在打工子弟学校担任小提琴教师。得益于早培给予的充分课外时间,丁子扬同学在完成课内业务之余练习并钻研小提琴、作曲、影视等艺术体系。初高中时就于各个国际音器乐、音乐以及影视比赛中获奖。高中两年于大兴区蒲公英中学担任小提琴以及音乐教师,教授 30 多名打工子弟小提琴和音乐并举办音乐会,将教学经验和教学方法整合成约 10 万字的中英双语教案。目前,他就读于美国杜克大学,主修数学专业和统计专业,并辅修德语。在美国数学建模大赛中获得一等奖(M 奖)。现与数学系以及统计系教授做科研,毕业后将会从事金融建模以及量化科研方面的工作。丁子扬从早培班毕业后,他的母亲杨画为了回馈人大附中对孩子的培养,加入早培团队担任戏剧研修课教师,现已经在校任教三年。杨画老师音乐教育专业毕业,具有高中教师资质,是省一级演员,有十余年职业歌手、音乐剧和舞台剧演出、编导工作的经历,曾多次编导国家级大型晚会、活动,具有深厚的艺术修养。她开发的小初教育戏剧与表现力提升贯通课程深受学生喜爱,课程借由戏剧表演的形式,促进了学生情感和社会化的发展,通过融合名著阅读理解,项目制团队配合,游戏式体验学习的要素,促进学生情绪稳定、同伴接纳,以培养学生完善的人格。同时,该课程结合剧目的选择,潜移默化地达到价值观引领的目标,培养学生的社会责任感和爱国主义情怀。杨画与丁子扬母子传承传播艺术教育的故事成为早培的一段佳话。

早培特色德育课程——公益实践系列课程,聘请社会各界的专业人士来担任主讲导师。如，"红色行动——关爱无偿献血者"公益研修课聘请北京红十字血液中心的侯明主任担任讲师；"孩子，让我们一起说——听障儿童康复行动"，聘请舒耘听力康复中心的陈淑云校长担任专业课导师，并邀请北师大心理学专业的研究生担任观察员；"名园讲堂——颐和园志愿讲解"聘请清华大学土木工程专业毕业的高士元老师担任主讲。社会各界的专家型老师极大地开阔了学生们的视野。

表 3-1　2017 届科研实践校外导师目录

学生	导师所在单位	导师
赵睿文	中国科学院地理科学与资源研究所	陈同斌
张乃丰	中国科学院地理科学与资源研究所	陈同斌
陆天明	中国科学院遗传与发育生物学研究所	傅向东
武明睿	中国科学院遗传与发育生物学研究所	傅向东
郑逸杉	中国科学院遗传与发育生物学研究所	傅向东
赵奕	中国科学院微生物研究所	黄力
沈相宜	中国科学院微生物研究所	黄力
傅文翰	北京大学生命科学学院	昌增益
赵一帆	北京大学生命科学学院	昌增益
李昂	军事医学科学院	张学敏
王添艺	清华大学生命科学学院	沈沁
王庭萱	清华大学生命科学学院	沈沁
邵宏升	北京蔬菜研究中心	王永勤
王天冶	清华大学物理系	宁传刚
胡雨石	清华大学物理系	宁传刚
王子逸	清华大学物理系	王合英
潘奕霖	中国科学院自动化研究所	陶建华
程昊	北京理工大学物理学院	张佳
何舒扬	中国科学院高能物理研究所	衡月昆
赵子荀	中国科学院高能物理研究所	衡月昆
郝祎辰	清华大学物理系	兰岳恒
景一馨	北京大学物理学院	龚旗煌

续表

学生	导师所在单位	导师
单梦伊	清华大学数学科学系	王小群
汪子骐	北京大学数学科学学院	柳彬
程知禹	北京大学化学与分子工程学院	徐怡庄
张林辰	北京大学化学与分子工程学院	裴坚
杨蕙钰	北京大学化学与分子工程学院	伊成器
董昕妍	北京大学生命科学学院	郭红卫
高鹏昊	中国科学院卡弗里理论物理研究所	吴岳良
王竞先	中国科学院卡弗里理论物理研究所	吴岳良
胡荣格	中国科学院卡弗里理论物理研究所	吴岳良
张凌宇	中国科学院软件研究所	方贵明
聂桢轲	北京师范大学化学学院	卢忠林

表 3-2　2018 届科研实践校外导师目录

学生	导师所在单位	导师
张溥睿	北京大学工学院	夏定国
谭淞宸	北京大学工学院	夏定国
麦天承	中国科学院自动化研究所	陶建华
杨昊瀛	北京理工大学化学与化工学院	王博
崔文泓	北京理工大学化学与化工学院	王博
徐海博	北京大学化学与分子工程学院	严纯华
黄宗贝	中国科学院植物研究所	桑涛
郭思彤	北京大学工学院生物医学工程系	任秋实
胡玭	北京交通大学机械与电子控制工程学院	贾力
盛翊伦	北京大学信息科学技术学院	罗英伟
蔡逸凡	清华大学物理系	徐湛
丁如仪	清华大学物理系	王力军
陈凌峰	清华大学物理系	王力军
朱星宇	清华大学物理系	王晓峰
郭家豪	北京师范大学体育与运动学院	纪仲秋
蒋天阳	中国科学院动物研究所	梁红斌

续表

学生	导师所在单位	导师
袁方庆	北京师范大学数学科学学院	刘来福
白雨石	北京师范大学数学科学学院	刘来福
郭易	中国科学院植物研究所	桑涛
王晨冰	中国科学院自动化研究所	陶建华
刘盛华	中国科学院力学研究所	许向红
杨泓暕	中国科学院国家数学与交叉科学中心	陈兴
彭子卓	中国科学院软件研究所	方贵明
门靖浩	中国地质大学地球科学与资源学院	陈家玮
魏彤	中国科学院软件研究所	方贵明
关文妍	北京师范大学数学科学学院	黄海洋
郑博钰	清华大学医学院	丁辉、吴安玉
焦宇翔	清华大学医学院	丁辉、吴安玉

表 3-3 2019 届科研实践校外导师目录

学生	导师所在单位	导师
谢德东	北京理工大学自动化学院	张佳
辛畅	北京航空航天大学核科学与技术研究中心	张高龙
张哲伦	清华大学物理系	王晓峰
赵子渊	北京大学医学部	杨振军
陈宇可	北京大学基础医学院免疫学系	张毓
袁熙	北京大学化学与分子工程学院	严纯华
牛山水	北京理工大学光电学院	刘越
项京东	北京化工大学碳纤维及功能高分子教育部重点实验室	徐日炜
杨富钧	中国科学院微生物研究所	朱宝利
石纪轩	北京科技大学物理实验教学中心	陈森
马棂祎	北京大学基础医学院免疫学系	张毓
刘世存	北京分子科学国家研究中心	雍兴跃
邹松运	中国科学院微生物研究所	蔡磊
张健翔	北京大学北京分子科学国家实验室	李国宝

续表

学生	导师所在单位	导师
黄雨衡	清华大学物理系	孙文博
杨海川	北京大学物理学院	陈剑豪
裴昱非	北京大学物理学院	陈剑豪
耿纪平	北京大学化学与分子工程学院	陈鹏

表 3-4 2020 届科研实践校外导师目录

学生	导师所在单位	导师
李宸玥	北京化工大学理学院	朱红
朱飞宇	北京航空航天大学计算机学院	牛建伟
程荃	北京大学考古文博学院	胡钢
温昕	北京大学工学院	卢海龙
谭奕凡	北京大学化学与分子工程学院	陈鹏
梁奕飞	北京大学化学与分子工程学院	刘海超
柴郡	北京大学生命科学学院	姚锦仙
程瀚	北京航空航天大学化学学院	刘明杰
石宗华	中国科学院生物物理研究所	刘力
肖紫瑶	清华大学生命科学学院	钟毅

表 3-5 2021 届科研实践校外导师目录

学生	导师所在单位	导师
李亦之	北京大学数学科学学院	王家军
王奕聪	清华大学化学工程系	徐建鸿
游毅	北京大学医学部	齐宪荣
李越之	北京理工大学信息与电子学院	费泽松
刘雨知	清华大学车辆与运载学院	王建强
江桐	北京大学化学与分子工程学院	陈鹏
李珂	北京师范大学化学学院	侯国华

表 3 – 6　2022 届科研实践校外导师目录

学生	导师所在单位	导师
关涛	北京大学工学院	夏定国
蒋逸凡	中国科学院生态环境研究中心	杨敏
袁雨舟	中国科学院生态环境研究中心	杨敏
林佳希	中国科学院植物研究所	沈建仁
刘子睿	中国科学院理化技术研究所	吴敏
吕纪冲	首都师范大学生命科学学院	张爱兵
吕纪修	中国科学院遥感与数字地球研究所	张万昌
孟子洋	清华大学物理系	王合英
尚晗晖	中国科学院生态环境研究中心	查金苗
史力夫	清华大学物理系	孙文博
滕青枝	北京大学工学院	夏定国
王景晨	中国科学院力学研究所	郇勇
王慕涵	清华大学物理系	宁传刚
吴限	中国科学院国家天文台	姜晓军
修时雨	中国科学院软件研究所	方贵明
许庭强	中国科学院软件研究所	方贵明
张喆	中国科学院遗传与发育生物学研究所	钱文峰
王润前	北京理工大学信息与电子学院	王美玲

表 3 – 7　2023 届科研实践校外导师目录

学生	导师所在单位	导师
成浩洋	北京师范大学数学学院	刘来福
戴灏庄	中国科学院力学研究所	郇勇
迪浩航	北京大学生命科学学院	昌增益
郭乐天	中国科学院数学与系统科学院	王勇
胡博元	中国科学院微生物研究所	黄力
金彦萌	北京化工大学材料科学与工程学院	徐日炜
陆宁馨	中国科学院自动化研究所	陶建华
赵天意	北京师范大学化学学院	杨晓晶

续表

学生	导师所在单位	导师
王懿诚	北京大学物理学院	张朝晖
陈映竹	清华大学物理系	郭旭波
王鸣淏	中国科学院过程工程研究所	吕兴梅
肖瑶	清华大学生命科学学院	饶子和

（二）队伍特点

1. 队伍专业化，集研究型、综合型和贯通型于一身

早培项目经过十年的深耕与开拓，既组建了一支师德高尚、乐于奉献、潜心育人的高素质德育团队，又打造了一支业务精湛、结构合理、充满活力的专业化教学团队，逐渐形成了求真务实、守正创新、众志成城的团队作风。早培班专职教师中，中年骨干教师占总教师人数的比例约1/3，入职不满3年的青年教师占总教师人数的比例约1/3，具有博士学历的教师占总教师人数的比例约1/2。专业化、高水平是早培班教师队伍的重要特点，我们相信，只有最优秀的教师才能培养出更优秀的学生，这是学校组建早培班教师队伍的立足点。

中年教师乐于奉献、富有经验和爱心，在学校教书育人的工作中贡献卓著。他们以德立身，敬业爱岗，率先垂范，在早培年级组、教研组和管理层等重要岗位承担重任。他们坚守在各自的岗位，把握方向，确保质量，守护平安，为项目发展保驾护航。

青年教师乐于进取、富有朝气与活力，他们大都是学历高、科研能力及国际交流能力强、创新经验丰富的博士、硕士毕业生，可以打通学科间的壁垒，进行跨学科融合教学，可以胜任从小学到高中甚至大学的课程，可以满足学生多样化选择并因材施教，是集研究型、综合型和贯通型于一身的高端人才，为项目发展开疆拓土。

李峰老师就是一位典型的研究型老师。李峰，1979年生，北京大学植物学博士，瑞典哥德堡大学植物与环境学院博士后，2013年入职人大附中，分配给他的第一份工作就是早培的研修课。早培班当时成立不久，鼓励老师运用所长开发课程，带领学生探索未知科学。于是，他开设了博物学研修课程，带领学生认

识植物。有一次上课，一个学生问的简单问题为他打开了一片崭新的领域，就是食虫植物的研究。在学校的支持下，他从无到有建起了食虫植物温室，并以此为基础正式开展了食虫植物研究工作，并提出了用 3～5 年时间建成世界一流食虫植物研究实验室的目标。李峰老师在早培班找到了自己的方向——以探索自然为途径，培养未来的科学研究人才。几年后，他通过研修课的平台，联合美术老师张兴开设了以科学插画为手段的博物图志课程，两人共同合作，带领学生从观察开始，引导学生研究自然，这种基于学科融合的探索方式受到了社会的广泛关注，湖南卫视因此拍摄了以此为背景的纪录片《跨界课堂》。同时，他们把研究成果结集成书，出版了《食虫植物》。这一切使他成为这一科普领域的专家，一位真正的独立研究者。

贯通是早培课程特色，早培班纵贯小初高，12 年学制。为了探索建构科学完善的小初高贯通课程体系，学校鼓励高年级教师到低年级任教，进行课题研究，走出自己的一方天地。这样灵活的用人机制为富有创新思维、有志于研究小初及初高衔接课程的教师们搭建了广阔的平台，庄丽就是其中的一位。2007 年，庄丽从清华大学博士毕业后，回到母校成为一名数学老师。教过了 7 年初中第一实验班和 2 年高中科学实验班之后，她从 2016 年的新学年起来到了小早培，从小学一年级教起，走了一段跨度 11 年的"下坡路"。她是带着研究方向"下坡"的，研究的重点一个是如何从小学开始就抓好学习习惯的培养，为未来的初高中学习打下坚实的基础；另一个是如何将中学开展的"课题学习"经验延伸到小学。"下坡路"并不是一帆风顺的，但在自己的努力与同事们的帮助下，她在培养学生数学学习习惯方面找到了方法。她给 2018 年入学的新一年级同学设计了"我的数学小护照"，提出了数学学习的"看听想说做"五建议，让学生在具体的行为习惯上有参照目标；引导学生用"小护照"对课堂学习习惯、作业习惯进行记录。一年下来，这本护照记录了孩子的"成长足迹"，见证了孩子们的点滴进步，赢得了家长的广泛好评。

同时，庄丽老师在"课题学习"贯通研究上也有了突破。她通过常规课和"数学探索"研修课深化主题学习，在课题探索的过程中，以学生自己动手实验、发现、思考和交流为主，初步学习研究数学问题的思想方法，提升提出问题、分析问题和解决问题的能力，拓宽学习视野，提升学习数学的兴趣，培养学生创新能力。这种探究式学习极大地激发了孩子们的兴趣，更坚定了庄老师将这门课向更多年级延伸的信心。庄丽老师成为学生眼中的"天使老师"，学生说，"在您的课上我们都会很开放，很开心"。

早培班是培养综合型、复合型、创新型人才的摇篮。刘彭芝校长经常鼓励老师们："是龙就让你腾，是虎就让你跃！"人大附中和早培班多元的课程体系给了老师们施展的舞台，让他们不断发现、探索、创新、成长。在这里，老师们十八般武艺可以齐活全上，综合型的老师更是数不尽数。很多教师都身兼数职，教育、教学、科研、管理多肩挑，他们在早培班的各个岗位辛勤付出、默默奉献、刻苦钻研、潜心育人，很快在这个舞台上脱颖而出，刘丹就是一个例子。2012年从北京师范大学博士毕业后，刘丹入职人大附中，在早培班工作。7年来，除了参与早培的常规化学课程体系设计和教学工作，她还曾经开设过各类研修、选修、大学先修及研究性学习等课程，学校不同层级的课程都有所涉猎。除了教学，她还担任了早培班主任和年级组长。短短几年的时间，无论在课程建设或德育管理方面，刘丹老师都取得了长足的进步。如今她已成为人大附中优秀的骨干教师、海淀区学科带头人和海淀区教师进修学校兼职教研员，被评为海淀区优秀班主任。她表示，要像刘彭芝校长所说的那样，"不断地思考与寻找，不断地反思与变通，在变通中寻求突破"，希望自己能始终以最出色的状态登上讲台，真正做到学为人师，行为世范，向成为一名专家型的教师努力奋斗。

2. 队伍年轻化，机制灵活，注重传承

早培教师队伍年轻化，是另一个显著特点。青年教师人数占总教师人数比例超过 2/3，他们虽然年轻，但大多能力很强。由于早培班倡导"关怀与解放"的理念，没有太多的条条框框，充分为教师"松绑"，这样的环境为青年教师创造性地开展工作供了广阔的平台。同时，人大附中具有课程团队建设的优良传统，很多课程的开发与建设都以学科组牵头，采用 2～3 位教师共同组成课程团队，集体备课研究，以合作开发和授课的方式推进，既使课程质量得以保障，又达到高效和资源共享的目的。这样的工作机制为年轻人大胆尝试，勇于创新，不断优化课程群的建设和专业化成长指明了努力奋斗的方向。

下面这篇钱颖伟老师在 2012 年《早培绿地》刊物上撰写的通讯稿就很真实地展现了早培领导和老师共同研发课程的一段动人故事：

黑夜因你而亮

刘成章老师因其大而亮的脑门被学生们亲切地称呼为"阿亮"。这个 8 月，阿亮光荣地升级当爸爸了。他应该也必须在家好好照顾坐月子的妻子，好好享受陪伴女儿的每一分每一秒，孩子早产，更需要特别的照顾和护理，所以这次的暑期培训，阿亮向学校领导请了假，当然准假。

在暑期培训的前两天，在刘校长的策划下，早培班已经进行了两天高强度的研讨会，广泛地听取家长们的意见。"我们做得还不够好。暑期培训期间，我们早培班的老师每天晚上都有任务，我们必须对现存的问题提出具体的解决方案，这个学期的研修课必须开得更加有质量，你负责联系会议室和通知老师们。"高校长斩钉截铁地说。

"成章，你晚上能来参加早培班的研讨会吗？你是早培班的骨干力量，缺了你可不行。不过，我真不忍心把你叫来开会，如果家里实在走不开，我替你向高校长请假。""哦……老家来了亲戚，我得去车站接他们呀……我再想想办法，我尽量赶过去。"挂了电话，我觉得自己太残忍。

晚上七点，阿亮一脸憔悴地出现在了研讨会现场。"天呀，你真的赶过来了，太让我们感动了！""不接受新思想心里不踏实啊！"大家都为阿亮鼓起掌来。这时，我正在为大会花絮的拍摄一筹莫展——以怎样的形式展现早培团队的精神面貌呢？"喜羊羊——上次六一活动时孩子们演的那个喜羊羊。""太棒了！赶紧把动作教给新老师们。"刚刚还一脸疲惫的阿亮转身扭动起来，顿时神采奕奕，引得众人哈哈大笑，于是《我们是快乐的喜羊羊》的短片就此诞生了。

8 月 24 日晚，早培班的研修课研讨会从七点一直开到十一点，直到会议室的服务人员站在门口可怜巴巴地问我们："你们的会要开到什么时候？"我们才知道，别人是要睡觉的。可是，好多新的想法正在这个脑子、那个脑子里不断地迸发出来，我们越聊越兴奋。"走，找个地方继续研讨。"高校长一呼十应。谈笑风生中，我们研讨了跑班教学的利与弊，设计出了更科学的研修课的运行方式，甚至成立了早培班的课程研发中心，我们群心激昂，热血沸腾。不知不觉，已到凌晨一点。这个夜晚，我们见到了最明亮的星空。

"成章，今晚你肯定回不去了。""那，我就跟王博挤一张床睡吧，明天，我们立刻把新的研修课方案形成文字，列出表格，让老师们填报。"

第二天一早，课程研发中心主要负责人就开始拟写研修课的新方案，我看到阿亮的脑门格外的亮，我看到数学老师王博（王鼎）穿着拖鞋就来到了会场。下午，阿亮匆匆赶回家里。可是晚上九点，当我们正在彩排早培团队的汇报时，阿亮又出现了，这回可不是我打电话叫他来的。"你怎么又来了？""研修课还没报满，我不放心啊。""你这是专程来上夜班的呀！""是啊，我们家小动物睡觉了，我就溜出来上夜班来了，今晚再跟王博挤一挤。"那一晚，为了第二天早培团队的汇报，高校长又带领着我们十几个人工作到凌晨。

在早培团队的汇报会上，高校长高度表扬了老师们，我知道他是发自肺腑，他是为一群像阿亮这样倾尽全力的老师而感动，是为年轻人的热情和智慧而兴奋。是什么力量，让我们在重重的压力、重重的阻力下，保持乐观、高昂的激情？是刘校长"民族的希望，人类的未来"的感召，是高校长无私忘我、敢于担当的精气神，是早培班老师们相互点燃的智慧与热情。

刘校长说："早期拔尖创新人才的培养，是民族的希望，人类的未来。"我们在走一条前人没有走过的路，也许曲折，也许漫长，也许会遇到各种各样的艰难险阻，但因为我们敢想、我们敢闯，我们相信希望就在前方！

3. 队伍革命化，能创新能战斗

教育的根本任务是立德树人，人大附中的教师队伍建设紧紧围绕为党育人、为国育才，以"培养什么人、怎样培养人、为谁培养人"这一根本问题为指南，坚持把教师队伍建设作为基础工作，引导教师做有理想信念、有道德情操、有扎实学识、有仁爱之心的好老师，做学生锤炼品格、学习知识、创新思维、奉献祖国的引路人，致力于建设一支作风严明、信念坚定、能创新能战斗的高素质专业化教师队伍。早培班就拥有这样一支队伍，特别能创新能战斗。

早培班研修课程建设可谓筚路蓝缕负重前行，摆在主管早培的高江涛副校长面前的困难，首先是师资配备。担任研修课老师同时承担着常规教学任务，这使他们工作量倍增，甚至和其他课在时间上冲突，又不得不进行调配与统筹，高校长常为此忙于奔波，常有如履薄冰之感。其次是研修课怎么上。研修课的课题虽然都是老师们反复研究筛选的，但都没有现成的教材和依据，老师的备课以及怎么样对学生进行指导，都是全新的课题。每一节课对老师来讲，都是创造性的劳动，老师们在千锤百炼中快速成长。在高校长的带领下，经过多年艰苦的探索实践，早培教师团队已经开发了涉及"思想品德""人文素养"等12个领域的系列化精品研修课程，同时团队自主研发了人大附中早培班学生专项研究的系列校本教材。专项研修的探索每前进一步都不容易，尤其是科学类的探究需要大量的场地和实验的器材，学校内部的潜力已经挖掘到了极限，未来有待于开发更广阔的教师资源与课程资源。不断丰富完善创新早培研修课程，我们永远在路上。

队伍过硬就得需要去艰苦的地方进行历练，需要传承革命基因。从2015年开始，早培师生都要去江西兴国县进行为期一周的研学社会实践活动，这既是对学生进行革命传统文化教育的重要时机，也是早培教师帮扶革命老区教育的良好契机。习近平总书记指出"教育是阻断贫困代际传递的治本之策"，每一次红色之旅活动，两地学生都会一起缅怀先烈、重温枪林弹雨的峥嵘岁月，同学习、同劳动，接受革命传统教育。同时，随行的人大附中教师团队会从自身学科和校内承担工作入手，为兴国县学生和教育工作者带来示范课、学术报告、专题讲座等，用实际行动为革命老区的教育事业、为促进教育均衡发展贡献力量。四年来，在兴国参与帮扶教育的老师一批又一批，高江涛副校长挂帅，蔡芳、王志鹏、胡继超、王艳、孙京菊、刘萍、邹明健、王鼎、杨盟、刘沙沙、曹喆、程祥钰、张端阳、亓孝然、赵子龙等老师爱心接力。这些示范课和讲座在当地深受好评，影响深远。这种细水长流、润物无声的教育帮扶正是人大附中人爱与奉献精神的体现。2019年7月，人大附中与江西省兴国县人民政府正式达成合作协议，在学生研学、教学科研、教学管理等方面开展务实、高效合作。兴国研学之旅已成为人大附中拔尖创新人才早期培养项目传承红色基因、打好人生底色的品牌活动。

三、专业引领——早培教师队伍的培养

（一）争做"四有"好老师

1. 有坚定的理想信念，师德高尚，情怀阔达

理想信念是好老师的灵魂，在"四有"标准中占核心地位，在培养创新人才

的事业中至关重要，教师应坚持教书和育人相统一。习近平总书记说过："教师做的是传播知识、传播思想、传播真理的工作，是塑造灵魂、塑造生命、塑造人的工作。教师不能只做传授书本知识的教书匠，而要成为塑造学生品格、品行、品味的'大先生'。"

2012年国家颁布的《中学教师专业标准（试行）》中也明确规定教师应"热爱中学教育事业，具有职业理想，践行社会主义核心价值体系，履行教师职业道德规范，依法执教。关爱中学生，尊重中学生人格，富有爱心、责任心、耐心和细心；为人师表，教书育人，自尊自律，以人格魅力和学识魅力教育感染中学生，做中学生健康成长的指导者和引路人"。

早培班的学生智力水平高，聪慧敏捷，但是他们年龄小，心智不成熟，难免存在一些不好的习惯和缺点，甚至在常人眼中有一些"不听话、不懂事、不规矩"。因而培养创新人才的教师更应该以"师德"为先，拥有高情商、大情怀。早培班的老师要细心地观察学生，及时发现他们身上的特点、优点、闪光点；要尊重每一个孩子，欣赏学生的才华、宽容学生的缺点；还要正确地塑造他们的人生观、价值观，培养他们的好习惯、好品质，让幼小的心灵、纯真的眼睛接触真、善、美，让他们不仅拥有"聪明的脑"，更要有"温暖的心"；早培班的老师还应智慧地化解学生成长的烦恼，真正走进学生的心灵，成为他们的精神导师，引领他们放下"小聪明"、收获"大智慧"，教导他们抛弃"玲珑小心思"、担当"家国大责任"。

一个优秀的教师可以改变一群学生的人生道路，一批优秀的教师可以改变与影响一个时代的文化和文明进程。教师拥有高尚的师德、宽广的情怀能够产生巨大的教育磁性，教师的端方人格和精神魅力能够浸润学生幼小的心灵，学生必然亲其师、敬其德、信其道，从而拥有纯正美好的精神底色，为今后的成才奠基。

2. 有高尚的道德情操，爱岗敬业，以身作则

道德情操是好老师的首要条件，在"四有"标准中有导向功能，教师应坚持爱岗敬业与言传身教相统一。优秀的团队需要有优秀的管理者引领。学校主管早培班工作的高江涛副校长就是一位德行高尚、身先士卒的领导。他有强烈的责任感和使命感，把所从事的事业看得高于一切，追求卓越，永不满足，他敏锐的洞察力与创新的思想具有独特的示范性和强大的魅力。早培班在他的带领下，行稳致远，不断前进。

早培中层管理团队是落实早培各项工作的核心力量。这是一支勇于改革、乐于创新、自觉担当的团队。团队主要成员5人，包括蔡芳、王志鹏、张文胜、钱颖伟、张冬梅，他们各主一方，各司其职，并肩作战，形同一人。他们在工作中率先垂范、深抓落实，在项目发展与改革创新实践探索中，展现出无与伦比的凝聚力与战斗力。

优秀的团队可以营造赋能的教育的"场"。教师要先修身，后立德，再育人。没有坚定的政治信念，没有坚定的社会主义核心价值观，没有高尚的道德情操，事业就干不好，学生也有可能带偏。我们深知，作为一名育人工作者，需要找到属于自己的那片净土，好好地审视自己的心灵，不为外物所左右，永葆师德的自觉。因此，人大附中十分注重营造立德树人的教育的"场"，倡导人人争做"四有"好教师。在每年开学前的科研年会上，学校都会对全校教师进行教师职业素养培训，强调学高为师，身正为范，强调"敬业爱生"，号召教师树立崇高的职业理想，以人才培养、科学研究、社会服务和文化创新为己任，时刻以积极姿态全身心地投入教育教学科研工作中，为国家建设教育强国"添砖加瓦"、贡献力量。同时，我们应耐得住寂寞，守得住清贫，静下心来教书，潜下心来育人，做到终生学习，恪尽职守，为国育才，鞠躬尽瘁。

3. 有精深的扎实学识，学养深厚，业务精湛

扎实学识是好老师的根本基础，是培养拔尖后备人才的保障，为此，学校积极搭建各种平台，鼓励教师在教学研究和专业发展两方面齐头并进。习近平总书记2014年教师节在北师大讲话时曾指出："做好老师，要有扎实学识。老师自古就被称为'智者'。俗话说，前人强不如后人强，家庭如此，国家、民族更是如此。只有我们的孩子们学好知识了、学好本领了、懂得更多了，他们才能更强，我们的国家、民族才能更强。扎实的知识功底、过硬的教学能力、勤勉的教学态度、科学的教学方法是老师的基本素质，其中知识是根本基础。学生往往可以原谅老师的严厉刻板，但不能原谅老师学识浅薄。'水之积也不厚，则其负大舟也无力。'知识储备不足、视野不够，教学中必然捉襟见肘，更谈不上游刃有余。"习总书记的讲话高屋建瓴，为新时代教师队伍的建设指明了方向。

早培班学生的学习能力很强，他们精力旺盛，思维敏捷，善于探究，敢于质疑，很多学生在某些学科领域有很大的潜质，甚至已经小有所得。学生的起点高，这就需要为他们配备适合他们思维特点、学习特点的专业教师，这些专业教师应具备深厚的学养，练就精湛的业务。

教师首先应具有扎实的学科专业知识，学科专业知识是教师实施教学的基础，教师自身对学科理解、研究、探索的广度、高度、深度决定着学生学习探究的广度、高度、深度；其次应具备教育教学科学理论知识，包括教育学知识、心理学知识和课程知识等；最后还应具备实践性知识，实践性知识是教师教学能力的重要来源，包括教学技术规则、教学经验、教学情境知识、教学决策判断能力的知识等。拥有了教育教学科学理论知识和实践性知识的教师才能更好地把自己的知识学养转化为"教学"能力，更好地引领、成就自己的学生。

4. 有广博的仁爱之心，尊重个性，关怀学生

仁爱之心是好老师的永恒主题，真正的教育是爱的教育，教师应做到平等待生和关注个体相统一。"爱是教育的最高境界，爱是自然流溢的奉献，尊重是教育的真谛，尊重是创造的源泉。"这是人大附中刘彭芝校长提出的教育思想。爱是教育学生的感情基础，更是出自教师的职责，这种爱是神圣的，是一种只讲付出、不计回报、严慈相济的无私之爱，而学生一旦体会到这种感情，就会"亲其师，信其道"，因此有人说，师爱就是师魂。

早培班学生群体有一些共性问题，表现在一些学生智力超群但行为认知能力较弱，缺乏规则意识；思维活跃但不会与人合作，常常出现同伴危机，从而变得无所适从。早培班班主任还常常会面对一些存在心理问题的学生，因为家庭父母离异、群体竞争激烈、课外班学习负担重等原因而产生自闭、焦虑、抑郁等现象，从而出现人际关系敏感、紧张、压抑扭曲的心理状态，严重影响了学生的健康成长。面对早培班这样一个特殊的群体，教师更需要把"爱生"放在首位，尊重个性，关怀学生。

2019届高三早培24班班主任周萌老师就是一位这样把"爱生"放在首位的优秀教师。她说："成全学生和理解学生是我的根本。在关注早培学生成绩的背后，人性的关爱更为重要。"她是这样说的，也是这样做的，面对这样一群高智商的学生，她总能抓住教育的契机，润物细无声地言传身教，特别关注因竞赛失利而备受打击的学生的心理健康教育。在她看来，作为老师，应该给予学生更多的关爱与理解、引领与示范，宽容不纵容。最终，24 班毕业成绩单十分漂亮，高考 28 人考上北大清华，6 人在高二被北大、清华数学英才班提前录取，孙向凯摘得国际物理奥林匹克竞赛金牌，张哲伦摘得亚洲物理奥林匹克竞赛金牌。同时，她的"爱生"故事也在校园传开，传递着爱与力量。只有把"爱生"作为工作中的一种乐趣，并保持极大的耐心，切实为学生排忧解难，才能赢得学生的信任，也才能从工作中获得成就感和幸福感。

关怀学生要从细节入手，与学生共情，激发学生内在的智慧。"海不辞小，故能成其大。山不辞土石，故能成其高。"高三对于每一个学生而言，既是一次枯燥、疲惫、辛苦而焦灼的拉练，又是一段励志、奋斗、进发和充满希望的攀登，这段人生中最难忘的经历离不开老师的鼓励，而这种鼓励常常会伴随学生一辈子，化作他们温暖的回忆或前行的动力。蔡芳老师常年带高三毕业班，其中早培毕业班就有三届。她深知平时对学生的关怀与鼓励是何等的重要，她认为与学生共情是打开学生心扉的钥匙，共情会消解学生的焦虑，激发学生内驱力。她每年高考前最后一个月都会给学生赠送倒计时寄语，后来这些寄语被家长称为"恩师小语"（见表 3 - 8）。

表 3 - 8 蔡芳老师的倒计时寄语（2018 届早培班）

倒计时 30 日	青年：不忘初心，勇往直前吧！青春的光辉、生命的意义就在于为理想而奋斗，立鸿鹄志，做奋斗者！只有奋斗，才是我们民族的希望！
倒计时 29 日	所谓光辉岁月，并不是未来闪耀的日子，而是遭遇挫折时，你对梦想的执着与绝地反击。
倒计时 28 日	青春在不舍昼夜地追逐，追逐他要去的地方；地平线的红日光芒万丈，化为他内心最深的力量。
倒计时 27 日	你要成为的永远，不是一个比谁更优秀的谁，而是你自己，有棱有角，有灵魂。
倒计时 26 日	安静的教室里只听见笔的耕耘，笔尖流淌着无比珍贵的哲理，浮躁如同尘埃在奋笔疾书中消失，生命充盈沉静如一股清泉。

续表

倒计时 25 日（母亲节）	快快起床给母亲一个拥抱，说声："妈妈我爱你!" 别总是赖床还常常抱怨被叫醒，那是贪黑起早为你备餐的母亲。 别总在家里抱怨学习太苦太累，那是累了一天毫无怨言的母亲。 别总以自我为中心不愿意分担，那是为了子女一生操劳的母亲。
倒计时 24 日	最后一个升旗仪式，全校助威! 黄沙百战穿金甲，不破楼兰终不还。长风破浪会有时，直挂云帆济沧海。成竹在胸书写未来，蟾宫折桂必定有你。
倒计时 23 日	那时曾有的少年狂放，已书写为生活箴言，在和煦的春风里，吐露出芬芳。
倒计时 22 日	从来没有再也不会有这样一段日子，如此纯粹地朝着一个锁定的目标，奔跑，奔跑，勇往直前地奔跑，冲破迷雾跨过浊浪越过终点线。
倒计时 21 日	6月已近，没时间留给遗憾，晨夕攻读，请一直微笑向前。
倒计时 20 日	常态上课最后一日，窗外校园明媚依旧；晨读学子奋笔疾书，课上欢笑此起彼伏；恩师叮咛充盈耳畔，生命之力奋起飞翔。
倒计时 19 日：静心	望谨记：千里之堤溃于蚁穴，兵临城下岌岌可危，失之毫厘差以千里，前车之鉴后事之师。
倒计时 18 日晚：静心	宠辱不惊，闲看庭前花开花落；去留无意，漫随天外云卷云舒。
倒计时 17 日：加油	孩子们，在最美的年华，握住一个最美的梦，给未来的自己。累了想想父母，倦了看看未来，你流的汗水，终将折射出你的光芒。
倒计时 16 日：加油	对于世界，我微不足道；但对于我自己，我就是全部。天赐我梦想翅膀，我定要展翅翱翔。
倒计时 15 日：加油	初夏时节，高中楼四五层的走廊，宁静祥和，风景独美。每天都是现场直播，镜头放大感人至深。每一个教室门口，整齐地列着一排课桌，课桌上一盏暖白的台灯，传递着关爱与力量，每个老师都在执笔点拨，激励着每一个不断超越的自己。
倒计时 14 日：加油	城市的夜晚灯火阑珊，大街上人群熙熙攘攘，唯有这月照灯静的校园，守望一群忘时忘我的学子。
倒计时 13 日：加油	孩子，追梦路上，愿你如雏菊一样恬淡，愿你如竹石一样坚韧，愿你如月光一样皎洁，愿你如山花一样烂漫。
倒计时 12 日：加油	昨日早培少年，种种境遇历历在目，一走就是七年，走过一条长长的路，一步一个脚印，串起难忘动人的故事。 光阴去哪儿了? 同伴已入梦乡的时候，我还在艰辛地向上攀爬，越过了所有通向失败的路，天堑变通途，成功会师而来。

续表

倒计时 12 日：加油	Dearest Zihan, Happy birthday, angel of Class 18. May your dearest wishes through all the years in store come true! May your memories today be one of the warmest ones! May you seek all the best that the world has to give! May happiness and success fill your life in future! 　　　　　　　　　　　　　　　　　　　　Love，Mama Cai
倒计时 11 日：加油	引范一喆励志语共勉：穿过了血火，才算不辜负飞行。拼搏过青春，才能不蹉跎余生。哪怕等不到黎明，也还好看见繁星。
倒计时 10 日：加油	停下来笑看风云，坐下来静赏花开，沉下来平静如海，定下来静观自在。
倒计时 9 日：加油	碧空白云屯，校园绿颜秀；闹市游人织，楼内却如常；唯恐高声语，惊了读书人。
倒计时 8 日：加油	热身已过，扪心自问：高考，我准备得怎么样了？ 为师说，革命尚未成功，不可懈怠，贵在坚持，难在坚持，成亦在坚持。
倒计时 7 日：加油	大考在即，自我激励：脚踏实地，心无旁骛，分秒必争，巩固知识，查漏补缺，功到自然成。
倒计时 6 日：节日快乐（六一儿童节）	孩子们，今天你可曾，暂且放下手中的笔，寻找童年的记忆，笨笨的玩耍，傻傻的笑，蓝蓝的天空，茵茵的梦……时光在悄悄地溜走，我们注定要长大，离开父母的怀抱，愿你走遍万千世界，回来仍是纯真少年。
倒计时 5 日：加油	搏击风雨应胸怀舒阔，淡泊宁静可笑傲人生。再读苏轼《定风波·莫听穿林打叶声》：莫听穿林打叶声，何妨吟啸且徐行。竹杖芒鞋轻胜马，谁怕？一蓑烟雨任平生。
倒计时 4 日：加油	物我两忘，乘风破浪；鸿鹄之志，气吞山河。再咏曹操《观沧海》：东临碣石，以观沧海。水何澹澹，山岛竦峙。树木丛生，百草丰茂。秋风萧瑟，洪波涌起。日月之行，若出其中；星汉灿烂，若出其里。幸甚至哉，歌以咏志。
倒计时 3 日：加油	只要你的心中有一轮太阳，你就是无与伦比地光芒万丈。
倒计时 2 日：加油	自信凝聚智慧，从容拥抱成功：我已经准备好了！
倒计时 1 日：加油	世界那么大，都在等你看！

"恩师小语"不仅温暖了学生，也温暖了家长。家长说："孩子们高考冲刺和

在校学习的最后一个月充满了备考的紧张、同窗即将分别的不舍，以及即将面对新生活的期待和些许不安。但是由于忙于学习，以及这个年龄的特点，孩子们不太主动和家人分享此时复杂的感情。蔡老师的'恩师小语'悄然来到孩子们身边，每天的话题都是当天孩子们最需要交流的，应时应景，爱意满满，每天用新的正能量充满孩子的心灵，让他们即使是在家自主学习的日子也能每天感受到老师的陪伴和爱。'恩师小语'如春风细雨，滋润了孩子们的心灵和他们作为高中生最后的难忘时光，并且将和这段时光一起镌刻在孩子们一生最难忘的记忆当中。感谢蔡老师！"

（二）注重培训，专业引领

早培团队中有很多毕业于名校的年轻老师，他们学历高、智商高，有非常好的专业素养。但与此同时，他们大多是非师范生，缺少做教师的经验。如何把自己的学科知识、专业素养用适合学生学习的方法传递给早培少年，如何更好地进行教学设计，更好地把握课堂、管理课堂，如何客观地评价学生……这一切都关乎早培班的良性发展。

在队伍建设方面，我们形成了比较严谨规范的培养机制。

（1）形成了理论研修与实践锻炼兼顾、校本培养与专家指导相结合、名师与高端青年教师携手合作的拔尖创新后备人才培养模式。

（2）促进跨学科的交流与研究，形成一套教师在初、高中之间和协作体成员校之间流动教学的机制，鼓励教师开展科研，为他们提供经费、时间等各种便利条件，促进教师对已取得科研成果的应用与延续，培养一批具有文理科综合能力，初中、高中贯通教学能力，科研能力的综合型、贯通型、研究型教师。

（3）加强教师培训，通过网络平台研修、面授、专家讲座、参观、研讨交流等方式在协作体学校的教师中普遍开展培训，提高教师甄别和保护拔尖创新后备人才的能力。对新入职大学生增加拔尖创新人才鉴别、特殊心理发展、创造性思维等培训课程，并通过给他们提供参与学校活动、锻炼实践的机会，快速提升他们的能力。

（4）建立教师定期研修制度，进行理论研修和教育教学实践的学习。研修的内容不仅包括专业知识的学习，还应包括教育学、心理学的学习和教育、教学、科研实践。

（5）建立名师协作体，定期开展研修，充分发挥名师的"传帮带"作用，做好中青年教师的培养工作，快速提升中青年教师的综合能力。

（6）在合作的高校和科研院所中建立专家指导基地，教师定期进入基地进行理论研修和科研实践。

（7）鼓励教师开展科研，合理利用他们已有的科研成果，适当吸收学生加入教师研究团队。合理安排教师的工作量，留给教师更多思考和研究的时间，对他们的研究工作给予适当补贴。

1. 培养体系常态化、系列化、序列化

学校非常注重对青年教师的成长和发展进行引领，专门制订了新教师培养计划，开展新教师岗前培训；为新教师制定个人专业成长规划，举行拜师活动，举办"青年教师基本功大赛"，对新教师进行年度达标考核评审等。为了提升教师的专业技能，我们建立并不断完善教师培养体系，其中，很多重要的活动形式已经常态化、系列化、序列化，如：

（1）科研年会：早培班每学年进行一次科研年会，统一思想，明确方向，部署新学年工作。

（2）月工作会：管理层核心成员每个月召开工作例会，专题研讨项目相关工作。

（3）班主任会：年级组长、班主任每周召开德育工作例会，具体部署研究日常德育工作。

（4）学科组会：学科组定期举行教研活动做好"传帮带"、发挥学科骨干和带头人的示范作用；组织磨课会、听评课、组织参加学校"京教杯"等各种教学比武活动等。

（5）课程中心会：由课程中心定期牵头组成课程团队，合作开发课程，集体备课研究课程，严密组织实施课程，稳步推进课程建设。

（6）教学开放月：从 2017 起，早培推出每学期教学开放月、开放周活动，营造浓郁的教研氛围，为研究课改和锻造名师搭建平台：

2017 年 10 月，27 节；

2018 年 4 月，110 节；

2018 年 10 月，21 节（面向海淀区）；

2019 年 10 月 30 日，直播课 10 节；

2019 年 11 月 18 日，22 节（面向全国），其中直播上课 13 节。

此外，早培还通过"教师走出去""专家请进来"等各种形式的研讨、培训、讲座等提升团队教师的专业能力和项目的影响力。同时，学校通过校本研修（见表 3 - 9）、区进修、市进修、脱产进修、远程计算机网络教学、网上虚拟教师等形式为教师的在职发展提供平台。

表 3 - 9　2018 年人大附中教师专业发展规划表

教师分类		目标	途径	绩效评估
青年教师	新入职教师	能做（上好课）能说（说好课）能写（用理论反思经验，撰写论文）能引领（辐射作用）	师徒制，两年	成立教师专业发展平台：教学成绩评价与过程性管理相结合。评价项目有：教材研究、教法研究、学生研究、公开课、课题研究、论文、讲座等
	成长中青年教师		校本研修自主研修	
骨干教师	校骨干、校学代区骨干、区学代			
专家教师	市骨干、市学代			
	成长中青年教师		校本研修自主研修	

2. 科研年会

人大附中每个学期结束后都会召开全校教师的科研年会，通过这种方式让老师们潜心学习，获得专业的引领，更新理念，提升能力。早培班的教师除了参加全校教师的科研年会，还有属于自己团队的小型科研年会。在早培科研年会上，早培领导会精心设计会议内容，一般都会有以下内容：

（1）领导报告，统一思想，凝聚智慧，不忘初心。

（2）上个学期的工作总结。

（3）特色交流分享：

优秀的班主任或年级组长分享早培班德育教育故事；

优秀的学科教师分享常规课、研修课、竞赛课的实践心得；

优秀的青年教师分享教学感悟和专业成长；

跨学科教学探索分享。

（4）分组研讨：

按年级组研讨；

按学科组研讨。

（5）分组研讨汇报。

（6）领导总结，提出下学期工作展望。

在这样的研讨分享中，老师们更加明确目标，心往一处去，劲往一处使，向优秀的榜样学习，无形中增强了教师团队的凝聚力和战斗力。

又如，每年入学的早培起始年级都会召开针对性很强的起始年级教师培训会。2019 年 8 月 26 日，早培六年级就召开了"新早六班主任培训会"，会议内容包括：

（1）教龄 23 年的吴凌老师讲话：《第一次相遇——新班级建设之我见》。

（2）教龄 6 年的早七年级组长兼班主任麻程丽老师讲话：《认真做事，真诚做人——我的早六这一年》。

（3）教龄 24 年的早培六年级至九年级负责人张文胜老师讲话：《与早培家长沟通的原则和建议》。

（4）教龄 7 年的早六年级组长李海波老师讲话：《入学工作布置和安排》。

在培训前，新担任早培起始年级的青年教师可能感觉紧张而不知所措，而在老中青教师结合的专业引领培训后，老师们感觉加入早培团队非常骄傲自豪，充满了信心和憧憬。几个原本生疏的人一下子凝聚为团结奋进的集体。

3. 早培教学开放日

为了全面提升老师们的教学能力水平，同时也为老师们提供展示自我、相互交流的平台，从 2017 年开始，早培团队每个学期都会有一个重要活动——早培开放月。每个学科组都会推出几节常规课，通过组内说课、磨课、试讲、评课，全组老师都在浓郁的教学氛围中获得新的思考。开放日当天，各学科组还会请本学科的教研组长和骨干教师前来听课、评课。这样一来，不仅授课教师可以得到专家级老师的精彩点评，学科组的老师也能够一起探讨，全组老师在"头脑风暴"中获得提升。

继 2017 年 10 月和 2018 年 4 月推出"教学开放月"活动后，2018 年 10 月 18 日，早培团队以教育部重点课题"拔尖创新人才早期培养研究"中期汇报会为主体，与海淀区教师进修学校联合举办早培教学开放日活动。受邀参加此次活动的专家有教育部基础教育课程教材发展中心教学处处长莫景祺研究员，北京教育科学研究院基础教育研究所所长张熙研究员以及海淀区教科院专家等。在学校领导的指导下，在全校各部门的配合下，早培团队认真谋划、深入研究，群策群力，攻坚克难，推出了一系列深受好评的公开课。

早培小学部科学课老师李璟上的"机器人的自我揭秘"一课，课堂上老师和"小胖"机器人一起给一年级的同学上了一节图版编程课，课上孩子们讨论了如何摆放并行指令控制"小胖"带着表情做动作，并最终控制"小胖"演出了孩子们自己设计的情景剧。孩子们在学习了编程逻辑关系的同时还增强了语言表达能力，激发了想象力。

早培初中部数学老师孙理上的"线段与几何变换"一课，从"已知平面上的两条线段，是否一定存在一个旋转变换使两条线段重合"这个基本问题入手，让学生从不同维度提出问题。将问题从相等推广到不等，旋转推广到位似旋转，再将问题特殊化到比值为 2 的情形，最后考虑一般问题，遵循从特殊到一般再到特殊再到一般的研究问题的步骤，激发学生学习几何的兴趣，培养探究能力、动手能力和科研能力。

早培初中部化学老师张文胜和生物老师马微微合作上了一节跨学科的科学课"'灯火实验'探秘与求证"。本节课突出学科育人，在整个教学中，注意引导学生了解历史，关注生活，传承文化与记忆；注重安全教育，培养安全意识，通过思考设计预防措施，并对安全措施进行严谨的论证。体现科学探究和科学思维，在教学过程中将科学探究和真实问题解决相融合，通过真实问题驱动学生开展探究，探究结果又用于解决真实问题；学生有充分的思考和实践机会，教师通过板书外显了科学探究的思路与要素。凸显反思与科学质疑精神，严谨求证，对科学探究的各个环节充分地质疑和思辨，通过巧妙的实验来验证，培养学生严谨的科学精神和批判性思维。

早培高中部英语老师谭松柏上的"如何在高中课堂培养高中生英语学科核心

素养"研究课,教学环节设计新颖有趣,丰富多彩。开课时游戏调动学生积极性、调整课堂气氛,通过故事图复述回顾情节。注重学生思维能力的培养。人物分析部分给予学生基本的思维框架,让学生有理有据有逻辑地表达;续写、扩写文本,表演新故事部分鼓励学生发挥创意;最后让学生分享读故事的收获,教师敢于放开限制,让学生自主表达。课堂教学评相结合,学生在课上充满激情和活力,展开热烈讨论。

早培初中部语文老师艾麟上的公开课是一节新闻单元的拓展活动课,以距离学生生活最近的新闻平台——"校园公众号"作为本次实践活动的载体,以早培学生最为关注的新闻事件——"早培研修课"作为新闻主题,最大限度地调动学生新闻写作的兴趣。课前,学生根据自己提出的新闻主题分成四个小组,完成新闻的采写,再由老师指导修改新闻稿件。课上,各组以新闻播报的形式呈现新闻作品,学生通过这些推选出来的优秀新闻作品,在互评中相互启迪——学会寻找更多、更好的新闻角度;看到更有深度、更有思考的新闻挖掘;同时,在各新闻小组答"记者"问的环节,让学生通过探寻新闻背后的故事,看到一种写作和生活的态度,学会用心发现生活、感受生活之美。

这些公开课受到了听课老师和教研员的好评。教育部莫景祺研究员对艾麟老师的语文课赞不绝口,认为这是一节特别出色的活动课,真正调动了学生学习的主动性,富有时代性和创新性。西城区教研员吴东老师也评价说:"这节课是对学生的一种唤醒、碰撞和激活,不敢相信授课教师是一位教龄三年的老师,教师的每一次追问都把课堂引向更高处更深处。"一位教龄三年的年轻教师能够承担区级公开课并且有精彩的设计,这一切都离不开领导对早培教师团队的科学培训、专业引领。

不仅是常规课,各学科的研修课、班主任的德育课也在开放月活动中全面开放。这种开放的心态本身就是一种学习提升的姿态,老师们虽然苦一点累一点,但收获多多,精神充实。青年教师思想和专业水平得到快速提升,很快成为创新实践类课程和特色类课程开发与建设的主力军。

2019年10月30日,早培班与中国移动通信集团有限公司合作,推出人大附中拔尖创新人才早期培养探究课"直播课堂"(见表3-10),这是早培班在课程改革与队伍建设上的一个先行先试的重大举措。借助互联网,通过网络直播,让人大附中联合总校各成员校学校师生可以收听收看人大附中骨干教师现场授课，共享优质教育资源。此次推出的直播课共 10 节，涉及语数英理化生 6 门常规课，以及"孩子，让我们一起说""跨界生物""科研实践" 3 门特色研修课，授课教师均为人大附中骨干教师。

表 3-10　人大附中拔尖创新人才早期培养探究课"直播课堂"课程表

序号	类别	上课日期	上课时间	上课地点	教师姓名	课题
1	全国直播课	2019-10-30	14：45—15：25	人大北校区教学楼二层 206 教室	于海龙	走进对联
2	全国直播课	2019-10-30	15：35—16：15	教学楼一层 103 教室	钱颖伟、杨悦	双语解读泰戈尔诗选《飞鸟集》
3	全国直播课	2019-10-30	14：45—15：25	人大北校区教学楼一层 104 教室	庄丽	机器人摘豆子
4	全国直播课	2019-10-30	08：50—09：30	人大北校区教学楼三层 307 教室	孙芳	代数式再认识
5	全国直播课	2019-10-30	14：45—15：25	人大北校区教学楼三层 303 教室	麻程丽	Tom, a rule follower or breaker?
6	全国直播课	2019-10-30	14：45—15：25	教学楼一层 103 教室	李永乐	探究平衡稳定性
7	全国直播课	2019-10-30	08：00—09：30	初中楼一层 106——化学自主探究实验室（1）	张文胜、孙欣	"灯火实验"的探索与求证
8	全国直播课	2019-10-30	13：50—16：15	教学楼七层第九会议室	陆丽萍	"孩子，让我们一起说"公益研修课程汇报
9	全国直播课	2019-10-30	14：45—16：15	教学楼八层 811	万丹	科学文献交流与指导
10	全国直播课	2019-10-30	14：40—16：25	艺术宫三层排练厅 301	李峰、张兴	跨界生物

2019 年 11 月 18 日，由人大附中、海淀教师进修学校、中国移动联合打造的

"自主-合作-探究"创新型课堂研讨教学开放日全国直播课顺利开课。活动旨在推广人大附中拔尖创新人才早期培养项目课程改革探索与研究成果，将优质教育资源辐射全国，借此推动基础教育课程改革的探索，带动全国各地深入推进对拔尖创新人才早期培养的研究。活动共设置小初高学段研究课22节（见表3-11），选取其中"基于机器视觉的机器人追踪控制""创意宫灯设计与制作""探究中和反应"等13节优质课，利用中国移动直播能力向全国16万所学校同步实时直播。所直播课程覆盖学科广，课程生动、互动性强，充分体现了人大附中立德树人、以人为本的育人理念，展示了早培项目创新性、多元化、贯通性的课程特色。开放课积极探索多样化的"自主-合作-探究"课堂教学模式，充分解放学生的手和脑，培养学生积极的思维品质和良好的学科素养，呈现了良好的课堂实效。

活动在中国移动各级"和教育"官网、"和教育"App、微信公众号等46个线上平台发布，累计覆盖用户超4 300万，这种完全开放式课程，去中心化、区块链的课程实践借助5G技术的推广，获得了一致好评。云南、贵州等贫困地区听课学生表示，通过直播看到人大附中丰富多彩的课堂形式与同龄人的精彩表现，增长了知识，拓宽了视野，期待未来能够看到更多优质课程。

表3-11 人大附中早培项目开放课目录表（2019-11-18）

序号	上课时间	上课班级	上课地点	教师姓名	年级学科		课题
1	8：00—8：40	早四（1）班	人大北校区教学楼二层206教室	于海龙		小学名著阅读	寻找你心中的王者精神
2	8：00—8：40	早一（1）班	人大北校区教学楼一层102教室	黄春莺		小学绘本阅读	走进魔法世界
3	8：50—9：30	书法研修班	人大北校区教学楼一层109教室	段庆峰	语文	小学软笔书法	"上下古今"——小篆峄山碑
4	8：50—9：30	早七（2）班	人大北校区教学楼三层310教室	吕晓懿		初一名著阅读	《朝花夕拾》整本书阅读
5	8：50—9：30	高一（17）班	图书馆一层阶梯教室（100人）	佟世祥		高一诗歌研读	陶渊明《饮酒（其五）》

续表

序号	上课时间	上课班级	上课地点	教师姓名	年级学科		课题
6	8：00—9：30	早四研修数学拓展班	人大北校区教学楼二层 209 教室	许哲玲		小学分层研修	骑士过桥中的秘密
7	8：50—9：30	早四研修数学探索班	人大北校区教学楼二层 207 教室	庄丽		小学分层研修	小棒中的数字游戏
8	8：50—9：30	早四研修数学游戏班	人大北校区教学楼二层 206 教室	武元元	数学	小学分层研修	实心六柱鲁班锁的软件构建
9	8：00—8：40	早七（4）班	人大北校区教学楼三层 304 教室	陈佳杰		初一贯通	分式方程
10	10：05—10：45	早八（2）班	人大北校区教学楼四层 403 教室	杨功荣		初二贯通	切线的再认识
11	8：50—9：30	高二（17）班	教学楼二层阶梯教室（100 人）	赵婷		高二贯通	空间的角
12	8：00—8：40	早三（1）班	人大北校区教学楼一层 105 教室	吴国华	英语	小学贯通	New ways to use old things
13	10：05—10：45	早八（4）班	人大北校区教学楼四层 405 教室	董梦婕		初二贯通	Reiteration in the cloze test
14	8：00—8：40	早三（2）班	人大北校区教学楼一层 107 教室	李璟	科学	小学	混合与分离
15	8：50—9：30	早八（4）班	人大北校区教学楼四层 405 教室	林声远	物理	初中贯通	火箭及燃料
16	8：00—8：40	高一（18）班	教学楼一层阶梯教室（100 人）	邹伟		高一贯通	追寻守恒量
17	8：00—9：30	早八（2）班	初中楼一层 106 教室	刘丹、王天吉	化学	初二贯通	探究中和反应
18	8：00—8：40	高一（17）班	图书馆一层阶梯教室（100 人）	苏昊然	生物	高一贯通	酶

续表

序号	上课时间	上课班级	上课地点	教师姓名	年级学科		课题
19	8：00—8：40	早八研修学生	公寓楼一层机械与电气实验室	苏晓静、纪朝宪	通用技术	初二	基于机器视觉的机器人追踪控制
20	8：50—9：30	早七（3）班	初中楼地下室工艺与造型室	何玲燕		初一	创意宫灯设计与制作
21	8：00—9：30	早八研修学生	人大北校区教学楼二层201教室	杨画	研修课	戏剧	《儒林外史》之严监生之死
22	8：50—9：30	高一（16）班	逸夫楼四层高一16班教室	韦小宁	地理	高一	绿水青山就是金山银山——以喀斯特地貌为例

　　此次早培教学开放日活动是人大附中再度与海淀教师进修学校合作开展的教学研究平台。海淀区各学科教研员和人大附中早培项目教师齐聚一堂，共同探讨、深度研究新课改背景下拔尖创新人才的培养方式和课堂创新的变革模式。课前，各位教研员不辞辛劳下校调研听课；课后，教研员们还对公开课进行了专业的点评和指导。

　　语文学科专家和教研员评价，语文"名著阅读"是早培的精品课程，传承经典，以文化人。初一语文老师吕晓懿授课《朝花夕拾》，通过小组合作探究，思维碰撞，个性化呈现学生对经典作品的解读，师生细赏"朝花"，静思"夕拾"，深读经典，传承精神。高一语文老师佟世祥授课"诗歌研读"，从教材陶渊明《归园田居（其一）》出发，拓展至《饮酒（其五）》，对《饮酒》一诗做重点赏析；再联系其他诗作，由点及面，带领学生全面了解诗人及其诗作的精神价值和文学价值，从而以诗化人，重传诗教。

　　邵文武、黄延林、薛钟俊三位海淀区数学教研员评价早培初高中年级的数学公开课时说：陈佳杰老师的课，问题很开放，问题和环节设计得很好，老师点评到位。赵婷老师的课找准了学生的生长点，找准了学生可能的障碍点，突出了课的层次性。杨功荣老师的课，把学生的能力、学生的数学素养、学生的发展放在了这节课的首位，能强烈地感受到学生的能力伴随着教师的教学在逐步提升、变化。老师在讲故事，开始平淡，逐渐跌宕起伏，发展到高潮，即使是听课老师也很有收获。

海淀区英语学科刘晓波教研员评价董梦婕的课时说："平淡之中出新奇，常规之处造亮点。董老师的这节课聚焦完形填空能力的培养，在培养学生自主探究的思辨能力的思想的引领下，结合英语学习活动观的理念，学生成为教学活动的主体，是真正的探索者，他们徜徉在基于拼图理念的世界中，老师只是这场活动的发起者和引导者。匠心独运，以'拼图'游戏活动为主线，让学生成为真正的探索者，引导学生在有趣的探究活动中感悟语言的奥秘，从而培养学生自主探究的思辨能力。"

海淀区化学教研员任宝华老师听课后高度评价了由刘丹和王天吉两位老师共同呈现的"探究中和反应"，赞扬"今天上课很完美，两位老师都很出色"。刘丹老师的课堂环节都经过了精心的准备，实验操作细节强调得很到位，学生都能进入角色，实验探究得很充分，很好地深化了学生认识中和反应的宏微观思维和定性到定量的意识转化。王天吉老师的课堂应用先进的传感器测定数据的方式吸引了同学们的注意力，小组充分地观察讨论，进一步将数据及时记录在学案上，强化了证据意识，深入分析放热的本质体现了宏观到微观的思想深度，并通过改进测定反应放热多少的装置培养了学生的定量意识。整体上学生的思维层次随着活动的进行逐渐加深，整节课以学生为主体的意识体现得非常好。

海淀区通用技术学科张桂凤教研员高度评价苏晓静、纪朝宪老师的课，认为他们的课关注到了人工智能领域的机器视觉在现实中的应用，为人工智能相关课程在中学的实施提供了一个很好的示例。教学内容从理论到实践，层层递进，实践环节也是从简单到复杂，学生更容易接受。在评价何玲燕老师的课时，他指出，何老师能够将中国传统文化与现代加工技术巧妙结合在一起，并最终落实到技术课程的核心素养，十分难得。内容设计衔接自然、到位，是典型的做中学、学中做课例。整堂课充分展现了"自主-合作-探究"的特色。

语文学科专家评价于海龙和黄春莺老师的课时认为，他们为大家呈现了两节精彩的低、中段阅读课。听课老师们跟随着师生一起畅游在书中，跟随着故事情节、人物形象及核心品质品悟着、思考着，大家都受益匪浅。

海淀区小学数学学科的教研员们对小早培的数学教学给予了高度的评价。教研员们指出：小早培老师们培养精英式的人才，是开先河的事情，没有经验可循，让我们从另一个视角去审视教育。

近几年来，通过一次次教学开放日活动，一大批优秀人才在学校脱颖而出。"欲穷千里目，更上一层楼"，早培班正是以这样一种开放的姿态迎接未来，自觉担当，引领创新，不断为学校的腾飞注入强劲的动力，为学校可持续发展培养高素质教师队伍，为国家培养拔尖创新后备人才的早期教育提供保障，为实现中华民族伟大复兴中国梦和"两个一百年"奋斗目标做出贡献。

（三）欣赏爱护，激发潜能

学校领导欣赏每一位早培班的老师，尊重信任与支持爱护让每一位老师工作得快乐自信、积极主动，唤醒了老师们内心的原动力和巨大潜能。

2010年第一届早培班刚成立时，高江涛副校长经常召开教师座谈会。高校长让老师们在会上自由分享上课的感受、相互交流富有创意的教学设计和教学活动、提出存在的困难和问题。老师们畅所欲言，高校长认真倾听并做记录。虽然每次开会时间都很长，但老师们都不知疲倦。听到金点子、好方法大家会兴奋不已，思考如何尝试；有了困惑大家一起商量对策、探讨解决办法。高校长除了自己身处一线给孩子们上物理课，还经常抽时间听老师们的课。课后对老师们的教学亮点给予肯定和赞扬，极大地鼓舞了老师们；同时也提出一些值得商榷的地方，引领老师们在教学之路上不断研究探索。

刘彭芝校长也特别关注早培班，她曾经让每一名老师都把自己的教学设计和学生作业拿来分享讨论。李欣老师是第一届早培班的班主任兼英语教师，开会时她分享了一些学生的英语作业，内容是让学生自由地运用英语表达自己头脑中的创意。孩子们特别喜欢这种作业形式，个个脑洞大开。有的用英语写笑话、编故事、创作小剧本，有的图文并茂地展示自己的小发明、小实验。刘校长对这样激发学生创新思维的灵活作业非常赞赏，老师们也非常受启发。李欣老师没想到自己的一个教学小火花不仅让学生对学习有了更大的兴趣，还得到领导同事的认可。之后，李欣老师在教学上更加努力思考、大胆尝试，她的课堂充满了创意和灵感。在八年级的暑假里，作为班主任的她留了一项和英语无关的作业，她让学生走入社会，认真观察，寻找一个小角度进行调查研究，写一篇小论文。开学后同学们的作业让李欣老师特别惊喜：陈博远的《必胜客的牛排为什么变小了》是一篇见解独到的经济学方向小论文；姜炎辰的《一个公司如何降低服务成本，但不损失客户的体验》涉及了采访、调研、统计数据分析等一系列研究，接近一篇比较成熟的论文了；王欣走访了北京很多地方，收集整理了很多英文标识，找出了翻译不准确和欠妥的标识，不仅体现了英语学习的功底，更体现出一种难得的质疑精神和社会责任感。一份并不厚重的暑假作业却是孩子们"学术意识"的萌芽。当老师得到信任和欣赏，潜力就会得到激发，自身的成长就会加速甚至飞跃，而老师的成长也必然带来学生成长的新天地。

王志鹏是 2012 年 9 月哈佛大学博士后回国直接进入早培班的老师，担任班主任、生物学教师和研修课教师。当时第一届早培学生已经进入早八年级，如何进一步培养学生、如何设计下一学段的课程都是当时亟待解决的问题。早培教师团队并没有范式去遵循，为了深入探索拔尖创新人才的早期培养，学校决定组织部分早培理科老师赴美国托马斯·杰斐逊理科高中和约翰·霍普金斯大学天才中心考察学习，王志鹏老师也在行程之列。

当时，王志鹏老师的爱人怀孕大约七个月，由于羊水破了，住进医院保胎。王志鹏老师觉得学校领导信任自己，让自己肩负考察的任务，而自己的妻子住院后情况也平稳下来，应该不会有什么问题，所以没有跟学校说明情况，就去了美国。在美国期间，王志鹏老师突然接到父母的电话，告诉他孩子早产了。高江涛副校长和王志鹏老师当时住一个房间，他提出让志鹏老师提前回国，更是对自己没有了解志鹏老师的家庭情况深感自责。志鹏老师考虑只差三天就全团回国了，不想因自己机票改期给大家造成麻烦，就一直跟到了最后。回京之后，一下飞机志鹏老师就直接打车去了医院。

因为孩子早产身体比较弱，志鹏老师托美国朋友买了一些早产儿专用的奶粉。因为运费非常昂贵，就寄到人大附中美国分校，想着如果有哪位老师回国的话，帮他带回来。后来，消息不知怎么让高校长知道了，高校长就在去美国参会回程时帮志鹏老师把奶粉都带回来了。好多罐奶粉，装了高校长大半个旅行箱。为此，过关的时候还遇到麻烦，当海关工作人员得知了其中的故事，也为之感动。这个小故事已经成为早培班人人皆知的"传说"，一个校领导能够如此关心爱护老师，老师们怎能不受到感动呢？

王志鹏老师回国后又全心倾力地投入早培班的工作中。在托马斯·杰斐逊理科高中，他欣喜地看到学生在实验室里从事非常深入的研究工作，每位学生都有自己的课题和深入思考。因此他坚持给早培班学生"松绑"的理念，积极鼓励早培学生依从自己的学科兴趣从事科研实践。在研修课上，王志鹏老师也更愿意放手让学生去思考，逐渐完善了自己的研修课——"生命科学研修自选课题"。也正是这样的努力，才有了后来第一届和第二届早培学生在科研实践领域取得的突出成绩——据不完全统计，前两届早培学生发表专业论文有 15 篇之多，这在附中历史上是从来没有的。

正是因为有这样善解人意的领导和老师，才使得早培团队精诚团结上下一心，才使得每一个高学历、高智商、高情商的教师融合成一个和谐的团队，他们不计较个人得失，为共同的教育理想前进。

（四）小早培教师队伍建设

小早培 2014 年开始启动，教师队伍由两部分组成：常驻教师和外聘教师。常驻教师团队主要由人大附中和人大附中实验小学选派的优秀教师组成，随着招生不断推进，常驻教师从最初的 6 人发展到现在的 18 人，这些教师组成了教育教学的骨干力量。除常驻教师之外，小早培还聘请了拓展课任课教师 22 人，外聘教师和常驻教师一起搭建了适合学生成长的多元课程平台，在学生个性化成长方面发挥了重要作用。这样的教师队伍既有中小学教师结合、各领域高水平师资组合的优势，同时也有教育理念不一致、教学水平参差不齐等劣势。基于学生成长和项目研究需求，需要建立一支师德高尚、业务水平高、讲求爱岗奉献的稳定的教师队伍。为此，我们的工作从以下几方面开展：

1. 统一思想，凝聚智慧

我们的老师来自不同的学校，有着不同的教育思想和理念。面对这种情况，统一思想、转变观念、激发工作热情、增强队伍凝聚力成为首要任务。为此，我们不定期邀请人大附中领导及优秀教师宣讲"爱与尊重"的教育理念，融合人大附中实验小学"出萃"育人理念，逐步形成了"用智慧陪伴学生、用爱心引领成长"的教师育人指导思想和理念。另外，每学期期末邀请老师们参加人大附中科研年会，学习领会人大附中及早培项目的思想理念，每一次开学初的全体教师会上不断沟通、反复学习，引领老师们本着为学生终身发展负责的态度做好每一件事，本着每个人都是项目组的研究者的态度做好每一项工作，统一思想、凝聚智慧，增强教师的责任意识和主人翁意识。

2. 制度保障，交流学习不间断

确定每周一次例会学习时间，以德育研讨、教学研究和工会小组活动交替进行的方式，保障老师们有交流学习的时间，有融合互助的机会，做到有主题、有内容、有收获。在例会时间，班主任交流班级育人故事、带班心得以及遇到的困惑，大家互相学习、遇到困难集体想办法。在例会时间，分学科进行研讨制定乐考方案、交流外出研修收获，大组集体交流开放月公开课反思，相互启发、共同进步。在工会小组活动时间，开展教师体育活动，游戏中增进友情、加深了解，增强团队凝聚力。

3. 学习育人新方法，探索育人新模式

小早培的孩子普遍个性突出、精力旺盛，这些孩子组成的班级势必能量爆棚，课堂内外都非常牵涉老师的精力。这样的孩子靠生硬、传统的管理方式是很难奏效的，为此我们邀请"正面管教"的讲师来给老师们做培训，后期还引入了"儿童技能教养法"，通过这样的学习改变老师的教育方法和手段，进而引导学生通过学习技能学会遵守规则、培养习惯，探索适合超常儿童教育的班级育人模式。通过学习新的育人方法，老师们的班级管理越来越有模有样，效果也更好了。

4. 学科研修，群策群力提升教学能力

开展和人大附中实验小学、早培高年级的横向和纵向教学研讨活动，一方面有助于将常规教学扎实有效落地，另一方面有助于探索和早六衔接的教学方向。通过这样的研修，老师们有了更多的思路和方法，设计开展了丰富多彩的学科活动。同时加强各学科组自己的教研、集体备课活动，有效落实每月一次的学科教研活动和各组自定时间的集体备课，由学科组长负责组织学科内容的整合贯通以及主修课程和拓展课程的课程内容设计等。在提升学科教学质量、完善学科规划和魅力课程体系的同时，老师的课程意识、教学能力、团队合作精神都有了很大程度的提升。

5. 挖掘家长资源，拓宽育人平台

家校合作方面，在小早培原有家委会基础上积极探索家校合作新模式，创设了"三叶草工作室"，工作室下设策划部、活动部、授课部、爸爸俱乐部等部门，吸收有热情有能力的家长参与学校工作，为孩子健康成长助力。目前家长们自主研发的跨学科课程已经基本成型，下午茶家校沟通已成功开展工作，家长讲堂最大限度地挖掘家长资源，持续、成系列地走进各个班级，让学生更多接触新知

识、新事物、新世界。由活动部策划组织的混龄活动也成功举办，并还在积极地探索中。让家长成为教育资源的一部分，甚至成为外聘教师队伍的一部分，相信这样一种新的家校合作模式也将成为小早培工作的一个亮点。

小早培教师队伍建设坚持以德立身、以德立学、以德施教。在"爱与尊重"的理念下关怀与解放学生，提倡努力钻研、无私奉献，同时鼓励创新求实、解放教师。经过几年的融合、调整与不断的学习，现在小早培的教师队伍已经相对稳定了。老师们爱岗爱生，钻研创新，合作奉献，用智力、体力和耐力进行着小早培的开创与坚守，为探索小早培教育教学工作奉献着智慧和力量。

（五）早培教师团队的建设永无止境

早培十年，也是早培课程改革探索的十年，早培的育人目标、课程改革都必须依托早培教师来具体执行，他们是否得力，决定着早培课程改革探索的成败优劣，关乎早培育人目标的实现与否。为此，人大附中一直在不停地努力探索和实践中。

希望通过全体早培人的努力，我们可以拥有一支完美的队伍，希望我们的队伍能够一直保持旺盛的活力，并且逐步壮大；希望我们能够取得足够的经验，并且传承下去，为祖国的教育事业做贡献。

一切为了学生的发展，一切为了祖国的腾飞，愿早培教育的改革探索不断深入，愿早培的学生能够用自己的成功回答"钱学森之问"，课程探索在路上！

四、仁心育人——早培教师的成长故事

在人大附中的成长经历

李　峰①

1. 从自己研究，到教人研究

我于 2013 年博士后出站，回国找工作，机缘巧合进入了人大附中。分配给

---

① 李峰，1979 年生，北京大学植物学博士，瑞典哥德堡大学植物与环境学院博士后，2013 年入职人大附中。

我的第一份工作就是早培的研修课，遇到的第一位主管领导是负责早培的高江涛副校长。从研究工作者到中学教师，角色转换比较大，我一开始并没有做好准备，对于中学的生物课程教学工作也很不适应。第一年的感觉非常辛苦，并且觉得没有找到自己感兴趣的方向。

在一片忙碌中也不是完全没有收获，早培班的研修课程让我感觉到了一些熟悉的气息。我在这里开设了博物学课程，带领学生认识植物，其中一个学生问的简单问题为我打开了一片崭新的领域，就是食虫植物的研究。早培班学生在参观植物温室的时候看到猪笼草长着绿色的叶片，问我为什么能够进行光合作用的猪笼草还要吃虫子。这是一个简单又复杂的问题，没有人能够很好地回答，也就是说我们面对了一个没有标准答案、不同于考试的难题。这类型的问题是我比较喜欢的问题，学生也感兴趣，于是我们就开始自己动手解决问题。在中学里开展这类工作是充满了困难和阻力的，难度比科研机构开始研究一个问题还要大。但是很幸运，在人大附中早培班这个年轻的体系里，没有太多的束缚和阻力，因为早培班的创新拔尖人才培养本身就是一个没有先例可循、充满探索的体系。从研修课课程开设就没有任何的条框限制，不需要必须与现有生物课程结合，最大限度地赋予教师信任与探索的权利。在研究食虫植物过程中，需要建设温室、购买植物，从收集引种食虫植物开始第一步。学校领导提供了尽可能的支持，我们从无到有建起了食虫植物温室——在寸土寸金的海淀黄庄开辟出一个专门的温室，这不是一项容易的工作——并以此为基础正式开展了食虫植物研究工作，提出了用3～5年时间建成世界一流食虫植物研究实验室的目标。

至此，我感觉找到了值得自己努力的方向。在回到北京大学曾经就读的实验室参加年会的时候，我跟原来的老师同学分享了自己的感想：中学这份工作可能不适合我，我发现没有哪份工作是完美适合我的，每个人都需要思考和寻找适合自己的工作，很幸运我找到了自己的方向——那就是以探索自然为途径，培养未来的科学研究人才。

2. 从观察开始，教人研究自然

在早培研修课的平台上，我们又开设了以科学插画为手段的博物图志课程，因为很幸运地遇到了美术老师张兴。张老师对科学插画有很深刻的了解，他对美术可以作为一种语言、工具服务于科学研究的观点，与我的观念非常契合，这很符合科学历史发展过程。如何教会小朋友做研究，了解科学，不同的人有不同的看法。我感觉最大的问题是人们不会观察自然，不知道如何提问题，不知道如何迈出科学研究的第一步。而我们现有的科学研究体系，并没有提供这样的机会，让一个新人开始问问题，并动手回答问题。尤其是对于中学生，体验科学研究的方法，大多数是一头扎入研究细节之中。这些问题是如何提出的，却没有机会仔细学习，更不要说自己能够观察自然，提问题。我与张兴老师打算结合各自专长，从画植物开始，用科学插画的手段，让学生迈出观察的第一步。拍照记录一个植物是很简单的，只需要一秒钟，之后就再也不会看这个对象了，人与自然的交流也就中断了。而要画一个植物，绝不可能看一眼就能画出来，需要反复的观察，在这个过程中就有可能发现有趣的自然现象，产生问题，开始科学研究的第一步。在这样的观念引导下，我们的合作取得了不错的成果，这种略显新颖的做法受到了社会的广泛关注，湖南卫视就拍摄了以此为背景的纪录片《跨界课堂》。我和张兴老师把绘画作品和部分研究成果结集成书，出版了《食虫植物》，并与商务印书馆合作重新整理出版了《食虫植物》第二版。这些科普工作，让我对所关心的食虫植物研究领域有了深入细致的了解。在人大附中的早培平台上，我成为真正的独立研究者，这也正是我很早以前曾经努力追求的目标。

3. 从自建高端实验室，到智力资源众筹

除了开展博物插画课程、出版科普著作这些科普活动之外，我还开展了真正意义上的探索研究工作。这主要得益于学校的实验室建设。在刘彭芝校长的大力支持和高江涛副校长的直接推动下，学校建成了仪器精密、体系完备的植物发育实验室，具有了从生理实验到分子生物学实验的研究能力。借助这样的高水平研究平台，我们的食虫植物研究也真正步入了严肃研究的门槛。我校学生的研究结果——植物激素茉莉酸调节茅膏菜运动的研究，得到了清华大学谢道昕院士的高度赞赏（谢老师是茉莉酸领域研究的重要学者）。双方决定共同开展深入的研究，谢老师实验室也安排了专门的博士研究生以茅膏菜相关研究作为研究方向。通过双方共同努力，目前已经完成了茅膏菜基因组测序工作。

除此之外，植物发育实验室还与北京大学生科院开展了一项意义深远的合作——微萍与微流系统研究。由我校中学生完成了最小的被子植物微萍的培养体系，用微流系统在实验室内第一次实现了诱导微萍开花的工作，并自主研发了小

型化微萍培养箱。这些工作内容为建立新的研究模式奠定了基础，极大地推动了这项被搁置了很多年的研究工作。由中学生完成的微萍研究结果也吸引了北京大学定量中心、中科院遗传发育所、武汉水生所、美国密西西比州立大学和未来组三代测序公司等多家研究机构的关注。在各方共同努力下，我们完成了微萍基因组测序、转基因方法建立等具有很高技术难度的研究工作。

现在的植物发育实验室已经形成了有特色的研究领域、自主开发的研究体系。以中学生为主体的探索自然研究，从观察开始，逐渐发现问题，解决问题，在符合中学生认知水平和能力范围内，做出了重要的发现。而需要非常专业的技术手段解决的问题，并没有成为限制我们的因素，倒是给我们提供了与专业科研机构合作的桥梁。在共同的兴趣爱好下，我们有机会开展平等、深入的研究合作。中学的实验室，不大可能具备全面的研究条件，中学生参与研究的形式也不大可能照搬本科生、研究生培养模式，需要走出一条符合中学生特点的新路径。从早培班研修课开始，经过几年的不断探索，我们已经找到了这样一条行之有效的新道路，称之为"智力资源众筹"。在人大附中的实验室开展独立的研究工作，在遇到科学问题的时候，发挥海淀区深厚科学研究优势，众筹各方的技术、智力资源，合作共同完成研究工作。科研机构不再以接收中学生进实验室的方式提供帮助，人大附中的实验室真正成为培养中学生的主体。在做这些工作的过程中，我逐渐成为一个带领中学生进行科学问题探索的教师。一个教师能够在中学做出真正的研究工作，这在专业科研领域里并不多见。我的主要工作不仅要有新的发现，而且还要培养未来从事科学研究的青年力量。所有这些成果的取得，都得益于人大附中、早培这个充满自由探索勇气的体系，也都归功于学校领导的一贯支持与信任。

在创新课程中的成长
——早培教育教学经历
刘 丹[①]

2012 年我从北京师范大学博士毕业，就有幸入职人大附中，并且参加了人

---

① 刘丹，1985 年生，北京师范大学博士。2012 年 9 月入职人大附中，现任教早培九年级，海淀区学科带头人，海淀区兼职教研员，海淀区优秀班主任。

大附中拔尖创新人才早期培养项目的教学工作。这个项目是探索培养"推动人类进步的各个领域内的领军人物、领袖型人才"的早期教育。此项探索熔铸中外精华，坚持综合创新。早培项目具有全然不同的课程体系，教师除了给学生做好常规课的课程体系设计、研发的同时，还要通过独具特色的研修课，给学生提供开阔眼界、提高科研实践能力和专业素养的机会。早培教师也在创新课程教学和实践中不断提升和进步，真正体会到了教学相长的真谛。在早培项目从事教学工作的七年时间里，除了早培的常规化课程体系设计和教学，我还曾经参与开设过各类研修、选修、大学先修及研究性学习等课程，学校不同层级的课程我刚好都有所涉猎。人大附中和早培班多元的课程体系给了我施展的舞台，让我不断发现、探索、创新、成长。

首先，在早培班常规课也不寻常。例如早六年级的课程建设。对于常规教学，化学是九年级才开设的一门科目，但是如何从早六年级开始培养学生的化学学习兴趣，让学生体会探索化学的乐趣？当然不能直接下放九年级的教学内容。但是没有现成的教材，我们上什么？又如何上呢？通过团队讨论与实践，我们最后的解决方案是在早六年级开设物化课，拆班授课，进行主题式教学。根据学生的特点，以有趣的化学实验为载体，激发兴趣，学习知识。在课程中，我们注重过程性评价，建立详细的评价指标，在第一堂课就与孩子们讨论说明，达成一致，之后课堂表现、实验报告、作业完成情况，甚至是实验后实验台面是否清理干净都会详细记录，这都为孩子们形成良好的实验习惯打下了基础。我们希望在早六年级渗透化学学习中最基本的变化观念、初步培养科学探究和创新意识，给孩子们埋下发现探索问题的种子。

在当时早六一年时间里，我与同年级李璟老师坚持每节课听课评课，自己把工作量翻倍，并且不断进行讨论、反思，最终将课程固化下来。当然对于常规课的精心打造也不仅限于早六，其他各个年级也都如此。

其次，研修课也是早培一大特色。研修课不仅仅为学生提供了多种多样的选择，对于我们授课老师，也是一个迎接挑战、不断成长的过程。例如，我工作前四年参与指导学生到科研院所进行科研实践，与万丹老师等共同开设高级科学研究课程。课上课下针对学生的课题反复讨论，跟踪学生的科研进度等。在这个过程中，学生选择了自己感兴趣的课题做研究，有些课题专业性很强，需要与学生们共同查阅文献，解决问题。后来我又与生物老师孙欣一起，希望针对 STEAM 课程进行尝试，最终开发设计新的课程"生化联合开发学生用日化产品"这样一门课。学生在一学期的课程当中，根据感兴趣的日化产品进行分组，然后完成整个日化产品的开发生产过程，最后进行了销售与展示。

作为老师，我们不仅是在生物或化学实验方面对学生进行指导，而是引导他们对产品研发、生产、销售的整个过程进行体会和梳理。有的小组主动用英文完成思维导图，还创立了自主品牌。在这门研修课中，我给自己的定位使我们不是直接教授知识，而是在需要或者遇到问题的时候与学生讨论，共同寻找解决问题的方案。我们教授的是解决问题的方法。课程本身以学生兴趣为出发点，培养学生勇于探索、创新思维、合作能力等各方面能力，并且为学生的未来发展铺下基石。对于我个人来说，不仅是知识上与学生的共同进步，而且驾驭创新课程的能力也得到了提高。这门课也在海淀区作为研究课进行展示，得到了听课老师（包括来自美国的专家）的一致好评。

在对课程不断探索与创新的过程中，我们早培教师队伍在锤炼了创新能力的同时，也都练就了坚实的基本功。就我自己的体会而言，工作的第一年基本功明显提升，就是在逐级参加学校、海淀学区、海淀区以及北京市的各项比赛中磨炼出来的。一年的时间，六场比赛，每次近乎通宵地准备，都是收获满满，而这离不开人大附中和早培化学组老师们的大力支持！因在北京市海淀区的各类基本功展示活动中名列前茅，获得了海淀区领导的认可，2019 年我被评选为海淀区学科带头人，同时被聘为海淀区兼职教研员，参与进修学校的教材教法分析、期中期末命题等工作。

除了教学，自 2016 年 9 月至今，我担任了早培 2016 级 2 班的班主任工作。在工作期间，我认真负责，注重学生各方面习惯的养成。充分利用各种契机，在班级开展了丰富多彩的活动，抓住一切能够增加班级凝聚力的机会，促进班集体的建设。在班级建设过程中，我最注意的是给早培的这些孩子进行共情教育和爱的教育，培养孩子们的同理心，尽量让这些孩子能够更多地从别人的角度去思考问题。比如，我们有定期的生日会；在母亲节组织学生录制感恩母亲的视频；在父亲节组织学生给父亲制作贺卡；在有同学生病时，让学生们用卡纸制作各种各样的小作品，附送上大家的小祝福……爱学生的同时，我也特别注重班级集体规则的养成，从刚开学就与学生共同制定了班规，并且与同学们坚持执行。另外，我也特别注重班规干部的培养，规则大部分都是由班级的小班干部来执行的。同时我会利用课余时间及时与班级同学沟通交流，发现问题，解决问题，并且及时与家长沟通交流。我在主题德育教育方面获得优秀指导奖、优秀管理奖、优秀班主任等荣誉。

2017 年 9 月起，承蒙学校领导信任，我被任命为本年级的年级组长。在担任年级组长期间，我们组织了礼仪教育、规则教育、家风家训班会、"一二·九"大合唱、测量大赛等一系列活动，希望通过这样的活动，树立学生的爱国意识，培养学生的规则意识，增加礼仪常识。同时，结合早培学生善于思辨的特点，我们还组织年级的辩论比赛、测量大赛等活动让他们有发挥的舞台。每一次组织大型的活动，都很辛苦，但是每次看到孩子们的满满收获或者精彩表现，就觉得一切辛苦都是值得的。

总之，在早培的平台上，在创新课程的体系中，我一直争取做到，不断地思考与寻找，不断地反思与变通，在变通中寻求突破。希望自己能始终以最出色的状态登上讲台，真正做到学为人师，行为世范，向成为一名专家型的教师努力奋斗。我希望，在与学生同行的路上，我们共同成就彼此的梦想！

"问题" 中成长的教学感悟

孙　芳①

自 2012 年起，我与早培结缘，见识了一群乐观开朗的孩子，结识了一批睿智敬业的教师。当我融入其中的时候，我深深爱上了早培，它更自由、更创新、更能够激发教师教与学生学的乐趣。

1. 研究学生

1.1　学生的差异

要接触这些孩子，内心是忐忑的，听说过他们的聪明，也耳闻过他们的顽劣。可当我走到这些孩子中时，却深深被他们打动。别看年龄小，但他们都有浓厚的学习兴趣，他们有好奇心，爱质疑、敢创新、不服输，特别爱问问题……

① 孙芳，1978 年生，东北师范大学概率论与数理统计专业硕士。2005 年入职人大附中，北京市学科带头人，海淀区政府督学，海淀区兼职教研员。

但他们也各不相同：一些学生具有浓厚的钻研数学的愿望与热情；一些学生具有一定的自主学习能力，乐于完成具有挑战性的任务；还有一些学生具备一定的超前学习能力，部分学生在进入学校的学习过程之前已经储备了相当多的相关知识，知识面较宽且有一定深度。

但同时这些孩子也存在一些问题：他们任性、自我、骄傲……一些学生的学习习惯有待提高，有时候因为快速得到答案而忽略了思维的深度与严谨；一些学生重学习结果而轻学习过程；还有一些由于超前带来的问题，思考不够深入，学习的知识不系统、不连贯等。

1.2 学生的需求

由于学生的差异性，给教师的教学带来了更多的挑战，不同的学生必定需求不同，怎样才能够让学生各取所需？怎样才能让学生在同一节数学课上有不同的收获与体会，甚至是在若干年之后，他还会运用学过的方法与思想？这些都带给教师更深层次的思考，反思适合早培班的常规课教学模式。

史宁中教授曾指出：数学教学的最终目标，是要让学习者会用数学的眼光观察现实世界，会用数学的思维思考现实世界，会用数学的语言表达现实世界。我们的课堂，旨在激发学生的学习热情，培养学生的数学思维，养成良好的学习习惯，搭建恰当的发展平台，同时实现数学课育人的教育目标，让学生们学会分享与合作，敢于质疑与探究并能够学以致用。

2. 改进教学

2.1 关注教学中的"问题"设计

面对这些孩子，我开始研究自己的课堂。摆脱课堂的被动，需要还给学生自由，这是我体会最深的一点。让学生敢于异想天开，主动地引导课堂的脉络，这样不仅可以激发学生的兴趣，更能够发挥他们的特长，将不易把控的课堂变得条理紧凑。在这个大前提下教师适时引领，及时鼓励，发现学生思维的亮点。

最关键的还有问题的设计。一个好的问题，可以调整课堂的节奏；一个好的问题，可以调动参与的广度；一个好的问题，可以促进探究的持久；一个好的问题，可以激发思维的深度。因此，我在教学设计的过程中，越来越多地关注问题的提出，如：为了解决不同学生的需求，关注问题的层次性；为了激发学生的兴趣，关注问题的开放性；为了培养学生的创新意识，关注问题的延续性；为了解决不同学生的需求，关注问题的生成性。

2.2 "问题"设计案例分析

2.2.1 折叠的纸片

在研究轴对称之"折叠"问题时，针对图1，已知矩形纸片 ABCD，现将矩形纸片沿 EF 折叠，使点 A 与点 C 重合，连接 AE。教师可以设计这样的问题：

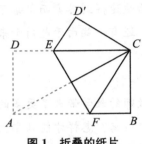

图1 折叠的纸片

【方案1】什么是轴对称？它有哪些性质？

【方案2】你能够给出两条线段的长，求出第三条线段的长吗？

【方案3】你能够从图中发现哪些线段之间的数量关系？

【方案4】改变题目的条件，你能提出新问题吗？

每一种问题的提出，带给学生的体验是不同的。方案3与方案4更具有开放性，也更能够极大地调动学生的热情，让他们快速融入课堂。而方案1与方案2则更偏重于记忆与简单应用，并不适合这些学生。这就是开放性问题的益处。

2.2.2 龟兔赛跑的图象

函数的图象与性质是函数教学中的一个重要内容，作为一种独特的语言，它可以直观描述变化的过程。在设计函数的第二种表示方法——图象法的教学时，我想到了龟兔赛跑这个大家耳熟能详的寓言故事，提出了如下问题：在坐标系中，我们用横轴表示时间，用纵轴表示路程，编创一个完整的寓言故事，并借助函数图象表达出来。

对于这样一个识别函数图象的教学，通常都是教师给出图形，学生读图识图，此处由学生编创并画图表达是一个大胆的尝试。这是一个很有探究价值的问题。每人设计的故事情节也有所不同，学生可以在交流与表达的过程中自主探究。课堂气氛非常活跃，学生作品也很丰富，根据乌龟与兔子的表现，学生画出

这些示意图（见图 2、图 3、图 4）

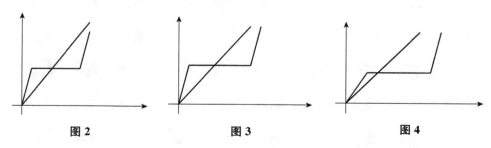

图 2　　　　　　　　图 3　　　　　　　　图 4

有学生关注到了图 2 与图 3 不同的现实意义：两个故事的结尾不同，图 2 中的故事在乌龟到达终点时就结束了，而图 3 中的故事是在龟兔都到达终点后停止的；有同学看到了图 3 与图 4 的差异：图 4 中的兔子睡得更长，一开始跑的速度也没有图 3 中的兔子快……

在观察、比较、讨论的过程中，分享不同示意图带来的不同故事，留给学生最大的收获是：感受了图象的优越性，直观简单且包含大量信息；体会了观察图象的技巧与方法；这样的问题激发了学生更深入的思考，主动探究，启发学生提出新想法新问题。图 5，学生描述的是一个兔龟先后睡觉的故事，最终同时到达终点。

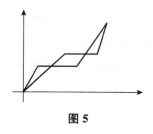

图 5

学生亦可以充分体会到：数学并不枯燥，它可以用独特的语言来描述实际问题。

3. 收获惊喜

两年后的一天，我收到了一份邮件，短短几句话："老师，这是一个很久远的问题，您问过我们有多少种阿基米德多面体，我找到了，应该是 92 种。"还附了下面一张图（见图 6）。

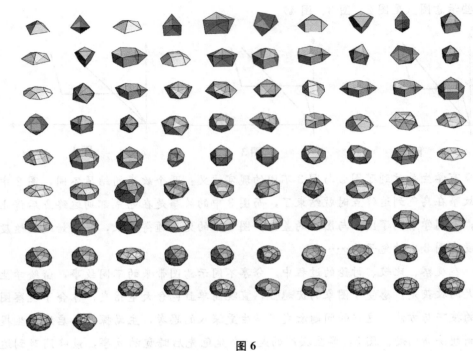

图 6

当我看见这张图的时候，心中的激动与感动无法描述，只是一遍遍地看，一遍遍地数。这是我在两年前的课堂上问过的问题。

那时，初学几何，为了让孩子们喜欢几何，更好地培养他们的几何直观，我设计了一些动手操作的小活动。其中一项，是动手做阿基米德多面体，并相互交流自己的作品（见图7）。

图 7

看着学生多样的作品，一个值得探讨的新问题产生了：大家所做的多面体并不相同，到底有多少种呢？

这是教师在课堂上看见作品时产生的一个即兴问题，我很坦诚地与孩子们交流，我也不知道具体答案，但是感觉应该是有限的，我和学生们猜测着可以从哪些方面进行研究。这就成了我们课后思考的一个问题。

后来，当我已经忘记它的时候，收到了这个孩子的邮件。一颗"问题"的种子，在两年后发了芽。

学生的能力是巨大的，只看我们是否可以调动，是否为他们搭建了平台。其实方法很简单，怀着一颗爱学生的心，从问题设计开始，走好常规教学的每一步。

致　谢

感谢我有幸结识的这样一群孩子，感谢早培项目的教育教学理念，让我教学相长。

我的　"魔法教室"
刘　峰①

孟子曰："君子有三乐……得天下英才而教育之，三乐也。"与小早培孩子们两年多的朝夕相处，让我越来越感受到这份得天下英才而育之的快乐与美好。

2017年那个美丽的夏天，我成为早一（1）班的班主任。我们班有27个聪明、好学、有个性、有活力，又超级有能量的孩子，他们的能量不仅仅是体现在学习上的奇思妙想，还有情绪表达、行为方式上的种种"超能量级"的表现，让我这位有着二十几年教育教学管理经验的老师也感到"学无止境、教无止境"。刘彭芝校长提出"思想解放，行为规范"的指导方针，我想唯有真正地践行"爱与尊重"，用科学的方法引领、陪伴孩子们成长，才能不辜负这些"天下英才"，才能对得起刘彭芝校长、高江涛副校长以及所有早培人近十年爱与智慧的付出与努力。

通过接触了解早一的孩子们，我发现他们整体的突出优势是：有强烈的好奇

---

① 刘峰，1973年生，渤海大学教育管理硕士。2017年加入人大附中小早培，北京市特级教师。

心、求知欲，理解能力、接受新知的能力强，喜欢竞争、比赛，每个人都想拥有话语权。他们也有一些共性问题：很多孩子非常自我且缺少同理心，寻求特殊关注、受挫心理弱的孩子也不在少数。还有个别孩子情绪容易失控，甚至有动手打人的行为。刘彭芝校长把早培定位为"推动人类进步的各个领域内的领军人物、领袖型人才"的早期教育，并提出要培养具有"中国魂、道德心、创新力"的学生，可见立德树人是根本。根据早一学生的特点，我认为培养孩子们的自我效能感、成长型思维，以及规则意识、合作能力，是小早培教育的根本任务。

尹建莉曾写道："当孩子的注意力被转移到各种比的事情上，自我成长的力量开始分散，而竞争带来的焦虑感又会更多地消耗孩子的精力，内心变得越来越羸弱。"童年的任务不是向外延展而是向内积累。一个人内在力量强大，才能很好地把控自己，未来才有可能处理好自己和世界的关系，在人生道路上获得主动权，才有可能成为各个领域内的领军人物、领袖型人才。当下乃至未来，人们比拼的不是"竞争意识"，而是来自更高层面上的价值判断、创新能力、心理承受能力以及克服困难的勇气等。一个人的合作能力正是他的核心竞争力之一，合作能力的内涵是什么？是诚实、友善、宽容等，如果孩子在童年时代没有机会发展诚实、友善和宽容，成年后，如何要求他具有合作能力？没有合作能力，又何谈竞争力？没有合作能力，更何谈领导力？

综上分析，我认为对于小早培的孩子，爱与尊重是第一位的，知识与课程是其次；欣赏与信任是第一位的，秩序与纪律是其次；感恩与分享是第一位的，竞争与名次是其次。为此，我把自己近几年来"运用芬兰儿童技能教养法促进学生自主管理"课题的实践经验用到了小早培的班级管理上，用"儿童技能教养法"为孩子们打造了非同"一班"［早一（1）班］的"魔法教室"。

开学第一天，我就在黑板上写上了"欢迎走进魔法教室"几个大字，还画上了一根俏皮的魔法棒。孩子们一进入教室就被吸引，纷纷好奇地问我："为什么叫魔法教室呢？"我神秘地告诉他们："因为在我们的教室里，老师会一种神奇的魔法，不用批评小朋友，你们就会成为最好的自己。"孩子们听了我的解释都露出了开心的笑容。接着，我来到教室后面，引导孩子们观察教室后面的文化墙，学习我们班的班级文化。后面展板上有一个张开双臂、大嘴咧开的快乐男孩"Happy Boy"，这是儿童技能教养法的 Logo（标识），同时我告诉孩子们："老师希望你们每个人都可以像他一样快乐成长。你们知道老师为什么在'Happy Boy'上面写了五个大字——'做最好的我'吗?"听了孩子们的解答后我缓缓道出了心中的想法:"因为每一个人都是独特的,每个人都有自己的优势,以及需要学习还没有掌握的技能。在我的眼里你们每一个都是与众不同的个体,没有优秀之分,只有不同之分,都是独一无二的宝贝。为此,老师希望你们每个人都做最好的自己!"每个孩子都静静地听着、思考着,那一刻感觉时间都静止了。"那这个贴着'爱的星空'的地方是什么意思啊?"孩子们又开始好奇地问道。我解释说:"我把这块专栏命名为爱的星空。因为我们生活在一起,最需要的就是爱。不过,即使是一家人也会有误会、有不愉快发生。如果有这样的事情发生了,你们会怎么办?"孩子们纷纷表示做错的人要说对不起。"但是通常有争执的两个小朋友,都认为自己是对的,认为对方不对。这种情况下又怎么处理呢?"孩子们听了我的问题陷入了思考。于是,我耐心地讲给孩子们听:"是啊,即使在成人世界也不是个容易解决的问题。爸爸、妈妈那么相爱他们也可能会发生争吵。老师学会了一个在有矛盾的时候沟通的好办法。"孩子们迫不及待地瞪大眼睛看我介绍:"有神奇的三句话会化解矛盾,能够让对方理解到你。第一句是说出自己的心情或者是感受,第二句是说出原因,第三句是提出希望。如果能够在有矛盾的时候主动说出这三句话的小朋友,我们就以他的名字命名一颗星球贴在'爱的星空'上,好吗?""好!"孩子们兴奋地回应着。"但是,能够主动用这三句话沟通非常不容易做到,有时候会需要爱心的提醒,如果有其他小朋友能够提醒别人用三句话来解决问题,就会以他的名字命名贴上一枚弯弯的月亮。大家想象一下,伴随着我们的星球、月亮越来越多,我们的星空将多么美丽,我们的班级该多么美好啊!"孩子们听了我的阐述都满怀着憧憬与喜悦。

"你会什么魔法呢?"有一个孩子大胆地提出心中的疑惑。"我会儿童技能教养法。"我笑着回答,接着我引导他们看向教室侧面的展板,"优秀是一种习惯"几个大字下面是21张技能卡片,从整理书包、好好吃饭等生活技能,到听课、发言、写作业等学习技能,还有学会等待、说对不起、表示感谢、学会加入游戏、学会赞美等交往技能,孩子们瞪大了眼睛、神采飞扬地听我讲述"魔法教室"的秘密:"每个小朋友都是没有问题的,他们只有需要学习和掌握的技能,但是每个人掌握技能的速度都不一样,不过速度暂时慢的小朋友并一定最后仍然慢，他很可能成为最快的那个人。"于是，我给孩子们讲了"40朵小葵花的故事"：那是三年前，我带着我的40个孩子——也是一年级的小朋友——播种了小葵花的种子。每个小朋友都无比精心地亲手在花盆里种下一颗小小的葵花籽，他们又小心翼翼地把花盆摆放在窗边。从埋进土壤的那一刻，他们就开始期盼、等待小种子发芽。一周的时间，小种子陆续探出头来了，但是有一盆却没有一点动静。那一组的孩子们开始为自己的小种子着急了，有几个孩子还偷偷地扒开查看究竟，见小种子还是没有发芽，孩子们开始了相互埋怨。说心里话，我也有些担心，不知道这盆里的种子能不能发芽，什么时候出芽，但是怕孩子们会伤心，就安慰他们："你们几个看小种子发芽的速度太慢了，想帮它们快点成长，是吗？不过，每一颗种子成长的速度都是不一样的，有的会快些，有的会慢些，我们别着急，等等看，陪它们一起成长，好吗？"又过了一周，发芽的几盆长出了嫩嫩的叶子，孩子们欢喜极了，可是那一盆还是迟迟没有动静，这一组的孩子更加失望了。"肯定发不了芽了！"有的孩子还流出了伤心的泪水。我再一次小心安慰："先别伤心，我们现在还不能确定土壤下的种子是什么状态，也许它还需要时间，说不定它正在积蓄力量准备破土而出呢？让我们再耐心等等，好吗？""老师，您还相信它能发芽吗？"一个孩子大胆地问出了孩子们心中的疑惑，而我更加大胆地回答："相信。"不过，说心里话，当时我心里真的没底，同样的土壤、同样的阳光、同样的浇水，可是这一盆就是安静得毫无生息，不过，我还是期待奇迹的发生。在APEC会议休假回来后，早晨我进到教室做的第一件事就是给小苗们浇水，因为小苗已经好几天没人照顾了。奇迹真的发生了，那一盆里竟然有一颗种子发芽了！"啊！"我惊喜地叫起来。"刘老师，你怎么了？"孩子们又是奇怪又充满关爱地问我，我小心翼翼地指给他们看，他们看见了一棵非常非常弱小的小苗，是所有小苗中最弱小的一棵，如果不经意观察很难发现它的存在。虽然仅仅一棵，孩子们仍然是争先观看。就在孩子们欢呼不已时，我的眼睛酸酸的，我轻轻地和孩子们说："看来每颗种子的生长速度真的不同，其实，我们每个同学的成长速度也不相同。就像这些小苗一样，有的同学会快一些，有的会慢一些，但是最终都会成长，我们一起等等那些慢的同学，好吗？"后来，小苗陆陆续续长高了，长大了，我们又惊喜地发现这竟然不是最后一棵，又有了第二棵、第三棵、第四棵。后来，我们又发现，小苗起初的生长速度也不代表它后来的生长速度,最后发芽的这几棵小苗长得特别粗壮,再后来这几棵小苗竟然早早地绽放了向日葵花!……

就这样,在他们成为早培少年的第一天我把"小葵花的种子"种在了他们的心里。两年来,我放低自己的声音,用自身平和的情绪,借助于基于焦点解决心理学的儿童技能教养法建设学习共同体,把我们的教室打造成了一个安全、安静、温暖、互助、充满阳光与笑声的魔法教室。让孩子们养成成长型思维,让每个孩子有信念做最好的自己,使一个个生命得到爱的滋养。

老师对待学生的态度、老师看待事物的角度、老师处理问题的方法都会对孩子当下乃至未来成为什么样的人产生重要的影响。诚实、友善与宽容是合作的基础与内涵,这是我给孩子们上的第二课。在入学初期,我们班里有好几个情绪容易失控、扰乱课堂、撒谎,甚至是动手打人的孩子,这几个孩子曾一度给同学们和任课教师带来困扰。我对孩子们说:"巧伪不如拙诚。在我们班如果你做了错事不要怕,只要你能诚实地说出事情的经过,无论发生了什么事情,老师都不会批评你,我会和你一起面对,一起想办法把做错的事情做对,一起想办法弥补。还会一起思考以后遇到这样的事情怎么处理。"在最初,孩子们不敢相信我会不批评他们。有几个小朋友犯了错误后,习惯性地掩盖事实、推脱责任。我循循善诱,让他们意识到每个人都会犯错误,错误是学习最好的机会。他们发现老师真的是说到做到了,慢慢地在我们班里不诚实行为越来越少,孩子们也越来越自律。我坚信拥有高自尊的孩子不仅心理承受能力强,而且会拥有克服困难的勇气、拥有正向思维,会形成正向循环——"我做得到,我做得很好。"

对这些特别的孩子,我随时关注他们的情绪、情感变化,及时疏导、鼓励。在白天、夜晚,面谈、电话、微信,我随时随地与这些孩子的家长沟通。在周末,我约请家长来到教室一起为孩子启动个人技能。我带领全班一起学习集体技能,从"书包技能、铃声技能、眼睛看向发言人的技能、站队技能",到"说对不起的技能、真诚感谢的技能、三句话沟通技能……"。我们给技能起了有趣的名字、设计了相互提醒、支持的手势,还一起庆祝技能学习的成功。我们班的技能学习感染到了小早培的同学和老师们,于是,我给全体老师进行了"儿童技能教养法"的培训,我设计全校技能学习方案,带领全体小早培一起学习了"漫步右行的技能、轻声说话的技能、主动道歉的技能"。整个小早培的精神面貌都有了很大的改变。

习近平总书记多次强调家庭教育的重要性，家庭是社会的基本细胞，是人生的第一所学校。苏霍姆林斯基说："最完备的教育是学校与家庭的结合。"中国教育学会副会长兼家庭教育专业委员会理事长朱永新说："学校不关注家庭教育，就不可能真正让孩子过上幸福而完满的生活。"孩子需要学习技能，早培的家长也需要克服竞争、焦虑的心态，学习家庭教育的方法。于是，我利用五个周末休息的时间，为家长们开设了"儿童技能教养法工作坊"。家长们的教育理念与教育行为，以及与学校的契合度都有了显著的改变与提升。

"做最好的我"对于我和我们班不是一句口号而是实际行动，要让每个孩子都能找到归属感与价值感，都能成就最好的自己。我认为孩子唯有在合作中才能学会合作，唯有在信任中才能培养出高自尊，只有公正、公平地为每个孩子创造班级管理的机会，才能成就责任与担当的早培少年。在我们班级，我做到了班级干部每学期彻底轮换，27个孩子，9个孩子一届任中队委员，每个孩子都担任过值日班长。班级座位以4人一组形式摆放，每个月轮换一次组长，每学期每人都做一个月的组长。无论是日常学习还是班会研讨，都会安排小组合作讨论环节。这样的管理给学生之间创设了尊重与平等的关系，这样的形式也为孩子们搭建了友谊的桥梁，让每个孩子有信念做最好的自己。

两年来每个学期的小早培班级常规评比，我们班级都以总分第一名的成绩荣获"先锋班集体"称号。在这两年中，我从没有训斥过任何一个孩子，也没有诫勉过任何一个家长。我无法数清我解决了多少个教育的难题，每一件、每一桩、每一次我从未简单处理，都是用我所领悟到的"儿童技能教养法"的正面管教方法去倾听孩子们表达，去启发孩子们思考，去引领孩子们找到解决问题的方法。我鼓励孩子们发现同伴的美好、同伴的进步、同伴的努力，让每个人都愿意成为小伙伴学习技能的支持者，让每个孩子都觉得自己被关爱、被支持，进而从内心相信自己，觉得有力量做最好的自己。

在我的"魔法教室"里有爱心有陪伴、有尊重有理解、有品格有方法、有友谊有竞赛、有承担有责任、有天赋有努力……我希望这间"魔法教室"可以成为伴随孩子们一生最温暖的记忆，我期待未来孩子们会说：我是优秀的！我进来的时候很优秀，我离开的时候更优秀。我很强大，很努力，我有梦想，我将要走遍世界去影响很多人……

教育是一条没有终点的路

吴 凌[①]

我热爱讲台，教书 20 多年仍然执着地喜欢并享受站在讲台上和学生们一起学习的感觉。在教学工作上我算得上认真勤奋，但教学之路的无尽还在于永不停歇的探索和反思。2010 年 9 月，我开始教早培班，也开始面临新的挑战。在近10 年的早培班语文教学实践中，我从没有停下脚步，努力探索一条守正创新之路。

1. 引领名著阅读，推进课程改革

在人大附中早培班的课堂上，有一门校本课程倍有特色，那就是"名著阅读课"。想象一下，40 多个可爱的少年在充盈着书香气息的课堂共同阅读、讨论交流、分享心得……这是一件多么幸福的事情。

2010 年 9 月，刘彭芝校长把在高三连续把关八年的语文特级教师于树泉"空降"到早培六年级当语文老师。于树泉老师深知阅读对孩子精神成长的重要性，所以和一起任教早培的我一起尝试探索，将"名著阅读"带入了语文课堂。

在每周固定的 5～7 节语文课时中，我们有 2/3 的课时精讲国家教材。这就需要我们对语文教材进行有效的整合。2010—2017 年，我们精研了苏教版 6 本语文教材，保留古代的经典散文、古诗词，将 123 篇现代文加以整合，精讲 45 篇，其他篇目则略讲，教师布置一些思考讨论性的题目，学生在课下自主阅读。这样我们就省出了大量的时间用于校本课程。同时我们尽量减少重复性、机械性的练习和作业，把大量的时间还给学生，也还给了老师自己，让我们可以有时间和精力带领学生在语文课堂上走进广阔的阅读世界。2018 年，我们开始使用全国的部编版统一教材，这一项整合教材的工作，我们仍然在继续，针对孩子的特点，更好地因材施教。

我们注重培养阅读兴趣，发挥"场"效应，让孩子们展开宏大的集体阅读。我们每个学期和寒暑假会向学生推荐 3～5 部文学名著，随着孩子的年龄增长，我们

---

① 吴凌，1974 年生，首都师范大学汉语言文学专业学士，1997 年入职人大附中。

也不限于文学类名著，广涉历史、经济、哲学、社会学……我们推荐的书目全体学生一起进行阅读，每周完成读书摘记或读书笔记，老师进行点评指导，定期安排读书心得交流会，让学生在交流碰撞中获得同伴间的教育。我们还安排阅读课让学生到图书馆阅览室集体阅读，或者就在教室阅读，体会书香世界的宁静。

在阅读的过程中我们采用读写结合为主，辅以丰富的语文实践活动的方法。我们最早是从现当代文学起步，逐渐拓宽孩子们的阅读视野，增强孩子们的阅读积累。我们逐渐走进了现当代的诸位大家，进而我们看到了更多的名著作品和经典作品。随后我们又进行了外国文学作品的品读。在整个的阅读过程中我们并不要求孩子们读书的时候必须要达到所谓的硬性规定，而是在读书的过程中以写作的方式让他们写出心声，这样孩子们逐渐登高望远进入了世界文学殿堂，读的越来越多、越来越广。

有人说世界上有两本书：一本是有字书，一本是无字书。其实阅读也分为两种，一种是平面阅读，一种是立体阅读。比如我们带孩子走进鲁迅故居、老舍故居、抗日战争纪念馆；观看话剧《四世同堂》、有关老舍先生的纪录片《回家》、有关路遥的纪录片等，学生对名著作品和作家其人就有了更丰富立体的认识和理解。

我们看到孩子们在阅读中发生了一些奇妙的变化，这些变化很难用量化的分数去衡量，但是我们看到了他们精神上的成长。杨天啸说："最重要的是在阅读名著的过程中，我的心更加安静了。"景一馨说："不知什么时候，人们治疗寂寞的方式开始变成坐在电脑前，看着那些由空虚和肤浅构成的纷繁碎片，我很庆幸自己能安静和愉悦地读着书。"

我欣喜地感受着这种奇妙的变化，孩子们不仅仅是长高、变壮、知识渊博，而且是得到了不畏艰险的勇气、陶冶性情滋养心灵的妙方，我看到我们的学生正走在属于他们自己的人生的路上。

2. 增设校本研修，让"传统文化"活起来

语文课程重要的价值之一就是对中华民族优秀文化的理解与传承，在语文教育教学过程中，增进学生对中华民族文化的了解与认识，增强学生对民族文化的认同感、自豪感和热爱祖国的凝聚力、向心力。我认为对传统文化的"理解"与"传承"不仅需要我们教师能够"照着讲"，即将"传统文化"的知识内涵教授给

学生；还需要师生能够共同"接着讲"，即根据学生身心发展的特点为学生提供亲自实践的机会，让学生在实践中深入体会中国传统文化的魅力，让他们成为真正的文化传承者。

《义务教育语文课程标准（2011年版）》明确指出："语文教师应高度重视课程资源的开发与利用，创造性地开展各类活动，增强学生在各种场合学语文、用语文的意识，通过各种途径提高学生的语文素养。"我希望根据我个人的爱好和积累，能够打造适合学生的人文类研修课，提升他们的人文素养。

2013年至2016年，我在早培班七八年级开设了一门新的研修课——节趣，旨在引领学生了解、认识、探究中国传统节日中的文化。我精心设计研修课的教学内容和授课形式，希望课程中不仅有老师传统的讲解介绍、纪录片观看、文献资料的查找归纳总结，还安排适合学生年龄特点的实践活动。因为真正有意义的传统文化传播，应该让"传统"活起来，活在学生的生活中，活在学生的心里，活在学生未来的生命里。让他们在活动中体会到古老的传统文化不仅属于我们的祖先，更属于我们每一个人的今天和明天。

例如：10月讲重阳节的时候，我带学生去北京植物园辞青、赏菊。古人的生活文化韵味浓厚，无论是踏青迎春还是辞青别秋都是人与自然相处的郑重仪式。在赏菊的过程中，我们举行菊花诗会，每名同学诵读一首和"菊花"相关的诗并进行赏析，学生在活动中体会了传统节日的美好，收获了自然之趣、文化之韵。讲端午节的时候，我不仅从稻香村买了"五毒饼"请学生们品尝，还想让学生体验一下自己动手包粽子的快乐。于是我精心准备了糯米、小枣和不同种类的粽叶。每个学生包三个粽子，一个当时在课堂上品尝，另两个带回家里给家人品尝。有学生在课后这样写道："通过自己亲手包粽子所获得的，不仅仅是被淡忘的传统，撑开粽叶的，不仅仅是煮熟后膨胀的糯米，更是平日我们很少去体会的满满的爱，这可能才是中国节日的真正意义。"一般人都认为七夕节是中国传统的情人节，其实在古代七夕是女儿节，女孩子们要乞巧。讲七夕节的时候我让学生拿起针线，穿针引线。没有古代的七孔针，我就在纸盒上插了七根针，看谁能快速把线穿进七个针孔中，最后获胜的居然是一个男同学。在欢声笑语中学生们感受到千年前的传统的节日居然一点都不过时，文化的魅力生生不息！

这门研修课我一共上了四期，也积攒了一些资料，虽然一开始备课很累，但是在这个过程中我愈发感受到了语文学习的深入应该真正走进学生的生活。而每一个老师也不应该满足于自己已经熟悉的常规课程。不断地开发适合学生的研修课程不仅可以更好地服务于学生，也是我们教师获得职业成就感的重要途径。

3. 融合北京地方特色，开发语文课程资源

新课标指出，"各地都蕴藏着多种语文课程资源。学校要有强烈的资源意识，认真分析本地和本校特点，充分利用已有的资源"。身为教师理应发挥自身的潜力，参与必修课程和选修课程的建设，达到有意识运用地方人文资源、丰富拓展教材内容的目的。

2018 年开学前的科研年会上，学校为我们请来了故宫的单霁翔院长，单院长精彩绝伦的讲座在语文老师的心里点燃了火花——要是能开设一门新的研修课，师生共同探寻故宫、游走京城，把学生的文化之旅与阅读写作结合起来多有意义啊。

在新学期备课的时候，我和刘成章老师想合力在早培班九年级开设一门新的研修课，名字就叫"寻找一座城——在书写中遇见北京"。我们认为：学生虽然从小生长在北京，但看似熟悉的北京还有很多学生未知的文化值得探寻，如果能把"阅读-行走-写作"在一门课程里融会贯通，不仅是一种大胆而有意义的尝试，更是语文课堂生活化的延伸，对提升学生的思维品质、审美情趣和文化理解能力必将大有裨益。

我们精心挑选了能够代表北京地域特点、文化特色的五个地方，每个地方我们都会提前踩点、实地参观、收集文字影音资料，之后再带学生前往。

第一站——大钟寺博物馆：了解体验古钟文化。

第二站——故宫石鼓馆：和被康有为誉为"中华第一古物"的九大镇国之宝——石鼓近距离接触，真切感受石鼓文（大篆）的文化魅力。

第三站——孔庙、国子监：深入了解儒家文化、古代国家礼仪和文化制度。

第四站——东四胡同博物馆：了解胡同的前世今生，倾听古老街巷的呼吸，从中感受历史的温度、文化的传承。

第五站——鲁迅故居：走进现代第一文豪的生活世界。

课程的具体设计是：每周四下午半天时间，每三周为一个课程板块。简单说就是融阅读、行走、书写为一体。行走参观之前，师生通过各种文献，如文章、书籍、音频、视频等材料丰富对要去的北京文化景观的认知、理解；行走参观时教师指导学生使用摄影、录像、访谈、关键词等方法记录参观文化景点的过程,学会多媒介速记参观访问资料;参观后引导学生能用恰当、优美、深刻的笔触描述生于斯、长于斯的北京,记录自己行走中的北京文化印象。之后利用微信群、网络平台(校内外)发表自己的文献资料、参观访问资料和不同文体的文章。

学生在老师的引领下,带着阅读的积累行走在这样一座既古老又年轻的城市中,笔随心动,写下了大量富有激情又充满灵性的新生代文字。

充分利用地方文化特色开发课程资源,已经成为课程改革的必由之路。课堂小天地,天地大课堂。教师充分利用当地的自然、人文景观,开展丰富的语文实践活动,必将促进课程与地方环境互动,大大拓展语文学习的空间。

4. 走进书香世界,演绎戏剧人生

语文活动是语文教育的一个重要途径,是学生学好语文不可忽视的一个环节,是培养学生实践能力和创新精神的重要方式。"语文是实践性很强的课程,应着重培养学生的语文实践能力,而培养这种能力的主要途径也应是语文实践。"人大附中语文组老师充分发挥语文的美育和德育功能,不仅引导学生体会文学作品中典雅的语言、丰盈的形象和极具魅力的思想,更在教学实践中不断尝试探索、与时俱进、开发创设了丰富而有意义的语文活动,使语文学科从狭小的课堂空间走向无限广宽的生活天地,让学生们在灵动多彩的语文活动中充分发挥自己的聪明才智——动脑思维、动耳倾听、动口表达、动手书写,进而提高学生的语文学科核心素养——在"语言建构与运用""思维发展与提升""审美鉴赏与创造""文化传承与理解"四个方面都获得个性化的发展。

"走进书香世界,演绎戏剧人生"戏剧活动是早培语文组每一年都要举办的语文活动。我们希望每个学生都参加班级戏剧节的演出,对于很多学生来说,这可能是他一生唯一一次戏剧体验。而对于教师来说,戏剧活动不仅是让学生深度阅读文学名著、体验戏剧舞台艺术、展示个人才艺风采的机会,更是"润物细无声"的最佳德育教育。想想看,每个小组成员彼此的配合与包容、主配角的选择与确定、服装道具剧务等工作的调配与合作、为成为最佳剧目登上最终舞台的投入与付出、面对失败和挫折的勇气和欣赏他人完善自我的大气……都是最好的德育教育,效果远远超过说教。

在我任教的班级中，我为每个小组都制作了精彩的总结 PPT，PPT 中有每个小组日常排练、班级演出和年级演出的剧照，每个同学都会得到属于自己的奖项，颁奖仪式为每个演员颁发奖状和奖品。PPT 中还有他们彼此的感悟。

一个平时成绩不理想、不够自信的同学成功地饰演了《威尼斯商人》中的夏洛克，他写道："我开始反复地练习，三天背完所有台词，改变了自己的声音，又在手杖的帮助下添加了动作。我开始理解、读懂这个人物，读懂他阴险奸诈的背后隐藏的社会不公以及愤怒的委屈。我反复地观看专业演员的演出视频，那是成百上千遍的努力付出与磨合，我意识到我的路还很长很远……"

一个平时成绩优异的同学写道："排练戏剧带给我一些和以前几乎从未交流过的人相互了解的机会，这是我从未预料到的。这一点带给我的，比背下来几段台词更有意义。通过戏剧排演我认识了学习以外不一样的他们，让我看到来自同一个人身上无数的可能。"

在戏剧活动中，每一个学生的表演也许不是最好的，但一定比曾经的自己更好。每一个学生的能力也许不是最出色的，但正因为有了每个不同个体的努力，才使他们的剧组成为团队！

戏剧活动后，我还为戏剧展演的"剧务"颁了奖。这些同学各自的戏剧组没有登上年级展演的舞台，但他们自告奋勇担当剧务。他们放弃中午休息时间，为每个剧组所需布景画了清晰的场地图，计时演练每一次布景转换，每张桌子每把椅子的搬动和摆放位置分工到人，快捷有序，为最后的展演提供了最佳的服务。整场演出他们一直在侧台站立，在每场演出的间隙，他们才出现在舞台上，但在黑暗中没有人关注他们。所以我特别为这个"最帅剧务组"准备了奖品，为他们颁了奖。每个学生都可以成为更好的自己，但的确需要我们教育者有明亮的眼睛去发现。语文活动为师生提供了更全面的了解、沟通空间，让师生都能发现更美的风景。

在整个活动结束后，我为全年级的学生和老师定制了两张书签。我之所以想到这个创意，是觉得一个活动既然每个学生都参与了，就应该让每个孩子拥有一份特别的纪念。我请两名学生制作，一个擅长电脑绘画，一个擅长刻制橡皮章。当孩子们收到这样的纪念书签时，他们都开心极了。我相信他们会珍视这两张书签，因为这书签里有他们宝贵的青春记忆。

语文教师要关注学生的现在，更要关注他们的未来，给予他们追求和实现幸福的能力。当下提倡的学科育人，其目的也在于此！对语文课程来说，学科的育人价值还必须延伸到课堂教学以外。因为课堂的学习时间十分有限，而且课堂上学生一般是基于文本的学习和体验，这让学科育人有着诸多限制。而实践活动中的合作与互动，更能促进学生心智能力、情感态度、品性修为、社会责任等多方面素质的综合发展。这些素养甚至高过知识、智力、成绩等对人产生的影响。语文教师应发挥自己的学科优势，精心创设学科活动，延展我们的课堂走向更广阔的生活，让每一个孩子在实践和活动中找到自己的位置，发现更好的自己。

我们每天都在走路，有的路天天走、很熟悉，有的路没走过、很陌生，每条路都有起点，每条路也都有尽头。但"教育"这条路与众不同，教育是一条没有终点的路。我会快乐坚定地走在"教育"这条路上。

我的 "下坡路"

庄 丽①

2007年，我从清华大学博士毕业后，回到母校成为一名数学老师。教过了7年初中第一实验班和2年高中科学实验班之后，我从2016年的新学年起来到了小早培，从小学一年级教起，走了一段跨度11年的"下坡路"。

走到这条路上的缘起，是在中学阶段的教学中，我发现学生学业发展的"痛点"不是由于智力的差异有多么大，而是在于学习习惯的影响，课堂专注力、完成作业的方式、时间管理规划与执行……这些都成了学生面前看不见的"大山"。而到了高中阶段，要改变这些习惯已经很难了。所以我想，是否可以从小学开始就抓好学习习惯的培养呢？正好学校有小早培这个平台，于是我向学校提出了想从一年级教起，和刘校长谈了一回之后，她十分痛快地批准了我的申请，于是，我"空降"到小早培了。

开始的时候，我觉得来到小早培后的生活一定很美好，面对一群萌娃，一张白纸任我画，我就像在天堂里一样，每天都开开心心的。然而来了之后的感觉，

---

① 庄丽，1980年生，清华大学计算机科学与技术专业工学博士。2007年入职人大附中。

仿佛大头朝下从天堂砸到了地面。这完全是一群"神娃"，上课时你背过身在黑板上写几个字，转过头就能消失两个人，不知道藏到哪个角落叽叽喳喳；课间活动时做的游戏，全都自带安全隐患属性；同学间时常发生些矛盾，互不相让，连吵带打……我的带班经验、教学方式和语言习惯，都与低龄孩子有"代沟"，也不太适应与小朋友在一起相处的模式，搞得每天各种状况，按下葫芦浮起瓢，一往教室去心里就发怵。记得有一次，张冬梅老师和程岚老师来听了一节我的课，一节课有半节课我都是在组织纪律、各处"捞猴子"。课后，两位老师和我谈到了还是要改变教学设计，开展更适合小朋友的学习活动，我觉得有道理，但一时又不知具体怎么做，心里很茫然。没过两天，我们班的两个孩子又和隔壁班的一位同学发生了冲突，把对方额头上打出了一个大拇指指甲盖大的血洞，看着特别吓人。那天下午，受伤的学生由家长带着去医院了，我的心情特别低落。有一位老师过来和我谈些事情，说着说着，我身后的柜子门毫无征兆地掉了下来，那位老师眼疾手快地帮我扶住了，而我的第一反应居然不是谢谢她，而是"它怎么不干脆砸了我呢"。那一阵，我时常在怀疑自己的选择是不是错了，是不是真的开始走"下坡路"了。

这个时候，小早培的其他老师给了我很大的帮助和支持，有的给我支招，有的直接帮我站台，大家齐抓共管。我们班的几位副班主任和我一起盯班，分头处理学生的问题，帮助我减少了很多压力；和我搭班的语文黄老师，每次进班都是稳稳当当的一句"我来吧"，然后就给我演示如何组织学生快速进入上课状态。渐渐地，我也学到了不少和低龄孩子相处的方法，我们班的课堂常规得到了很大的改善，班级管理也逐渐走上了正轨。

第二学期起，我把精力投入学生的习惯养成上。在经历了一段时间的个性化习惯养成活动后，我根据积累的经验，给2018年入学的新一年级同学设计了"我的数学小护照"。在护照开篇的个人信息页之后，我给学生提出了数学学习的"看听想说做"五建议，让学生在具体的行为习惯上有参照目标。护照中的课堂学习习惯从课前准备、坐姿端正、认真倾听、举手发言、积极参与五方面进行记录，作业习惯从按时完成、书写工整、解答正确、及时改错四方面进行记录，结合早培孩子"动脑强、动笔弱"的特点，我在作业环节也特别强调书写规范的培养。一年下来，这些记录使得这本护照还兼具了评价和家校沟通的功能。当小护照上的记录反映出近期的问题时，家长就会和我沟通孩子的状况，家校共同进行调整。而数学活动记录、学期小结和家长寄语，又使得这本护照成为孩子的"成长足迹"，具有了纪念意义。一年级的家长说，小护照"提升了兴趣又培养了习惯"，三年级的家长还来"求补办"。最重要的是，它陪伴和见证了孩子们切切实实的进步。

在习惯养成方面，我有几点感受和大家分享。习惯养成是渗透在平时生活的点点滴滴当中的，小孩子出现"好几天，赖几天"的状况很正常，需要一定时间的外力推动才能逐步内化，因此老师和家长要有"打持久战"的准备，联手形成合力，家校要求一致，效果才能更好。

此外，在教学工作中，我也逐渐确立了自己的特色——以课题学习促进学生的创新能力发展。课题学习隶属于"基于问题的学习"。一般来说，课题学习需要多人合作、历时较长，具有较强的综合性或应用性，在问题的真实性、挑战性及学习的自主空间上，相对于以教科书为主的学习具有更大优势，因而受到了许多国家教改人士的重视。国外一些教育者认为，课题学习可以提供学校教育所缺乏的学习挑战性，促进学生觉察关键概念和程序知识的需求，同时能提供机会让学生联结学校知识与真实经验，帮助学生形成终身学习的气质，在合作互动中共同体验认知进展的历程，有利于培养具有专业能力、有意愿合作解决问题的人。在中学的几年，我积累了一些开展课题学习活动的经验，于是我将它们带到了小学学段，也收获了很多惊喜。

我的课题学习，有些依托于课内知识的延伸与创造。例如，在学习了乘除法之后，我借助乘法口诀和倍数概念开展了两次"智慧老人的糖葫芦"主题学习，学生来研究具有特殊规律的数列的特征，并提出关于这个数列自己感兴趣、想要了解的更多问题。在第一次"糖葫芦"的研究中，一年级小朋友和我一起用树形图找到了所有的90种糖葫芦，顺便解决了其他一些他们提出的问题，孩子们特别兴奋，我也很敬佩他们的专注与耐力。在第二次"糖葫芦"研究的第一节课下课后，我说大家去喝水上卫生间吧，竟然没有一个同学离开教室，大家都在专心致志地创造自己的"糖葫芦"，偶尔有同学离开座位，比比看谁穿得更长，他们的钻研精神让我极其感动——我们工作的价值，不就是在于这种"激发"和"点燃"吗？

课题学习的形式在我开设的"数学探索"研修课上使用得更为广泛。这门课以一个个有趣的课题为载体，每一个课题包含不同层次的问题链。在课题探索的过程中，以学生自己动手实验、发现、思考和交流为主，初步学习研究数学问题的思想方法，提升提出问题、分析问题和解决问题的能力，拓宽学习视野，提升学习数学的兴趣。在我们的课上，经常出现大家全都低着头，来动手尝试、来共同游戏、来合作研究的场景，也不乏他们各显其能的自我创意。看，这个小朋友用自己设计的索玛立方搭出了一个沙发，可开心了！

在这学期研修课的课程小结中，五年级的一位同学写道："这学期的课题可谓变化多端，形式多样，让我们每个人都有喜欢、感兴趣的课题。此外，您通过一些'游戏'的方式引我们入胜，在探究问题的同时解决一些难点，让我们在'玩中学、学中玩'。"三年级的一位同学写道："每当周日晚，我都会想：时间快点过吧，我希望快点到周三。等到上课铃打响时，我们班的同学都会飞快地跑向207教室。每当来到教室时，都会看到一个'天使老师'，在您的课上我们都会很开放，很开心。"学生的喜爱，也给了我将这门课向更多年级延伸的动力。

这几年在小早培的生活，有困惑，有难过，但更有开心、创造和成长。所以，最后我想说，"下坡路"上，也有一路风景。

习近平主席在2018年教师节的讲话中曾对教师队伍建设提出以下要求："经师易得，人师难求"。一个人一生遇到好老师，这是一个人的幸运；一个学校拥有好老师，这是这个学校的光荣；一个民族拥有源源不断的好老师，这是这个民族发展的根本依靠、未来依托。在这个意义上说，对教师提出高标准、严要求，是天经地义的，既是对学生负责，也是对民族负责。今天，面对新时代新形势对教育提出的新的更高要求，面对建设社会主义现代化强国对教师队伍能力和水平提出的新的更高要求，我们必须从战略高度认识加强教师队伍建设的重大意义，坚持把教师队伍建设作为基础工作，引导教师做有理想信念、有道德情操、有扎实学识、有仁爱之心的好老师，做学生锤炼品格、学习知识、创新思维、奉献祖国的引路人，致力于建设一支宏大的高素质专业化教师队伍。

人大附中早培班会继续肩负时代和国家的使命，在培养高素质专业化教师队伍方面继续努力探索，立德树人，为国育才。

拔尖创新人才早期培养的发现与评价实践

第四章

一、探索发现与培养相结合的机制

（一）发现的意义

建设创新型国家需要大批拔尖创新人才。2018 年 5 月 28 日，习近平同志在中国科学院第十九次院士大会、中国工程院第十四次院士大会上的讲话中指出："创新之道，唯在得人。得人之要，必广其途以储之。要营造良好创新环境，加快形成有利于人才成长的培养机制、有利于人尽其才的使用机制、有利于竞相成长各展其能的激励机制、有利于各类人才脱颖而出的竞争机制，培植好人才成长的沃土，让人才根系更加发达，一茬接一茬苗壮成长。要尊重人才成长规律，解决人才队伍结构性矛盾，构建完备的人才梯次结构，培养造就一大批具有国际水平的战略科技人才、科技领军人才、青年科技人才和创新团队。"总书记的讲话给我们提出了一个课题：作为教育工作者，我们怎样去"培植好人才成长的沃土"？我们怎样做才能"让人才根系更加发达，一茬接一茬苗壮成长"？

1. 培植好人才成长的沃土，根系在基础教育

说到拔尖创新人才培养，许多人习惯性地想到人才培养的终端——高等教育，认为这是大学、科研院所的事情。这就像看到了枝叶繁茂的大树上的累累硕果，却很少有人去关注这棵大树是怎样成长起来的一样，当然也就更不会去留意参天大树的生命是根植于大地的。高等教育作为人才培养的摇篮，其作用不可替代，但大学生不是平地冒出来的，是从呱呱坠地、牙牙学语，到幼儿园、小学、中学一步步成长起来的。响应总书记提出的"构建完备的人才梯次结构"，基础教育无疑也应是"战略科技人才、科技领军人才、青年科技人才和创新团队"这个梯次结构——"创新团队"中的一部分，是奠基的工程。只有培植好基础教育这块人才成长的沃土，为高等教育输送优秀的人才，才能实现让人才根系更加发达，才能实现拔尖创新人才"一茬接一茬苗壮成长"。在基础教育阶段就应当考虑为未来的领军人才奠定什么样的基础，使其具备创新人才的潜质，这才是"尊重人才成长规律"的表现，拔尖创新人才也才有可能在后期冒出来。因此，如何在基础教育阶段对某些具有特殊潜能和创新潜质的超常儿童进行科学的鉴别与培养，具有重要意义。

2. 拔尖创新人才早期发现和培养是人才贯通培养的需要

随着时代的变迁、科技的进步，无论是拔尖创新人才的发现还是培养，都不可能因循守旧、墨守成规，特别是近两年中美贸易摩擦，尤其是芯片领域我国遭遇到的挑战等，都暴露出了杰出人才的匮乏，也让我们清醒地看到了我国的基础研究和发达国家还有差距，在实现中华民族伟大复兴的进程中，急需大批拔尖创新人才。但是，我们的教育跟上了吗？特别是我们的基础教育，在实现高质量公平教育的同时，如何能够让那些具有创新潜质、特殊潜能的超常儿童不被束缚住，能够保持创新的活力，好奇心不被抹杀、想象力不被磨灭？这些都需要我们俯下身子扎扎实实地去实践、去探索、去深入研究。另外，我们目前有没有这样的良好环境，也是个严峻的课题，不得不引起我们深度思考。

2009 年清华大学创立了"钱学森力学班"（简称钱学森班），其使命是：发掘和培养有志于通过技术改变世界、造福人类的创新型人才，探索回答"钱学森之问"。钱学森班首席教授、中科院院士郑泉水先生谈到钱学森班的成立背景时，有一个例子让我们记忆深刻：2001 年郑教授招收了一个非常优秀的本科生跟着他读硕士，有多优秀呢？郑教授说一个博士后一年多没有解决的问题，这位本科生两个星期就解决了。这名学生告诉导师："我们本科班只有我一个人有兴趣做学术。"郑教授知道这种情况后感到十分震惊：清华这么好的资源和条件，你们这么好的天赋，怎么可能一个班只有一个人做学术呢？郑泉水教授被深深地刺痛了，用他自己的话说："我觉得我们误人子弟！"

郑教授举的这个例子，也引起了作为基础教育工作者的我们的深思：出现这种情况，我们觉得不能把板子都打在大学身上，我们给大学输送的学生是不是本身就有问题，是不是本身就不具有拔尖创新人才的潜质？我们的中学教育，甚至小学、幼儿园，乃至家庭教育，在整个链条上是不是都有问题？孩子们的好奇心、想象力是不是很早就被抹杀了？为什么我们的学校总是培养不出杰出人才？这个著名的"钱学森之问"已经过去多年了，今天我们的基础教育又做出了哪些改变，能不能算得上是"培植好人才成长的沃土"，我们应该做一些怎样的探索？

回答"钱学森之问"最大的挑战是如何识别并招入具有巨大创新潜质的人才。在人才发现和选拔上，郑泉水教授积极推动，提出了基于当前高考体系，借助大数据，依托高校和中学联动，从国家最急需的高端创新人才选拔与培养开始的多维测评招生举措。高校和中学联动这一想法与人大附中早培班刚成立时提出的"探索小学、中学、大学和科研院所"贯通培养的最初想法不谋而合。通过贯通培养，大学、中学共同追踪学生的表现，更有利于大学比较准确地选拔他们所需要的具有创新潜质的学生，也更有利于我们追踪学生后期发展情况。

（二）如何发现具有创新潜质的超常儿童？

拔尖创新人才的发现和培养一样，既要守正，又要创新，既要符合历史发展规律，又要适应时代需求。那么，如何更科学有效地去发现具有创新潜质的超常儿童？我们一方面总结自己的实践探索经验，提炼实证研究成果，同时也以开放的心态，汇集多方面的力量，关注国内外研究成果，融通中外，熔铸精华。

1. 构建"贯通小学到大学，放眼国内到国际"的实证研究体系

如果说在大学阶段识别具有巨大创新潜质的人才是难题，那么在幼儿园和小学阶段识别他们则是更大的挑战，贯通培养则能更密切、更深入，近距离、长周期地研究超常儿童在不同年龄阶段的表现。我们相信这些研究成果将为超常儿童的培养和发现提供更有力的支撑。另外，我们已经在追踪历史上人大附中超常儿童班学生进入社会后的发展情况，以便进一步反哺拔尖创新人才的早期发现和培养工作。2014年人大附中联合人大附中实验小学共同招收了从小学一年级开始的"小早培班"，把研究对象延伸到整个小学阶段，使人大附中的超常教育研究更加完整，也涌现出了一批成果。近十年来，人大附中早培班的众多高级研修项

目都依托了北大、清华、中科院等大学和科研院所，为拔尖创新人才的早期发现和培养积累了宝贵的第一手资料。2019 年 11 月，在当代教育家刘彭芝校长和中科院白春礼院长的推动下，人大附中和中科院前沿科学与教育局签署了战略合作协议，把拔尖创新人才早期发现和培养工作进一步深化。人大附中的超常儿童研究团队关注着国内超常儿童的研究成果的同时，也一直高度重视国际上关于超常儿童研究的最新成果。2013 年，刘彭芝校长创办"普林斯顿国际数理学校"，从理论和实践层面对中外超常儿童教育进行更直观的比较研究和更深入的实践探索，集中外教育之精华，科学合理地熔铸到超常儿童的发现和培养体系。人大附中已经初步构建起了从小学、初中、高中到大学的贯通培养体系，也构架了立足人大附中、放眼世界的超常儿童培养通道。几年来，一个立体的、全方位的实证研究体系初步构架完成，也探索出了独具特色的人大附中拔尖创新人才早期发现之路。未来研究人员如果能对超常儿童从幼儿园开始，一直到他们进入社会的后期表现，进行更长链条的全过程追踪研究，一定能让拔尖创新人才早期发现和培养工作更加清晰、更有效率。

2. 借鉴历史经验，创新具有时代特征的智力因素考量

（1）智商测试的发展历史

说到发现超常儿童，很多人首先想到的是：肯定要选拔智力好的。如何选拔？需要进行智商测试。我们先看一下智商测试的变迁和发展，这个过程一定能给我们一些启示，让我们在鉴别超常儿童的过程中少走一些弯路。

智商测试是舶来品，其创始人是英国的上层绅士弗朗西斯·高尔顿，那时候智商测试的项目有身高、体重、肺活量、拉力和握力、听力、视力、色觉等，更多的是通过体格检查来研究能力的个体差异；另外，他认为智商跟遗传有关，也一直推崇优生。

美国人詹姆斯·麦基恩·卡特尔完善了高尔顿的某些测量方法，是最早将心理学研究结果统计量化的心理学家。他在自己的实验室内编制智商测试项目 50 个，包括测量肌肉力量、运动速度、痛感受性、视听敏度、重量辨别力、反应时、记忆力以及类似的一些项目，并应用到包括教育在内的不同领域。到 19 世纪 90 年代末期，卡特尔对哥伦比亚大学的学生和社会公众进行了 10 年的测试，并观察智商测试中表现优异的学生是否也是学校里的好学生，他的观察结果是智商测试与学术造诣之间没什么特定关系。

19 世纪到 20 世纪的转折关头，法国人埃尔弗雷德·宾尼特先是从自己的两个女儿开始观察研究，他得出了一个重要结论：孩子和成年人之间的主要区别在于集中精力的能力，注意力能否集中是智力发展的关键。

查尔斯·爱德华·斯皮尔曼将高尔顿的优生学理论和宾尼特的测试方法结合到一起，取得了理论上的突破。他将其理论总结为"常规智力"和"特定智力"。例如，从一个人古典文学领域的得分情况可以很好地预测他在其他领域的得分，"常规智力"指数越高越好；而作为一个足球运动员，需要的是"特定智力"——反应机敏。对于从事足球运动而言，"特定智力"比"常规智力"更重要。

1905 年宾尼特和他的同行希奥多·西蒙发表了第一套看上去是"大杂烩"的智力测试题，用于测试智商，还将参加测试孩子的年龄考虑了进来。他们认为能否正确回答某一特定问题并不重要，重要的是，必须考虑正确回答该问题的孩子们所处的年龄段。这种方式流传至今，直到今天，在很多智商测试的量表中，我们依然能看到这种看上去混杂了多学科的智商测试形式。

（2）智商测试不应作为发现超常儿童的唯一手段

从智商测试的发展历史可以看出，虽然有些观点已经比较陈旧，但在今天依然有可借鉴之处。我们的研究团队在鉴别和发现超常儿童方面一直关注着国内外研究的进展，从中吸取精华，不断调整完善。这当中自然也使用过很多量表，但在几十年的探索中我们发现学生每年的得分越来越高，而区分度在逐渐降低。有趣的是，从世界范围看，诸如斯坦福-比奈（Stanford-Binet）测验和韦克斯勒（Wechsler）测验等与教育有关的智商测试，从前到后一代代人的分数也在看长。智商测试的分数为什么会逐渐升高，文献记载中并没有说确切的原因。为了减少这一影响，我们的研究团队查阅了大量国内外筛选超常儿童的文献和量表，悉心探索，潜心研究，结合国际通用的一些量表进行创新，加入我们自己的研究成果，力图形成更准确、更客观的选拔依据。即使这样，我们发现上述问题虽然有改观，但区分度依然不是很高。智商测试这种方法的好处是比较节省筛选的时间，结果比较稳定，我们一般会在比较大样本的初步筛选当中部分使用，所以说即使是我们的初步筛选，也并不是智商测试，只是了解一下智力情况大概什么样，智力的检测不能说不重要，但不能作为唯一手段。

3. 潜心研究，创新具有时代特征的非智力因素考量

首先，小学生甚至初中生的生理和心理年龄都偏小，认知能力仍然在快速发展，要想从他们中间甄别出具有创新潜质的儿童，本身难度就很大。其次，随着近年来各种新技术的不断推出，人们的学习和生活方式已经发生了巨大变化，分布在人群中的超常儿童接收信息的方式和信息来源已经发生了很大变化，这些无疑给超常儿童的发现和培养工作带来了新的机遇。同时，现实中超前学习的现象也大量增加。另外，既然有比较模式化的量表，就很容易被模仿而反复训练，从而造成测试结果的不公平和不准确。后两点也进一步增加了甄别真正的超常儿童与"被超前学习儿童""被超常儿童"的难度。如果仅仅依靠一个特定指标的量表，显然已经无法跟上当前的形势，也难以甄别出具有创新潜质的超常儿童或者在某一方面有突出才能的儿童。那么，又有哪些因素会影响一个人的创造力和创新能力呢？

美国斯坦福大学的心理学家特尔曼及其同事曾对智能与创造力进行比较研究。从 1921 年开始，他们用 35 年时间追踪了 1 500 多名高智商儿童。这些儿童被视为天才儿童，具有良好的天赋，享有优越的教育，社会也给他们提供了应有的环境条件。但令人失望的是，虽然这 1 500 多名超常儿童中有的成了社会名流、专家学者，但他们当中并没有出像牛顿、达尔文、爱迪生式的人物，有的甚至穷困潦倒，流落街头。对这两类人的智力和人格特点进行分析的结果表明，他们结局不同的主要原因不在于智力，而在于人格特点的差异，尤其在意志品质方面。成就最大的人具有自信、自强、谨慎的品格，有坚持下去和抗挫折的能力。有些智力平常而拥有坚强意志和优良品格的人，也同样能取得惊人的成就。天才应该富有创造性，但拥有高智商的人不一定成为天才，智商与创造力之间并没有必然的关系。研究发现，在抽取的创造力最高的五分之一的青少年中，他们的智商不是最高的；在抽取的智商最高的五分之一的青少年中，他们的创造力不是最高的。另有研究发现，高创造力组的青少年平均智商低于高智商组，甚至低于大学生平均智商。芝加哥大学教育学教授杰明·布鲁姆领导的一个研究小组，对美国 120 名颇有成就的艺术家、运动员和学者进行了为期 5 年的调查研究，结果表明他们的成功靠的是努力和决心，而不仅仅是高智商。

《一万小时天才理论》这本书，收集了不少丰富生动的案例，表明人们眼中的天才之所以卓越非凡，并非天资超人一等，而是付出了持续不断的努力。要想成为某个领域的世界级专家，1万小时的锤炼是任何人从平凡走到成功的必要条件，我们称之为"精深学习"。可以简单地算一笔账，一年365天，如果连续10年从事某件事情，差不多需要每天3小时，如果年限缩短一些，那么每天的时间会更长。看上去每天3小时也不算多，问题是有一个不间断条件，才可以在大脑中形成一层"髓鞘质"，不间断才能使这层"髓鞘质"不断增厚。在不间断的过程中又会经历多少成功、失败、欢乐、痛苦，需要何等的热情、专注，多么坚强的意志品质、抗挫折的能力，但又有多少人能够做到连续十年持之以恒呢！

研究发现，高智商的人未显示出创造才华，主要是因为富有创造力的人身上有一种与众不同的人格力量，这种人格力量是多种人格特征的有机结合，包括独立型人格、灵活型人格、容纳型人格、主动型人格、痴醉型人格。与之对立的则是从众型人格、刻板型人格、偏狭型人格、被动型人格、表浅型人格。研究发现，创新人才的培养不仅需要智力训练和思维方法指导，更重要的是人格的教育。杰出的华裔数学家、获得世界三个顶级大奖的丘成桐说过："其实，无论做什么学问都非常辛苦，倘若只是为名，或只是为利，都不能走到最后。"他表示，有兴趣、能坚持、甘于忍受寂寞的人，才能成就一番大事业，而这些品格上的积淀，都应该始于中学阶段。

对于创新人才的素质，朱清时提出四点看法：第一，有好奇心。没有好奇心的人很难有真正的创新。第二，有高度的想象力。第三，有很好的理解力。第四，有良好的表达能力。如果一个人的表达能力不行，那么他的创新想法再好，别人也无从了解。施一公曾组织清华大学的学生梳理拔尖创新人才已具备的品质，最终大家认为，有两个品质是必备的：一是好奇心，二是批判性思维。其余大部分品质都可以从这两个品质中衍生出来。施一公提出，中小学校应鼓励学生保持他们的闯劲，保持他们的棱角，要让学生有鲜明的个性。

通过长期的实践与研究，刘彭芝校长认为，拔尖创新人才是创新精神、创新能力和创新成果的结合体，拔尖创新人才在中学期间受到的是创新精神、创新能力的培养，而出创新成果则是在大学期间或大学毕业以后。创新能力的两个重要因素是创新人格和创新思维。从某种意义上讲，创新型人才＝创新人格＋创新思维。因此，要培养和造就创新型人才，不仅要重视创新思维的培养，而且要特别关注创新人格等非智力因素的训练。超常儿童创新人格特质主要表现为：学习自主，人格独立；好奇心强，乐于探究；思维发散，观念灵活；不迷信权威，敢于质疑。

在发现超常儿童的过程中，我们非常看重创新人格的多维度考量，因为这些更能体现超常儿童的创新潜质，相较于智力因素，这些非智力因素可能更重要。

4. 形成科学有效的选拔标准

总体而言，人大附中对超常儿童的早期发现与培养过程是一致的，即发现的过程也是一个动态的因材施教的过程，而培养成果又会反哺鉴别与选拔工作。

（1）注重考查学生的智力因素，更注重好奇心、创造力等非智力因素

本研究开展初期，为了确保鉴别工具的科学性和合理性，研究团队设计了多种多样的情境，以科学、专业的量表为依据，运用科学有效的方式对超常儿童进行评价。中科院心理所在超常儿童鉴别方面有着非常成熟的经验和一套科学的体系，人大附中的超常教育一直和中科院心理所有着紧密合作，因此在早培班项目成立的最初几年，双方已经就超常儿童的筛查工作开展合作，由两边的团队共同完成这项工作。

1）智商测试所占权重并不大。

一直以来，有很多人认为我们主要依靠智商测试来鉴别超常儿童。不可否认，我们在对超常儿童进行鉴别时，会重视其在智力方面的表现，尤其是在观察力、记忆力、理解力、空间能力、逻辑推理等方面，编制出可以量化的测试题目，通过分数鉴别选拔。但通过多年的追踪测试我们也发现，智商测试虽然相对容易操作，结果也相对稳定、便于比较，但同一个学生初次测试和多次测试差异比较大，特别是近年来也确实存在同一个孩子多次进行训练后表现"表面超常"的现象。并且，近年来参与选拔的学生这种"被超常"的现象逐渐增多，因此仅靠智商测试对于鉴别和发现超常儿童具有一定的局限性。基于此，智商测试在我们的筛查中所占权重并不大，我们只是在大面积的初筛中才会用到一部分类似的测试。

2）好奇心、创造力、抗逆力等非智力因素占比逐渐加大。

相较孩子在智力方面的表现，我们更看重他们是否具备好奇心、想象力、创

造力、抗逆力、领导力等素质，如果以权重来衡量，这几方面的表现至少要占到30％甚至更多。那么这些个性特质如何在孩子早期被有效鉴别和发现呢？通过历年来对入学一年后的早培班学生进行调查，我们发现，在被问到对当初参与筛查的哪个环节印象最深刻时，他们几乎都会提到"团队合作、动手制作"项目。下面以我校 2018 年的一道筛查题目为例，进行解释说明。

高架吊台

【测试内容】

每 4 人组成一个团队，任务是在 30 分钟内，利用（且只能利用）教师所提供的材料搭建一个尽可能高和长的高架吊台，包括一个能够独自站立不与桌面粘接的主体高架结构，和一个尽可能长、有创意的吊台。吊台只能由拉锁拉着，不能与高架结构进行粘接。

【活动材料】

6 根吸管、4 张背胶标签纸、5 根橡皮筋、2 个纸杯、4 根回形针。

【评分细则】

1. 报告完成后高架吊台独自站立，保持平衡至少 10 秒钟。（10 分）

2. 测量从桌面到吊台最低点位置的垂直距离，每 2 厘米得一分。（最多 30 分）

3. 测量成功达到平衡的吊台的总长度（两端之间的直线距离），每 2 厘米得一分。（最多 30 分）

4. 吊台的创意性。（10 分）

5. 团队合作。（20 分）

总分 100 分。

【规则事项】

1. 任务完成时间为 30 分钟，如学生提前完成可举手向教师报告，教师进行后续测量工作。

2. 学生只可以运用教师提供的材料，不得将桌面和主体高架进行粘接、打洞穿插等。

3. 吊台不能碰到桌子，且操作结束后吊台保持平衡至少 10 秒钟才能得分。

在这项测试任务中，由于时间短，孩子们大脑中需要有一个高架吊台的概貌才能进行搭建，于是，有的孩子就现场绘制设计草图，非常严谨投入；由于平衡的吊台越高、越长，得分就越高，孩子们都想尽量搭得更高、更长，这不仅需要细致耐心，更需要有高度的专注力以及掌控全局的能力，对孩子提出了极大挑战；因为时间有限，几乎所有小组都遇到了一些不顺利的地方。组织分工合理、团队协作表现好的小组，在搭建接近临界状态时，会有成员出面主动保护；协调工作没有做好的小组，则遭遇了失败重来的风险。任务结束后，孩子们完成的千姿百态的创意吊台，充分展示了他们各自的想象力和创造力。

此外，纵观任务完成过程中的各个环节，团队中每个孩子的表现各不相同，尤其在面对挫折时，每个孩子的表现存在较大的个体差异。心理学研究表明，那些影响人类社会进步的杰出人才都有一个共同点，即都有远超出常人的抗逆力，而这也是我们非常看重的。从这个角度来看，我们每年针对超常儿童开展的鉴别发现工作不仅仅是一个测试，也是一个针对拔尖创新人才进行早期培养的活动。正因如此，在每年的筛查测试中，我们都会精心设计，采用多角度、多种方式对学生进行全过程立体式的考查，以便对学生的个性特质进行全面的发现与了解。

（2）既注重考查儿童的知识提取与应用能力，又注重考查其问题解决能力

在多年的超常儿童鉴别与培养实践中，我们既注重考查其知识提取与应用能力，又注重考查其问题解决能力，后者甚至可以占到30%左右的权重。

1）借助挑战性内容考查学生新知识的提取与应用能力。

通过多年的研究实践，我们发现，超常儿童的思维往往不受约束，创造新知识是他们身上非常突出的一个特征。为此，在超常儿童早期鉴别工作中，我们除了考查学生在群体协作中的表现，也会尝试安排一些更富有挑战性的内容对学生进行个别考查。这些考查的内容材料往往并非某一学科的知识，也与学生自身的知识储备没有直接关联，而是需要学生通过对材料的学习归纳创造出新知识，并应用它们去解决问题。实践研究表明，这种考查方式具有较高的区分度。对于我们设定的问题，绝大多数孩子都比较感兴趣，有的甚至表现出超乎寻常的兴趣和热情，在完成任务过程中也表现得高度专注、思维流畅，能够灵活运用已有经验，甚至具有独创性。有时我们也会将这类问题设计成要求以团队协作的方式完成，学生是否具有良好的团队合作能力，是否愿意倾听别人的建议、吸收别人的经验等，也是我们非常看重的特质。

此外，当前很多校外培训机构针对超常儿童筛查进行的培训无疑给学校正常的筛查工作带来了极大干扰，但我们在筛查过程中也发现，在教师指导下进行的需要提取、加工多方面信息，解决具有一定开放性和探究性的问题时，能够激发超常儿童的兴趣。这类问题看上去就很有趣，但它不属于某一学科，具有很大的开放性。但是，需要学生有比较好的心理素质，平时靠大量做题提高熟练性而不做深入思考的学生，遇到这类问题没办法对号入座，基本上一看到问题就慌了。另外，解决这类问题还需要学生能够比较好地运用方法迁移、创新思维、综合素养，方能完整解决。这种考查能较好地规避由于学生"被超常"而产生的干扰，获得比较理想和稳定的结果。

2）考查学生关键领域素养及问题解决能力。

研究团队中很多老师长期执教人大附中超常儿童实验班，他们多年负责学校的学科竞赛工作，也有不少老师参加高中超常教育实验班筛查命题工作。在日常的教学及命题工作实践中，大家有一个共识，即那些能够联系实际的探究性问题往往容易激发这些超常儿童的学习兴趣。在对学生进行阅读、数学和科学等关键领域素养的考查时，如果在题目设置上具有注重知识应用及情境化处理，突出学生发现、解释和解决现实科学问题的特点，这样的考查结果会有比较高的区分度。

为此，我们把对学生阅读、数学和科学等关键领域素养的考查纳入对超常儿童的鉴别测试工作中。但考虑到我们面对的是年龄更小的少年儿童，因此实践中我们结合实证研究成果，使筛查所使用的内容素材更符合较小的学生的年龄发展特征。如我们测试的素材可以来自科学、工程技术等方面，但又并非某一具体学科的知识，它们和学生的生活学习体验相结合，有能够激发学生探索兴趣的真实情境。同时，这些素材要求学生具备较高的阅读素养和数学素养，使他们能够通过对素材的学习发现问题，并经由加工获取的信息来解决问题。

如在某一年的测试中，我们把科学家用来估测油分子大小的方法作为一个基本素材，结合学生的生活实际编排了一个真实的问题情境，还给每个学生发了一套简易的测量工具，由学生通过阅读提取有价值的信息，据此做出分析判断和解释计算。测试中我们发现：有些年龄大些或年级高些的学生成绩并不好，反倒是有些年龄偏小但善于观察和深入思考且具有较好科学素养的学生表现突出。事后通过和学生座谈我们了解到，原来有些高年级学生受到课上所学方法及数学课外班练习题的干扰，直接将解题方法照搬过来，但由于只看到表面现象没有理解问题的要义，因此才会在测试中表现平平。

(3) 要求学生能做、能说、能写，具备领导力与自信心

人大附中超常儿童实验班培养出的学生目前很多已经参加工作，也有部分学生赴国外留学。据这些学生反映，与教育发达国家学生相比，中国学生的数理知识基础很扎实，具有明显优势，但在写作和表达上明显处于劣势。此外，通过与几所国际知名中学的长期交流合作和比较研究，我们也发现，科学交流是他们科学教育非常看重的一部分内容。中国在超常儿童的发现培养方面比较注重严谨的逻辑思维与推导能力，而很多国际知名中学更注重让学生自己或组成团队去探索尝试，即使是团队合作，也更注重鼓励学生进行独立的思考与表达，借此培养学生的领导力和自信心。为此，我校在超常儿童鉴别与培养过程中，要求学生不但能做，还要能说、能写，还非常注重对学生领导力与自信心的考查培养。上述我校 2018 年一道筛查题目《高架吊台》中，还有一项重要的考查指标，就是组织协调能力，即领导力方面的考查，这些在测试中占到 10% 左右的权重。

早在 2011 年 9 月，我校就开始在早培班七年级的研修课程里设置了探究性小课题，从八年级开始尝试和大学及科研院所对接，让学生利用研修课时间进行真实的科研实践，全过程都要求学生能做、能写、能说，收到了比较好的效果。由于研修课被列入平时的课表，因此除了周末平时也有固定时间保证，使得科研实践得以顺利进行。据统计，学生在校外实验室的次数最多可以达到每学期 33 次，平均每周 2 次左右，有的课题研究甚至要持续一年或几年时间。

课题研究期间，校内导师要同时联系学生和校外的院士/教授导师，并且按相关领域把学生分为若干讨论组，每两周一次把各组集中在一起进行相互交流提问，每人都要总结并做口头汇报。此外，学校还在每学期安排一次正规的课题答辩，学生要写论文，做 PPT 汇报，其间会有由校外导师组成的专家团进行评议。正是由于参加了这样的科研实践活动，目前我校七年级到十二年级的学生都有研究报告在国内正规学术期刊上发表。

基于对实践的反思，我们也将拔尖创新人才的培养经验引入筛选过程中。如在一年一度的筛查工作中，我们会通过精心设计安排，让学生分组进行动手动脑、制作探究方面的活动。活动通常由几人配合完成，在此过程中学生是否具备

丰富的想象力、超强的动手能力、快速准确收集加工信息的能力、简洁概括的语言表达能力等，都成为我们重点考查的指标。此外，由于语言表达环节时间比较紧张，我们还会安排特定的领导力考查环节，以及一定的主题班会时间，给所有孩子语言表达的机会，以便对学生的语言表达能力做进一步观察。

（4）注重传统文化教育，重视对学生的家教家风考察

人大附中特别重视拔尖创新人才对社会的反哺作用。一直以来，人大附中都非常注重对拔尖创新人才进行中华优秀传统文化和革命传统文化的教育，开设了名著阅读课程。几年的探索，我们看到了名著阅读在学生身上带来的变化——腹有诗书气自华，在他们身上既有外在的才气，更有一种用语言难以形容的灵性，而学生这方面的积累会折射到他们的行为习惯和思想品德的外在表现中。在江西兴国开展的革命传统教育实践，让学生充分认识到我们今天生活在新时代的责任与使命，从而促使其树立正确的人生观与价值观，树立坚定的目标与远大理想。在超常儿童的筛查工作当中，我们也十分注意考查学生对中华优秀传统文化和革命传统文化的了解与掌握情况。这一过程也是对学生进行立德树人教育、厚植爱国主义情怀的过程。目前这部分内容权重相对固定，占到 25％以上。

家庭教育对孩子的成长至关重要，良好的家教家风会为孩子的成长乃至一生发展奠定良好的根基。尤其对于超常儿童而言，他们在很多方面表现特殊，容易引起别人的关注，如果家庭教育不当，那么最后或者会"泯然众人矣"，或者成为"精致的利己主义者"，目前已不乏这样的先例。因此，我们在对超常儿童进行鉴别发现的整个过程中，非常注重对其家庭教育和家风情况进行考查，特别是进入后期的小范围筛查阶段时，往往会直接和学生及其家长见面，了解孩子这方面的状况。考查内容包括家长的教育理念、育儿理念、孩子的成长过程、家长对某些问题的见解等，交谈范围很广，话题也不确定，其间还注重让孩子发表自己的想法。这时孩子的个性特质和家庭教育因素往往能够比较生动地表现出来。

实践中我们也发现，具有超常儿童特质的孩子往往来自家风正、家庭教育环境较好的家庭；也有的孩子尽管家庭条件不太好，却具有明显的超常儿童特点，而他们的家风也基本不错。需要说明的是，尽管家教家风因素不好用分数衡量，也不在我们的鉴别中占固定权重，但十分重要，有时甚至可以起到一票否决的作

用。因为教师如果在筛查的某些环节发现孩子在这方面存在问题，再面对面了解时，就可以进行进一步的判断，也会为最后的取舍提供可靠依据。

（5）发现与培养一体化，在培养的过程中发现有特殊才能的学生

我们发现具有创新潜质的超常儿童或者在某一方面有突出才能的儿童，目的还是为了更好的培养，如果能为他们未来成为某一领域的领军人物打下基础，我们今天的探索无疑是很有意义的。对于超常儿童的培养，国内外基本上都是两种方式：一种是加速模式，通常是缩短学制，考虑到学生的年龄特点，这种方式无疑也相当于加深了学习内容；另一种是丰富模式，扩充学习内容。人大附中早培班并没有缩短学制，而是一种全新模式的拓宽加深，兼具了加速与丰富这两者的优点。我们的创新点是：创设丰富的个性化研修课程，且个性化研修课程常态化，排入正常课表。解放学生、解放老师，因材施教，在课程设置上给老师更多自主权，给学生更多的选择，课程深度上也不搞一刀切，不限制学生的发展。例如，从加深的角度看，九年级学生当中有学初中课程的，也有学高中课程的，甚至有人已开始学习大学的课程；从拓宽的角度看，有喜欢研修人文、艺术、体育的，也有钻研数学、科学的，甚至有小小年纪痴迷于工程、技术类问题，醉心于机器人、电脑编程等，更有甚者几个初中生一起策划、运营为学校师生服务的"跑腿公司"……我们提倡自主学习，老师是课程的引导者，是学生创新能力的守护者。有些课程虽然是老师开设的，但学习的主体是学生，不少课程到一定程度后，需要比较精深的专业知识和跨学科、跨领域的知识，老师就是想包办也做不到。有了丰满宽松的环境，学生身上那些内在的创新潜质、特殊的才能就很自然地表现出来了，我们也能够清晰地看到一个个鲜活的生命、真实的个体所呈现出的创新的一面。对这些学生我们既有评价，也有追踪、回访。结果发现，有些孩子在当初筛选的时候，表现并不是十分突出，但在培养的过程中他们很快就后来居上。我们反思或许是我们的筛选方式不够完善，或受包括筛选时间等多种因素的制约，这些孩子没有充分展示的机会，有些特殊的潜能并没有表现出来。当我们把这种理念和培养方式运用到非早培班学生身上时，也有些孩子表现出了特殊才能，表现出了超常儿童的特征，表现出了很强的创新能力。通过这些实证性的研究，我们越来越深刻地体会到，因材施教的过程也是一个动态的发现过程，用培养成果反哺鉴别与选拔工作，把发现和培养结合起来更有价值，更具有普遍

意义。使拔尖创新人才的早期发现与早期培养相呼应，发现与培养一体化，发现-培养-再发现-再培养，这种发现方式或许是最准确的。

　　为了更直观地说明这一点，我们举一个案例：2018届早培班高中毕业的安子瑜同学，目前在北京大学就读。如果拿通常的标准来看，她无疑是一个非常优秀的学生，学习成绩也很好。我们对她进行了几年的追踪观察，她曾参加了北京大学和清华大学针对文科生的自主招生考试，这两个大学的自主招生可以说不同于高考，没有考纲和考试范围，考生是来自全国的众多优秀学子。在这两所大学的测试中安子瑜都名列前茅，甚至在其中一个大学的测试中排名第一。细想一下，我们觉得也不是很意外，因为她到早培班不久我们就发现了她在文学领域有比较突出的特长。为此，2013年6月，主管早培班项目的副校长高江涛、班主任语文老师钱颖伟，还有安子瑜和她的家长，带着安子瑜创作的诗稿，特意拜访过著名作家曹文轩先生，曹先生也肯定了她在文学方面很有天赋。从此我们注重进一步发挥她在文学方面的才能，因材施教，进而取得更多的收获。2012年安子瑜出版了她的第一部诗集《停顿的风》，2017年又出版了她的散文和诗歌集《天使·玫瑰之城》。她在2011年进入早培班六年级时，成绩确实比较好，但其他方面并没有特别之处，这也给了我们一个启示，仅仅靠量表和工具还是有一定局限性的。从那时起，我们特别注意在培养中发现孩子身上一些潜在的突出特质，以便更有针对性地搭建平台，给他们创造更适合的发展特长的环境。

　　安子瑜是在培养的过程中被发现有特殊潜质的学生群体的代表，像这样的学生在人大附中还有很多。每一个学生在一开始进入人大附中时，也许按照之前的鉴别标准，没有看到他的特别之处，但人大附中每一位科任教师都选择了信任，选择了等待，选择了用放大镜去发现他的优势和潜能，从而促进他的优势和潜能逐渐放大，像一棵棵小苗一样发芽，最终成长为参天大树。爱与尊重是人大附中的一种文化，在发现中培养，在培养中发现，在实践中摸索具有中国特色的拔尖创新人才早期发现和培养模式，早已成为人大附中每一位老师的使命。

　　经过多年的实践探索，我们也深刻感受到，上述几方面多维度考量的指标是相辅相成的，如果只片面强调某一方面就会有失偏颇；同时，这些内容也不是一成不变的，要随着时代的发展变化不断发展创新。实践中，这些方面的素质在一个超常儿童身上往往有交集，有的孩子整体表现都很突出，这固然令人兴奋，更多的孩子则是整体表现均衡，有几个方面比较突出，这同样带给我们惊喜。所以，我们对超常儿童的筛查不求全责备，而是抱着宽容的态度，相信经过科学的教育可以使他们日臻完善。归根到底，鉴别和发现超常儿童最终是为了更好地因材施教，为他们未来成为拔尖创新人才奠定基础。我们也希望通过不懈努力，走出一条具有中国特色和时代特征的超常儿童发现与培养之路。

二、构建多元化过程性评价的体系

（一）评价的目标和意义

新课程标准提出，评价的目标和意义不再仅仅是甄别和选拔学生，而是促进学生的发展，促进学生潜能、个性、创造性的发挥，使每个学生都具有自信心和持续发展的能力。这种基于发展的评价理念早已在人大附中根深叶茂，以评价促进发展成为评价的核心。

"尊重个性，挖掘潜力，一切为了学生的发展，一切为了祖国的腾飞，一切为了人类的进步。"在学校办学思想的引领下，早培班倡导"解放孩子的手和脑，为他们打好人生底色，让生命自由而充分发展"的育人理念。这一理念体现了以人为本的教育思想，其核心就是"关怀与解放"，即我们的各项工作既要关怀人，关怀人的发展；又要解放人，让学生的潜能得到充分发挥，让学生自主成长。培养各个领域内的拔尖创新人才是早培班的育人目标，为实现这一目标就要建立起与之相适应的评价机制。评价机制的探索是早培育人体系中的重要一环，科学、完善的评价机制建立对早培班的教育、教学有巨大的引领和导向作用，对学生和家长也是如此。反之，如果我们的评价偏离了早培班的育人初心，就会形成错误的导向，在错误方向上我们越是努力，离目标就越远。

解放儿童、鼓励创新、搭建平台、多元发展是早培班成立伊始的育人初心。从评价的角度看关怀与解放儿童，就是要把学生从繁重的应试中解放出来，给他们宽广的平台。近十年来，我们在潜心探索创新课程改革的同时，积极探索创新评价模式，并确定了以下几个基本点：第一，在评价内容上，从以升学为唯一目标转向注重全面发展和个性发展为目标；第二，在评价方式上，不以考试为唯一评价方式，而是采取灵活多样、生动活泼的评价方式促进学生发展；第三，在评价实效上，注重让学生体验获得感，通过欣赏他人、分享成功等心理体验树立良好的自尊心、自信心。从以下两位毕业生的反馈来看，我们实现了预期的目标，即以评价促教学，以评价促发展。

　　说早培班塑造了我的性格，一点也不为过。这个环境不将考试的分数作为最终的评判标准，因此我有了更多的闲心和时间去尝试更多的东西。从某种方面来讲，这鼓励了创新，也包容了失误，使我成了一个"爱折腾"的人。在被名校录取后，我回顾那些可能使招生官或是教授欣赏我的优点，无一例外的，能在早培这七年的学习生活中找到与之相对的影子。（2017届早培毕业生：郑逸杉）

　　早培从来不是唯分数论的地方。正因为大家都有各自的特长，并不以标准化的分数作为唯一的评判标准，所以并没有在个性的发展期，被灌输对于竞争的过度执念。反过来，也正是这种心境令我们尝试少有人走的路，不怕试错，而逐渐地找到正确的方向。（2018届早培毕业生：冯思特）

（二）评价的基本原则

1. 发现-培养-评价三位一体

为实现解放儿童、鼓励创新、搭建平台、多元发展这一早培班育人目标，早培班坚持人才发现-人才培养-人才评价三位一体，形成综合育人体系。坚持在发现中培养，在培养中评价，在培养、评价中再发现、再培养的育人理念（见图4-1）。

图4-1　发现-培养-评价三位一体

发现、培养、评价是互为统一的整体，密不可分。发现是前提、是基础，为培养指明方向，培养是发现的目的，评价是为了更好地促进发现与培养，而发现、培养和评价的方式则是动态的、多维的。在丰富的课程和多彩的活动中展示学生的才华，在展示中发现学生的爱好和潜能。展示自我平台的搭建就是为了实现对学生积极的评价和肯定，学生在展示中发现自我，成长自我。早培班力求为每一个孩子找到适合他们成长的道路，从而激发出他们的潜能。

案例 1 （2017 届早培毕业生：郝祎辰）

七年级开设的早培研修课程，为我们提供每周两个半天的时间深入研究自己感兴趣的问题。正是七年级的水火箭研修课激发了我对工程对物理的兴趣。在课上我们构建原型，无数次尝试失败，最终用简单的材料实现了多级水火箭的发射。正是因为我对航天的兴趣，高校长之后带着我和几名同学受邀前往甘肃酒泉卫星发射中心观摩"天宫一号"的发射。进入八、九年级后，随着我们学术研究水平的提高，学校通过科技俱乐部给予了我跟随清华大学物理系兰岳恒教授接触科研的机会。通过这个机会，我掌握了查找文献、建立模型等能力，同时提前适应了和大学导师的沟通方式。除学习之外，早培班从创立以来便致力于把我们培养成全面的人才，而不是只会学习，不知道如何表达自我，不知道如何与别人合作的"书呆子"。正是一次次英语课的演讲、一个个科学类课程的展示和一次次课堂辩论，使得我不断练习和提高了演讲和与别人合作的能力。正是这种学术之外的能力帮助我在十一年级时成为人大附中规模最大的社团——JA 经济社的执行董事，负责社团的各项活动，同时经过长达两周的竞选以票数第二当选人大附中校学生会活动部副部长。

案例 2 （2018 届早培毕业生：朱星宇）

我对自己感兴趣的领域的探索开始于早培班七年级的上学期，当时我选择了周晶老师和王鼎老师教授的"物理实验探究"，在研修课的实践中，探究一些IYPT（国际青年物理学家竞赛的简称）的物理题目（当时我的合作者是贾斯迈同学，现在他已经是 IYPT 国家集训队的一员了）。老师要求我们使用规范的研究方法对物理问题进行探究，使用规范的格式去梳理我们的研究结论。在那门课上，我发现了物理学使用抽象表达式来描述客观事实这一能力的魅力，并且获得了一些基础的对于科学研究的认识。在早培班七年级的下学期，因为劳技老师一次偶然的邀请，我参加了一个叫作"机关王"的创意工程挑战赛，在那个比赛里我们通过自行设计拼装数千块零件做出了一个能够一次开启之后就依次触发13个机关的系统，获得了一等奖第一名。那次经历时间周期虽然不长，但是作为我在所谓"工程"上的第一次尝试，为我之后的探索开辟了一片新的天地。到了早培班八年级，得益于科研实践研修课的机会，我加入了北京市青少年科技俱乐部，进入清华大学天体物理中心进行科研实践，以高等院校的标准去进行文献阅读、研究开展等工作。一开始没有经验的我经历了数次选题失败，走了不少弯路，但在学校老师和导师的培养下，我逐渐熟悉了科学研究的方法，并获得了很多与研究方向相关的知识，但是由于知识储备不足的原因，课题在初中期间的推进并不明显。同样是在早培班八年级，我在另一个研修课上选择了FTC机器人，作为我在工程领域上一次更深入的尝试。当时的我还不会编程，主要负责机械结构部分的设计和搭建，并且和程序组的同学对接。我和队友们自己摸索出了许多方法，参加了2014年和2016年（在2016年我担任团队总工程师）的两届比赛，并且获得了不错的成绩。这次经历对我而言不只是工程领域科研经历上的丰富，更重要的是在团队协作的经验和领导力上的提升。统筹一个十余人的、各有分工的团队对我来说是很大的挑战，也是极大的提升。

到了高中，我继续参加上面提到的两项活动：科研实践和机器人，并且在高一的时候就已经有一个较为明确的对未来的期望：以后涉足物理＋机械工程领域，但后来的经历又让我的想法有所转变。高二时，受麦天承同学邀请，我参加了"登峰杯"数据挖掘比赛，系统地学习了编程知识，并且使用一些机器学习算法实现了很多有趣的预测功能，最后获得了全国初赛和复赛的一等奖。这次经历之后我发现了编程的乐趣，因为使用十分抽象的代码让计算机实现很复杂的运算对我而言，感觉很美妙。我在机器学习上的尝试并没有止于这次比赛，我还找到了交叉研究的灵感，将我之前一直在做的天体物理的课题与机器学习进行了融合，使用机器学习的方法突破了一些之前使用传统方法做数据分析和处理的瓶颈，很大程度上推动了我的课题进展。到了高三，我在清华的课题已经结束，但我还在继续与导师合作去开发基于机器学习的恒星观测数据处理新方法。同时得益于人大附中的平台，我从2018年1月开始去旷视科技有限公司实习，做一些计算机视觉的研究和产品开发。

2. 重视过程性评价

学生的学习过程是丰富多样的，不同的学生会有不同的学习经历，从而产生不同的学习结果。过程性评价则将评价的视野投向学生的整个学习经验领域，认为凡是有价值的学习结果都应当得到肯定的评价，无论这些学习结果是否在预定的目标范围内。过程性评价所带来的结果是，学生的学习积极性大大提高，学习经验的丰富性大大增强。

早培班实行小学-初中-高中十二年一贯制，为实现过程性评价、建立长期有效的评价机制提供了保障平台。早培班丰富多元的课程体系为过程性评价机制建立提供了实现的载体。过程性评价有利于及时发现、调整学生的学习方式，有利于学生主动寻找适合自己的学习方式，能更好地适应早培的培养模式，有利于因材施教，促进学生成长。以下做法体现了早培班对过程性评价的重视。

第一，建立个人过程性评价档案：自学生入学开始，为每个学生建立过程性评价档案，及时记录各项过程性评价材料，并分阶段与学生、家长沟通反馈。

第二，将过程性评价纳入学年终评成绩：各学科将过程性评价纳入学年终评成绩，占比不低于 40%，个别学科占比达到 70%（如早培班六年级的物理化学科学探索课）。

第三，研修课程结业成绩以过程性评价为主：早培班每门研修课在开课时都要提交课程计划，在课程计划中必须要有评价方案设计，评价方案中要求过程性评价不低于 70%，由开课教师具体设置过程性评价细则和项目。

3. 坚持多元评价

早培班要在各个领域培养拔尖创新人才，评价方式就需要多元化，而不仅仅关注学生的学习成绩。早培班为学生提供丰富的课程和活动平台，在课程和活动中多角度地发现、培养和评价学生，使他们得以成长。从评价的维度上，主要是人才评价和课程评价两大方面。人才教育是早培育人的核心，所以从评价上也更重视对学生的人才维度评价，具体如表 4-1 所示。

表 4-1　早培教育多元评价维度表

评价维度		评价项目
人才评价	思想品德	尊重他人、热爱集体、友爱互助、乐于奉献
	行为习惯	遵规守纪、讲究卫生、劳动习惯
	领导能力	学生会活动、学校社团活动、年级活动、班级活动、学科活动、校外实践活动
	学习能力	学习专注力、课堂参与度、作业完成、问题钻研态度、开放性作业提交
	体育锻炼	自主锻炼习惯、体育课表现、体质健康测试
课程评价	过程性评价（不低于40%）	课堂表现、作业情况、平时成绩等
	终结性评价	学科期中期末笔试、学科知识竞答、课程展示等

4. 评价方式多样

以过程性评价和多元评价为主的评价体系，必然促生多样化的评价方式。除了常规的期中、期末的笔试评价，早培班师生还开发出了非常多样的评价方式：作品展示形式、汇报演说形式、提交文章形式、活动展示形式、学生社团形式、评比竞赛形式等。丰富的研修课程更是涌现出了多样的评价方法，研修课程更加注重过程性评价，重视学生发展的过程。

5. 评价方法

根据以上评价原则，早培班逐步建立了多样的评价策略和方法，这些评价方法与具体的评价目标、评价对象、评价项目和评价课程相适应，体现了不同的评价特色。这里因篇幅关系，只选取小早培的一些具体评价方法进行说明。

（1）小早培激励导向课程评价

小早培的孩子还处于求学的初级阶段，很需要及时的正向反馈。因此，在各门课程的各个学习环节中，发挥评价的激励作用是非常必要的。设计合理的评价机制，对学生良好学习习惯的养成、保护好奇心和想象力、持续激励学习动机都很有帮助。经过几年的探索与完善，小早培在常规课程与拓展课程中都形成了一套多元立体评价机制。过程性评价渗透到学习过程中的方方面面，突出学习品质和学科素养教育；终结性评价根据课程特点，分别采取笔试、乐考、小组汇报、专项演绎等形式，评价形式多元化，评价方法多样化。

1）常规课程评价设计。

以数学课为例，图4-2展示了小早培的数学常规课程评价方案。从中可以看出，过程性评价所占比例更高，全面关注日常学习环节，从课堂行为、作业质量、单元小结、专题活动等角度观察学生的学习习惯、参与合作等情况，突出养成教育；终结性评价分学段采取不同方案，在低年级设置了乐考环节，符合低龄儿童的学习心理需求。

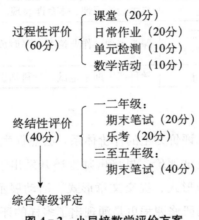

过程性评价
（60分）
- 课堂（20分）
- 日常作业（20分）
- 单元检测（10分）
- 数学活动（10分）

终结性评价
（40分）
- 一二年级：
  - 期末笔试（20分）
  - 乐考（20分）
- 三至五年级：
  - 期末笔试（40分）

综合等级评定

图4-2　小早培数学评价方案

● 过程性评价——立足学习环节，关注学习习惯。

在开学之初小早培的每位同学都领到了一本"数学小护照"。在护照开篇的个人信息页之后，教师给学生提出了数学学习的"看听想说做"五大建议，让学生在具体的行为习惯上有参照目标。护照中的课堂学习习惯从课前准备、坐姿端正、认真倾听、举手发言和积极参与五方面进行记录，作业习惯从按时完成、书写工整、解答正确和及时改错四方面进行记录。根据每天在课堂学习和作业方面表现出的状态，孩子会获得不同数目的星星印章或太阳花贴纸。这本护照兼具了评价和家校沟通的功能。当小护照上的记录反映出近期的问题时，家长就会和老师沟通孩子的状况，家校共同进行调整。此外，护照上还设置了数学活动记录、学期小结和家长寄语等栏目，这又使得这本护照成了孩子的"成长足迹"，具有了纪念意义。家长们说，小护照"提升了兴趣，又培养了习惯"，最重要的是，它陪伴和见证了孩子们切切实实的成长与进步。

● 终结性评价——精心设计实施，关注能力素养。

在小学中高年级阶段，小早培常规课终结性评价以笔试为主。各年级严格遵循期末笔试流程，做好测评工作。出卷审卷高度关注知识覆盖面、能力考查点与题目科学性，面向全体学生把控难度与时间的平衡。测评前，监考教师和学生都要分别参加相关的考务和考纪培训，明确测评要求，落实行为细则。监考过程严格，阅卷分析及时，试卷讲评高效，已经成为小早培笔试的一贯作风。

在小学低年级阶段，我们以"考出快乐，闯出精彩"为主题的乐考作为终结性评价方式之一。从外在角度观察，乐考让孩子感受到了考试的轻松与快乐，是符合儿童天性和成长规律的；从内在角度挖掘，乐考不仅仅是带给学生愉快体验的游戏，不仅仅是一种评价形式与手段上的变化，而是从评价内容到评价过程都遵循课程理念，从知识导向到能力导向，再向素养导向回归，把知识和能力置身于情境化的试题中，强调已有知识、认知、技能的整合。

以二年级数学第一学期乐考为例，每个模块考查的内容与关注的核心素养如表4-2所示。

表4-2　二年级数学第一学期末乐考方案设计

模块内容		乐考实施方式或路径	考查的知识和能力	所指向的核心素养
第一模块	合力接龙 口诀接龙 速算接力	小组4人相互配合，接龙完成	100以内加减法、乘法口诀、表内乘除法	合作能力、责任意识
第二模块	脑洞大开 奇妙的A4纸	依据特定情境和具体条件，小组谈论并制定出合理的解决方案并实施	长度单位厘米和米及实际测量、时间知识的实际运用	问题解决、探究精神、创新意识、协作交往
第三模块	不找零小超市	用前两个模块创收到的奖励资金到超市实际购物	人民币的认识与在生活中的使用	解决问题、社会责任

前两个模块是学生的创收模块，第三个是消费模块。每个模块都对应不同评价标准的代金币（人民币学具）作为奖励资金。"有素养的人，不仅是有创造性的人，而且是对其行为能负责敢担当的社会人。"为此，每个模块设置两种奖励

资金，一种是完成效果奖励，一种是礼仪奖励。礼仪奖励可视学生在遵守秩序、文明用语、安静等待、合作交流等方面的行为表现颁发多次，礼仪奖励资金的设置主要是考查学生"协作与交往"的非认知性素养，并倡导和传达"立德树人"的教育价值观。

2）拓展课程评价设计。

以表4-3"数学探索"研修课程评价设计为例，完整地展示了一门课程的评价设计方案及设计思路。这一设计具有鲜明的课程特点：课堂表现所占比例最高，突出考查了学生形式多样的课堂参与情况；期末采取小组面试考查，与课堂活动组织形式高度一致，突出解决问题、合作交流、口头表达等能力的考查。

表4-3　"数学探索"课程评价设计

环节	比例	说明
出勤	15%	上课的学生是全年级混班报名的，按时出勤是对学生最基本的习惯培养和安全保证，要求每节课按时到教室上课，有情况提前请假
课堂表现	40%	课堂学习主要通过课上时间开展，为了起到引导和鼓励的作用，本课程在课堂表现部分设置的分值比例远高于一般常规课中相同环节的比例，重点关注学生在动手尝试、自主思考、倾听、表达、合作等方面的状态。每个学生的课堂评价以小组评价为基础，再结合个人表现做出调整，每节课进行记录
作业	15%	每学期布置10次左右的课后作业，在至少完成5次的前提下，学生可以自由选择做或不做某次作业。作业从按时提交、完成质量两方面进行评价
学期小结	10%	学生基于个人思考，从"我的感受与收获""我最感兴趣的课题""我还想提出的新问题""我的建议"四方面进行学期小结，也帮助教师了解学情
期末面试	20%	随机组成小组，在准备好的若干个课题中抽签选定一个，经过现场30~40分钟的讨论，对其中的问题形成结论并做出解释说明，向教师进行不超过15分钟的汇报与答辩。教师根据小组讨论环节中的合作情况、汇报条理性与准确性、回答问题情况进行评价
合计	100%	

一学期的拓展课结束后，每个学生都能拿到属于自己的几张课程学科素质发展水平反馈表（见表4-4）。这张"学科素质发展水平反馈表"聚焦个性观察，

不仅反映了学生在各个评价维度的成绩,还有具体的"教师寄语"对学生一学期的整体表现进行描述。"教师寄语"以鼓励性评价为核心,针对每个学生的具体情况记录他（她）在课程学习过程中的表现,并指出他（她）今后的努力方向,在细致中有温度,体现了"爱与尊重"的理念,是激励学生不断正向成长的良好方式。这种多元立体评价方式在学生良好学习习惯的养成、保护好奇心和想象力、持续激励学习动机等方面都取得了非常突出的成效。小早培的学生乐学、会学,受到了学校和家长们的高度认可。

表 4-4 研修课（活动课）学科素质发展水平反馈表

姓名		班级		课程名称	
学习评价	单项评价内容	单项得分			
	考勤（15%）				
	作业（15%）		总评：		
	课堂表现（30%）				
	课程总结 40%				
教师寄语					

结合小早培常规课程和拓展课程的评价案例,不难看出,早培课程不仅丰富多彩,课程评价也注重多元化和多样化,与此同时,课程评价还注重紧扣评价目标,注重发现-培养-评价的三位一体。以上这样有趣、多元的课程评价方式在早培体系中还有很多。事实上,早培教师在每学期上课之前都会参考早培管理团队给出的课程评价技术文件,结合自己课程的实际特点,有针对性地设计课程专属的评价方法和评价机制。这里附上早培评价课程不同部分的技术思路（见表 4-5）。

表 4-5 评价课程不同部分的技术思路

技术	诊断性评价	过程性评价	总结性评价
非正式地观察和记录学生行为	叙述性描述,个案历史,教师用等级量表,非干扰性技术	叙述性记录,个案历史,教师用等级量表	叙述性记录,个案历史,教师用等级量表
非正式地收集来自学生的信息	兴趣调查表,学生用等级量表,问卷,访谈,自我报告	兴趣调查表,学生用等级量表,问卷,访谈,自我报告	兴趣调查表,学生用等级量表,问卷,访谈,自我报告

续表

技术	诊断性评价	过程性评价	总结性评价
学生作品样本分析	个人和小组计划，课堂笔记内容分析，学校日记和阶段记录	个人和小组计划，课堂笔记内容分析，学校日记和阶段记录	个人和小组计划，课堂笔记内容分析，学校日记和阶段记录
学生测验	客观性测验，标准化测验，论文测验，态度量表，投射技术	客观性测验，标准化测验，论文测验，态度量表，模拟和角色扮演	客观性测验，标准化测验，论文测验，态度量表，模拟和角色扮演

下面以在课程教学中有广泛应用的等级量表为例，说明运用等级量表，教师有可能测定一个班级、一个小组或个别学生的技能水平（见表4-6）。

表4-6　实验类课程的等级量表

姓名：
日期：
所学技能：
1. 对步骤的理解：　　　　（1）不理想　　（2）中等　　（3）良好　　（4）优秀
2. 参与的愿望：　　　　　（1）不理想　　（2）中等　　（3）良好　　（4）优秀
3. 对每一项技能的掌握：　（1）不理想　　（2）中等　　（3）良好　　（4）优秀
4. 完成技能活动：　　　　（1）不理想　　（2）中等　　（3）良好　　（4）优秀

教师结合实验类课程的等级量表，设计符合自己课程知识水平和课程特色的等级量表，注重学生学习过程的准确评价。早培班六年级化学实验操作考察表就是结合表4-6进行的设计（见表4-7）。

表4-7　早培班六年级化学实验操作考察表

考生班级＿＿＿＿＿＿＿＿　　　考生学号＿＿＿＿＿＿＿＿　　　考生姓名＿＿＿＿＿＿＿＿
抽签确认考试项目后，在序号上做标记。

序号	操作	评分要点（明确错误1点扣1分，满分为10分）	最后得分
1	块状固体取用	1. 用镊子夹取 2. 瓶盖倒放在桌面上 3. 试管横放 4. 放在试管口缓慢竖起滑到试管底部 5. 盖上瓶盖，试剂瓶放回试剂盒	

续表

序号	操作	评分要点（明确错误1点扣1分，满分为10分）	最后得分
2	粉末状药品取用	1. 用药匙取用 2. 瓶盖倒放在桌面上 3. 试管横放，伸入试管后竖起 4. 药匙用后要擦净，以备后用 5. 盖上瓶盖，试剂瓶放回试剂盒	
3	倾倒法取用液体药品	1. 瓶盖倒放在桌面上 2. 试管和试剂瓶口斜靠 3. 缓慢倒入，倒入少量（1～2毫升） 4. 盖上瓶盖，试剂瓶放回试剂盒	
4	滴加法取用液体药品	1. 打开试剂瓶，瓶盖倒放在桌面 2. 用滴管吸取液体（先用大拇指和食指压扁胶头，后伸入液体中吸取） 3. 滴加液体时，滴管要垂直正对试管口上方，不能伸入试管中 4. 盖上瓶盖，试剂瓶放回试剂盒	
5	加热固体药品	1. 用试管夹固定试管（夹在离试管口约1/3处） 2. 先均匀预热，后集中在有药品的下方加热 3. 加热时试管口应略向下倾斜 4. 正确点燃和熄灭酒精灯	
6	加热液体药品	1. 用试管夹固定试管（夹在离试管口约1/3处） 2. 先均匀预热，后集中在有药品的下方加热 3. 加热时试管角度约成45° 4. 正确点燃和熄灭酒精灯	
7	用量筒量取液体药品	1. 选用合适规格的量筒（要求量8毫升，提供2种） 2. 先倾倒液体 3. 接近读数时改用滴管滴加 4. 读数时视线与凹液面最低处保持水平	
8	过滤操作	1. 正确制作过滤器 2. 正确固定仪器 3. 正确用玻璃棒引流 4. 液体不能超过滤纸 5. 结束时正确整理	

（2）研修课程评价

第一，每位研修课教师在开课时都要提交评价方案说明。

第二，课程结束时要提交评价结果。

第三，结课时多样化课程成果展示。根据不同研修课程特点，在课程结课时，早培班创造出了多种形式的课程成果展示，例如，汇报演出、过程记录、上市产品、作品展示等。

早培班的课程评价兼顾过程性评价和评价的客观性，根据课程特点和学生需求设置科学合理、客观准确的评价标准，从而激发学生的学习热情和潜力，实现发现-培养-评价的三位一体。

早培班依据育人目标、育人理念、学生特点、课程设置、学制特点等，努力尝试评价机制的改革和创新，重视过程性评价和多元评价，同时注重评价的科学性和客观性，努力搭建适合每位早培学生发展的平台，坚持在发现中培养、在培养中评价的基本思路，让评价发挥更多的激励和发展功能。

第五章

拔尖创新人才早期培养的
阶段性成果与展望

一、十年深耕精研，拔尖创新人才早期培养模式成果初现

2010 年，《国家中长期教育改革和发展规划纲要（2010—2020 年)》颁布，明确指出教育要"适应国家和社会发展需要，遵循教育规律和人才成长规律，深化教育教学改革，创新教育教学方法，探索多种培养方式，形成各类人才辈出、拔尖创新人才不断涌现的局面"。人大附中早培班于这一年成立，它的创办是国家建设教育强国的迫切需求，是人大附中 30 多年超常教育实践的延续和深化，也是中国特色社会主义教育在人才培养模式上的创新与示范。

回溯这十年历程，我们秉承人大附中的办学思想——"尊重个性，挖掘潜力，一切为了学生的发展，一切为了祖国的腾飞，一切为了人类的进步"，不忘初心，坚持立德树人，紧紧围绕"全面发展＋突出特长＋创新精神＋高尚品德"的育人目标，不断探索和研究拔尖创新人才的成长规律和培养方式，致力于找到一条有中国特色的创新人才早期培养之路。同时，通过对超常儿童的培养，使这些孩子有更大的机会成长为拔尖创新后备人才，从而为祖国的腾飞和中华民族的复兴做出突出贡献，也成为推动人类文明的力量。

经过十年的深耕与开拓，早培项目研究在理论层面与实践层面都取得了重大突破，获得阶段性成果，探索出了一套拔尖创新人才早期培养较为成熟的模式，为国家开展拔尖创新人才的探索提供了可供参考的范式。

（一）理论层面

第一，立德树人，要在厚植学生爱国主义情怀上下功夫，要从根上浇灌，从娃娃抓起。学校德育要抓住青少年世界观、人生观、价值观形成的关键时期，让爱国主义的种子在学生心中扎根。要尊重教育规律，尊重孩子的成长特点，努力创新，打造更多青少年喜爱的教育教学方式和载体是实现这一目标的重中之重。

第二，培养创新能力，关键在于塑造学生创新人格和培养学生创新思维。超常儿童创新人格特质主要表现在：学习自主，人格独立；好奇心强，乐于探究；思维发散，观念灵活；不迷信权威，敢于质疑。创新思维是创新能力的核心，创新思维与创新人格密不可分。创新能力的培养可以通过创新型课堂教学、多学科融合教学以及班集体创新精神主题教育等多种途径得以实现。在培养过程中，提升学生的自信心、保护学生的想象力以及开展合作学习等至关重要。

第三，践行关怀教育，因材施教，充分解放孩子的手和脑，为他们打好人生底色，让生命自由而充分发展。早培班学生个体之间存在较大差异，学生的兴趣爱好不同，在不同学科上的水平也不一样，教学搞一刀切显然违背了拔尖创新人才培养的规律。我们开设了近200门课程，以适应学生的个性化需求；研修课采用小班教学，以提升因材施教的效果；按照学段设置研修课题，每个年级有8～12个研修课题供学生自选；实行与大学、科研院所等联动的导师制，学生参与导师科研；实行弹性学制，尝试跑班教学。

第四，超常教育是特殊教育。对超常儿童进行超常教育属于"高层次的教育公平"。早培班选拔具有不同优势智能的超常儿童作为教育对象，是为了给他们提供适合的教育，使其突出潜能得到发现、挖掘和发展，为国家培养拔尖创新后备人才，是教育公平在更高层面的体现。

第五，科学与艺术的结合是创造的源泉，人文素养是学生立德成才的基础。在培养学生科学、技术、工程素养时，必须重视人文艺术类课程的开发与实施。

（二）实践层面

第一，在课程建设上建成了一个体系：12年上下贯通、内部纵向衔接、与本部横向融合、三类课程有机统一的早培育人课程体系与评价体系（基础课程、拓展课程、先锋课程）。

第二，在育人模式上形成了一种机制：学校顶层设计、项目整体规划、各部门协同管理、各年级各学科逐级落实、有序推进、学生自主管理的早培育人机制。

第三，在团队管理上开创了一个格局：一线教师、管理团队各尽其职，整合家长和社会各界力量组成教育共同体，共同研究育人策略，形成敬业爱岗、守正创新、团结合作、科学研究、合力育人的工作格局。

第四，在学生综合素质上重视培养人文素质和艺术修养：语文教学中的"名著阅读"已经在全国推广；绘画教学与生物等科学融合，实现学科跨界联姻，培养学生的创新能力；形体课、音乐课让学生们欣赏美、塑造美；设计技术课与物理课协同创新。

（三）成果亮点

第一，德育建设：围绕"为谁培养人，培养什么样的人，如何培养人"这条主线，构建了以"立德树人"为宗旨的早培德育培养体系，形成了"目标引领-素养导向-主题活动-名著阅读-公益实践-红色研学-全员育人"的特色德育路径。

第二，课程建设：围绕办学理念和育人目标，以"拓宽、加深"的充实式教育模式为宗旨，课程设置打通了学段与学科壁垒，形成小早培 MAGIC 课程、早培班六年级物化生实验探究课程、语数外小初高贯通课程、个性化走班制研修课程、中学与大学对接培养的课程等系列早培特色课程体系，以及立体多元的课程评价体系。着力培养学生的自主学习能力、科研实践能力和创新精神，兼顾智力与非智力因素，科学、人文和艺术素养并重。实行以过程性评价为主导的"发现-培养-再发现-再培养"的拔尖创新人才培养机制，建立小初高衔接，与大学、科研院所协同培养拔尖创新后备人才的"一条龙"培养模式。

第三，队伍建设：在刘彭芝校长"尊重个性，探索适合全校每一个师生员工发展"的教育理念的引领下，深入探索，不断实践，逐步构建起培养拔尖创新后备人才的"教师教育"培养模式，形成了一支"四有"、"三型"、高素质、高水平、具有国际视野的教师队伍。"四有"即有坚定的理想信念，有高尚的道德情怀，有精深的扎实学识，有广博的仁爱之心；"三型"即融"研究型、综合型、贯通型"为一体。他们的言传身教、行为世范，引领守护着那些具有超常潜能的孩子健康成长；他们的创新精神、深厚学养和特别能战斗的作风，成为人大附中高素质教师队伍独特而精彩的写照。

第四，学生培养：以"立德树人"为根本目标，以培养"中国学生发展核心素养和社会主义核心价值观"为宗旨，坚持创新教育，不拘一格育人才；坚持因材施教，不以一把"尺子"衡量学生；坚持"松绑"理念，鼓励学生撒开跑，让各领域的好苗子竞相绽放，交相辉映。从已经毕业的三届早培学生情况来看，早培班育人理念与培养机制的优势得到充分体现。学生在全面发展、突出特长、创新精神、高尚品德等诸多方面成果丰硕，为国内外名校输送了一大批拔尖创新后备人才，早培班育人模式的成功经验也在逐步地向全国各地推广。

（四）成果推广

第一，借助海淀教研平台举办"教学开放日"，通过去中心化、区块链的课程实践推广早培教育教学改革成果。几年来我们向海淀区、北京市推出开放课200多节，接待来校听课人员近1 000人，受到了专家同仁的一致好评。

第二，与中国移动携手探索科教融合之路，向全国辐射早培先进教育理念和优质课程资源，为促进教育均衡做贡献。2019年10—11月，早培先后推出23节优质课，利用中华移动5G技术向全国16万所学校同步实时直播。直播课程覆盖学科广，课程生动、互动性强，充分体现了人大附中立德树人、以人为本的育人理念，展示了早培项目创新性、多元化、贯通性的课程特色。开放课积极探索多样化的"自主-合作-探究"课堂教学模式，充分解放学生的手和脑，培养学生积极的思维品质和良好的学科素养，呈现了良好的课堂实效。

第三，举办"名著阅读现场会"推广早培语文教学改革成果。早培语文组开创性地创设了"名著阅读"课程，将弘扬中华优秀传统文化和红色爱国主义精神的经典著作名篇引入课堂，塑造学生正确的人生观、价值观。近年来，人大附中先后两次召开全国"名著阅读现场会"，推广早培班名著阅读的成果，从读"一本书"到打开"一幅历史画卷"，将阅读红色经典作为学生必修课，从而达到语文教学和思政教学的双重效果。

第四，刘彭芝校长牵头在2012年成立国家一级学会——创新人才教育研究会并任会长。基于人大附中几十年来在创新人才早期培养方面的实践探索与引领担当，研究会得以在全国范围团结了一大批各领域的院士、专家、教育行政部门、大中小幼学校及社会团体等各方力量，共同参与、推进拔尖创新人才的早期培养。研究会现设有大学、中学、小幼三个专业委员会，会员单位 400 余个；主办了国内外公开发行的教育类学术刊物《创新人才教育》；通过承办中国基础教育卓越校长卓越教师培养基地、教育部教师国培计划、校长国培计划中小学校长领航班等项目，开展全国性的校长教师培训共 14 期，参训校长、教师 7 000 余人次。不仅在培训校长、教师方面做出了卓越贡献，也借此平台积极推广了拔尖创新人才早期培养的理念、经验与实践成果。

第五，人大附中还利用电视、广播、报纸、网络等各种途径和资源，对课题研究所取得的研究成果进行宣传推广。

二、数十年执着坚守，拔尖创新人才早期培养初衷不变

人大附中早培项目发展至今已十年，如果从超常教育的探索开始计算，我们对拔尖创新人才的早期发现与早期培养已经探索了 40 余年。这本书是对早培十年探索与创新实践的梳理与总结。由于时间及水平所限，参与本书编撰的老师们日常工作忙碌又烦琐，我们尽力完成各自的部分，虽有统筹，但仍不够系统、不够详尽、不够深入。本书只是一个开端，希望将来能够将早培的实践与研究形成系列成果陆续呈现。

回首过往，我们创办早培项目，要"培养推动人类进步的各个领域内的领军人物、领袖型人才"的初心从未忘记；坚持立德树人、"五育"并举，全力践行社会主义核心价值观的办学宗旨从未动摇；解放孩子的手和脑，为他们打好人生底色，让生命自由而充分发展的理念从未改变。40 余年超常教育的坚持与探索，十年早培的深耕与开拓，学生的成长与成才，是最让我们欣慰的成果。这条路没有终点，我们将继续前行。

十年是一个驿站，我们又站在新的起点上。早培项目的研究将继续向纵深推进，我们要边探索边研究边总结，不断研究拔尖创新人才的人格特质、成长规律和培养方式，以期形成科学、完善、系统化的具有中国特色的拔尖创新人才早期培养方略，最后结集成书。课题研究将立足于新课改背景下的创新教育，从以下

几个方面展开深度研究：

以社会主义核心价值观引领的早培人才核心素养培养的实践探索；

基于素养导向的早培学科贯通课程的实践探索；

早培科技创新教育实践探索；

小初衔接科学教育实践探索；

小初高衔接的创新合作学习实践探索；

早培"五位一体"的创新教学模式实践探索（竞赛、科研、自招、STEAM项目、大学先修）；

早培研修课信息化管理模式实践探索；

早培与大学联合培养对接路径实践探索；

早培学生生涯规划教育实践探索。

在未来的科学研究中，我们将更加注重对不同学科、不同领域的交叉、融合研究，让早培班的多元化培养模式更臻于完备，更趋于理论化、具体化、可操作化，为后人积累经验，为中华崛起奉献自己的力量。

最能证明早培教育成果的应该是我们培养的学生。在此，让我们借用几位学生在采访时说过的话，来表达我们对未来的美好愿景，对孩子们的由衷期盼：

> 希望他们都能成为这样的学子：
>
> 志存高远，坚毅执着
>
> 心系家国，胸怀天下
>
> 踏着新时代的风浪，迎着世界的大潮
>
> 带着母校的荣光，奔向未来

后记　勇于坚持，砥砺前行

《埋下种子　绽放未来》即将付梓，说句实话，这可能还算不上一本精致的书。尽管如此，我还是非常感动。

早培班创办快 10 年了，这是人大附中超常教育 40 多年的实践探索孕育而来的。一代代人大附中人为超常儿童的发现、为拔尖创新人才的早期培养呕心沥血，从未停止过探索的脚步。

刘彭芝校长 1987 年担任首届高中超常儿童实验班数学老师兼班主任，从那时起，就定下了一个长远的目标，即熔铸中外教育精华，探索为未来各个领域培养领军人物打下基础的早期教育。这与人大附中的校训"崇德、博学、创新、求实"、人大附中的学生培养目标"全面发展＋突出特长＋创新精神＋高尚品德"、人大附中的办学理念"尊重个性，挖掘潜力，一切为了学生的发展，一切为了祖国的腾飞"是一致的。早培班的创办，更是把拔尖创新人才的早期发现与培养推向了一个新高度。

我感动于早培班创办之初刘校长的亲力亲为。她心里总是装着学生，数不清她亲自给家长、学生开了多少次培训会；她多次请专家给学生、家长做报告，她在百忙之中抽时间也坐在下面认真倾听；她经常到课堂上听常规课，到现场指导研修课，她能叫出很多孩子的名字……为了能使早培班迈出坚实的一步，第一届早培班任课老师都是刘校长亲自点将，把好几位在高三把关的特级教师、教研组长、骨干教师直接调到了早培班，当然也包括我。

那一年我刚刚教完高三第一、第二实验班，并且我的学生俞颐超刚刚取得国际物理奥林匹克竞赛金牌第一名和几个单项第一，创造了中国学生参赛的历史最好成绩。从现在作为一名负责学校教学的副校长的我来看，把一个学校的优秀师资队伍集中派下来放到早培班，校长这样做是需要很大勇气的！老师们也感觉到须全力以赴办好早培班。可见刘校长是下了多大决心！

早培班不是只办一届，需要众多的优秀教师。刘校长心里一直装着教师队伍的建设。记得早培班成立的前几年，刘校长经常给我打电话，有时甚至是半夜或者凌晨。她往往开门见山："你感觉'谁谁谁'到早培可以吗？"也不止一次地问我："教早培班，你觉得是老教师比较好，还是年轻的博士、硕士更好？"当然，多次讨论后我们根据早培班老师的教育教学情况达成共识：不管是老教师还是年轻教师，只要是理念先进、知识渊博、功底扎实、勤恳工作、无私奉献、发自内心地爱学生、能引领学生进步的都很好。这样，也就为早培班和学校的师资队伍建设明确了方向。

如果问我人大附中早培班的老师有什么特点，我想到了这几个关键词：忠诚担当、团结奉献、富有激情、坚忍不拔、不怕吃苦、心无旁骛、勇于创新、充满童趣……时常能听到、看到他们说起学生时的滔滔不绝以及脸上洋溢的那种幸福、兴奋，甚至带有崇拜的表情。我很能理解，因为我也如此。"得天下英才而育之"不就是我们当老师最幸福的事吗！因为早培班的学生整体上精力比较充沛，甚至是有些过剩。一些孩子非常淘气，让人意想不到的淘，变着花样地淘，也许这是超常儿童的共性吧。以致早些年在人大附中安排老师的工作，有的老师一听去教早培，都有些畏难情绪。这个时候我总是跟老师说："你去教一段时间试试看，我相信你会喜欢他们的，甚至会觉得相见恨晚。"之所以这样说，是因为我亲自教过早培班，深有体会，能真切地体会到"人生三乐"之一的巅峰。在孩子人生最美好的年龄，我和我的同事们在用心陪伴，这是一件特别美好幸福的事情。这里，我举几个让我久久不能忘怀的例子。

刘成章老师是中国人民大学毕业的国学博士，学识渊博，因大脑门很亮，学生亲切地叫他"阿亮"老师。2012年刘成章老师的孩子刚刚出生，爱人也需要他的陪护。但他把家里的事情安排好后来学校参加研讨会，结果研讨会一直开到了后半夜，就和王鼎老师挤到一张床上休息了一下。老师们很感动，钱颖伟老师为此在我们的小报《早培绿地》上写了一篇《黑夜因你明亮》的文章。

王志鹏老师是哈佛大学博士后，2013年和我们一起去美国考察托马斯·杰弗逊学校的课程。每天白天连续一节一节地听课，到晚上组织讨论到深夜。出行的第三天早晨王志鹏老师突然接到家人电话，告之孩子出生了，是个男孩。他才告诉我们，他爱人给他生了个儿子，是个七个月的早产儿。原来在我们出发时，他爱人就有早产的迹象，已经住院几天了。他担心因个人私事影响团队考察学习任务，加之爱人的情况趋于稳定，就没有告诉大家。我听了既愧疚又感动，愧疚于自己脑子里都是工作，对王老师关心不够；感动于王老师无私忘我的精神，有这样的老师还愁干不成事吗？

从2012年开始我们在早培班开设了"公益研修课"，课程初创的某个学期，每周二下午钱颖伟老师都带着七年级的学生上"红色行动"——关爱无偿献血者公益研修课。学生在这门课程中要走上街头，担当"义务献血"活动的公益宣传员，并为无偿献血者服务。而每周二下午是早培班的工作例会，我们几个人每次开会都开到很晚。有一次正赶上有大型活动，开完例会钱老师要上台发言，她却脸色惨白，一问才知道，她因学生的宣传而感动，自己也献了血，我们真是既感动又心疼。

张文胜老师是早培班刚一成立就主动要求来上研修课的。他初中、高中课程都教得很好。那时候他是人大附中初三化学把关教师，也是北京市最优秀的化学教师之一，有一定的影响力。他主动请缨，问能不能教早培班。我当然求之不得，但我告诉他，他年年带毕业班，事业正在向着"巅峰期"挺进，将来评特级教师都有可能，而教早培班就不一定了，他还是毅然决然地选择来到了早培班。关上一扇窗的同时，他给自己也打开了另一扇门。他在早培班上着几个年级的课，还做着管理工作，如鱼得水。看着他每天幸福的表情，我既羡慕，又感觉似乎还欠着他什么。

2014年，小早培班成立了，这可是一个巨大的挑战。我们可是从来没有教过小学啊！我既兴奋又忐忑，几个方面繁重的工作已经让我感到力不从心。谁能接过这一块的工作？几位领导把许多老师一一过了一遍，最终锁定分管初中的生物组长张冬梅老师。张老师把校园科普做得风生水起，在全市有很大影响力，不管从管理能力还是业务水平来看，她都非常合适。但也考虑她曾患过大病，怕她身体扛不住。和张老师谈话时我清楚地记得，她的第一个问题也是担心身体。尽管如此，她还是愉快地挑起了这副重担。今天的小早培班，做出了自己的特色，也成了人大附中的一个品牌，跟她的苦心经营息息相关！

2016年1月底，我因为身体的原因住院做手术，在医院听说蔡芳老师倒在讲台上不省人事。我的心一下子提到了嗓子眼儿。前几年我不仅教着两个早培班的常规物理课、上着研修课、教着高中第一实验班的物理，带着学校周六的物理竞赛课，当着物理组组长，还管理着早培班和学校的教学工作，我感觉实在干不动了，领导们也都在想着给我找个得力的助手。2015 年 10 月，我参加高三理科第一实验班的老师研讨会。班主任蔡芳老师讲他们班的学科竞赛安排和高考复习安排，我眼前一亮，这正是我要找的人呀！蔡老师是英语高级教师，却能把学生五大学科的竞赛安排得井井有条，化解了学生参加竞赛和高三复习的矛盾，解决了许多难题。又联想到蔡老师还当过高三文科第一实验班的班主任，也取得了耀眼的成绩，还是北京市"紫禁杯"优秀班主任获得者。能全面管理早培班的人非她莫属。真是"众里寻他千百度。蓦然回首，那人却在，灯火阑珊处"。我赶紧和刘校长等领导汇报，我觉得蔡老师管理早培班会比我做得更好。就这样，我把蔡老师推到了全面管理早培班的岗位上。早培班没有专职领导，都是兼课老师，甚至是身兼数职。在医院里听说蔡老师病倒了，我本来阴沉的心里又蒙上了一层乌云，感觉有点喘不过气来。我病倒后所分管的学校工作都由其他领导承担了，这一下早培班繁重的工作又把蔡老师压垮了。尽管学校领导高度重视早培班的发展，但这样下去工作怎能不受影响呢？我怎能不揪心呢？真是雪上加霜！我再一次为工作安排感到内疚，也盼望着蔡老师能够快速康复。蔡老师十分坚强，从医院出来又上了讲台，但反反复复的心脏疾病已经把她折磨得变了模样，大家也劝她不要再上班了，实在是太危险了。可蔡老师一直拖到暑假才实施了手术。医生建议她休息一个学期，但因为我几次手术病得也很厉害，短时间内上不了班，蔡老师没休息多长时间，暑假过后又全身心地投入工作当中去了。

写到这里，我的眼睛里噙满了泪水，早培班感人的故事不胜枚举。为了这份事业，很多老师都克服了种种别人不知道的困难，甚至有不少老师是把家人、朋友也拉到了早培班建设的队伍当中来。可以这样说，早培班的团队是一支探索拔尖创新人才的早期发现和培养的钢铁劲旅，打不烂拖不垮。不管遇到多大的困难，没有人放弃，都是埋头苦干，积极探索！探索培养方式、探索课程设置、探索转变学习方式……正是因为老师们的这份执着和坚持，才创造了一个个奇迹，他们都是无名英雄。

说到早培班的学生，我觉得两个字最能表达我的内心感受：崇拜！我没有一点谦虚的意思，我真的是很崇拜他们。这些年一路走来，他们一次次地让我感动。仅仅用惊喜来形容是不够的，他们做的事情，经常让我不相信自己的眼睛，不相信自己的耳朵，也许孩子的世界我们成年人不懂，也许他们本来就应该是这样的。那我们不得不深思，全国有那么多的孩子，是什么抹去了他们身上本真的创造力、天马行空的想象力、无拘无束的好奇心？不管别人怎么评价，作为一个全身心投入这项工作的基层老师，我认为人大附中早培班这种模式在解放学生，保护孩子的好奇心、想象力上至少是比传统教育成功的。第一届早培班我教两个班的物理课，同时还给这两个班的十几个学生上着研修课。一个学期下来，我就看到了这种培养方式的先进之处。

2010 年早培班刚成立不久，时任海淀区教委副主任林海教授（北京理工大学教授，在海淀区教委挂职）来人大附中调研，谈话中点名要听早培班的课，并且就要听事先没有准备的常规课，于是我把林主任领到了第一届早培班语文教师吴凌和另一个早培班数学教师唐晓苗上课的班上。听课我并没有陪同，下课后林主任见到我异常激动，大声地对我讲："高校长，我真没有想到！这个培养方式你们一定要坚持下去，这样下去一定能解答'钱学森之问'！"这些话给我的印象太深了，虽然过去了九年多的时间，但我仍记忆犹新，并时时激励着我。

2012 年北京大学物理学院院庆活动期间，北大舒幼生先生请我给北大物理学院部分老师和来自全国的物理骨干教师讲讲有关竞赛学生的培养问题。我跟舒先生说，我正在做早培班的教育教学工作，可以讲讲我们在物理方面拔尖创新人才早期发现和培养的做法。我讲了个开头和结尾，中间先是请北大毕业的物理学博士周晶老师讲了一下她在早培班开设的课程和组织的几项类似"早培班称重大赛"的活动；吴月江老师讲了一下他的"物理工作坊"；接着两个学生（早培班八年级的胡雨石和王天冶）讲了一下他们正在进行的 μ 子平均寿命测量实验小课题（结题报告后来由正式期刊发表）。这个小课题是他们在阅读英文文献时发现的，受美国芝加哥大学一位教授发表的英文期刊文章的启发，他们也要做一个实验仪器来测量 μ 子半衰期，他们要挑战自己，想做得精确度更高，而做实验的仪器成本却要降到最低。这个课题是清华大学的宁传刚老师带着他们做的，宁老师给他们指定了若干的大学物理系的专业书籍，由他们两个一起一点点跳跃性地自学；因为要用到计算机专业知识，国内网站没有，他们还要到国外的网站上一点点学习编程。最后在十年级的时候他们做出来了，完美实现了既定目标。但当时他们才上八年级，算是很稚嫩的科研实践活动。我在结尾时做了总结发言。会议是在北大物理学院上普通物理课的一个大教室里开的，还没有说互动，坐在最后一排的北大普通物理实验室主任张朝晖教授就站起来发言了："高老师，我和清华的一位教授还说中国的物理没有希望了，今天我看到了希望，希望在中学！你们人大附中比我们做得好，你需要资源，贯通培养我可以支持你！"我听了很感动，一下愣在了讲台上，除了谢谢，竟然什么都说不出来。会后很多专家和我交流，大家都意犹未尽："看，这也是初中生，可是看看人大附中是在做什么样的培养，太需要大家学习了。"某全国著名中学的物理竞赛教练跟我讲："高老师，我们校长说希望中国的第一个诺贝尔奖出在我们学校毕业的学生身上，我看了你们的展示，如果出也会出在人大附中（那时候中国还没有诺贝尔奖获得者）。"虽然是玩笑话，但可以看得出，同行们对我们的探索还是给予了积极的肯定和大力的支持。

　　从那个会后，我带着十几个喜欢物理的学生经常到北大和清华的实验室，大学本科生做完了实验，仪器不收拾，紧接着早培班的学生就开始了"测金属的杨氏模量""测液体的粘滞系数"等实验。北大的张朝晖教授、刘春玲教授，清华的张留碗教授、陈默雷教授都亲自带我们的学生做实验。张朝晖教授还送给我一本书，是那几年的大学生青年物理学家比赛的报告论文集，他让我们选一部分供学生做课题研究使用。物理学博士周晶老师和数学博士王鼎老师合开的研修课，不少课题就来自这本书，我们的学生眼界大开，兴趣大增。

　　每年科研实践活动课题汇报时，针对那些做得特别突出的学生，连一些院士都说：硕士生、博士生的课题汇报也不过如此。中科院自动化研究所陶建华研究员这样评价我们的学生：没想到，八年级的学生做科研实践活动的表现并不比高中生差，甚至更好。在刚接手早培班八年级学生做科研实践活动时，我曾经有一些怀疑，担心他们能力达不到。但是，经过近半年的实践，我的怀疑彻底解除了。能有这样的效果，也许与早培班的教育理念、早培班老师的投入、课程实施的载体都有很大关系。

　　在学生的创新能力培养这一点上，我一直还是充满信心的。真正让我担心的不是创新能力，而是我们培养的学生未来是不是真爱国。要让他们知道无论走到天涯海角，都有一根线牵着他们，这根线就是"爱国心"。所以，从早培班成立之初，我们就在考虑"培养什么人、怎样培养人、为谁培养人"这个根本问题了，只是没有说得如此精练。从早培班成立之初，刘彭芝校长就指出，我们培养的学生要有"中国心、民族魂、创新力"。我们一直在思考用什么办法能够真正拨动学生心里"爱国"这根弦，激发他们的爱国热情。为此，我们从早培班刚成立不久就进行了多种形式的爱国主义教育实践：所有年级读"红色经典"，高年级做弘扬传统文化的课题和专项活动，低年级在天安门举行入队仪式，还请来中国航天事业奠基人之一梁思礼先生做励志报告……其中，"走进将军县，重上井冈山"这一研学活动更是给学生留下了永不磨灭的印象。

2015年冬天，一个偶然的机会我认识了正在中央党校学习的江西兴国县委书记赖晓军同志，这一下终于找到了机会。我把想带学生去兴国做爱国主义教育主题研学活动的想法和赖书记一讲，他当即表示大力支持。随后在2015年12月26日凌晨，我们第一届早培班的师生踏上了南下的列车，我们要在孩子们心里埋下"坚定的理想信念，爱国主义的种子"。兴国县烈士数量之多居全国各县之首，一座座丰碑就是无声的教科书。学生们通过为期一周的研学实践，明白了一个道理：辉煌始于苦难，成就源于坚定。为烈士们敬献花圈花篮时，学生们庄严宣誓："我是中国人，我要为我的国家做贡献。"这样的主题研学活动在他们的脑海里留下了永恒的记忆。

第一届早培班学生程知禺目前在美国加州攻读数学学士学位，他打算读书工作十年后回国做基础研究。他说："以前没出国不觉得什么，出国之后就一心想着祖国……"老师们听了眼泪都快流下来了。就在前几天，在美国读大学三年级的第一届早培班的几位学生回来看望我，说到兴国之行，他们说当时感触虽然也很深，但现在回过头来再看，回忆很多细节又有了不同的认识，真是太有必要了！并且建议我"今后去也是要让高年级的学生去，如果年龄太小可能理解不了"。看来那次爱国主义教育主题研学之行，让"爱国"在他们心里扎了根，我们的爱国主义教育融在了学生的生命里，已经生根，必然蓬勃。

改革是艰难的，但我觉得我们做的是有益于学生、有益于民族、有益于国家的探索，是在探索一条熔铸中外精华的未来教育之路。拔尖创新人才不是到大学，或者是进入工作岗位之后突然冒出来的，一定有其内在培养规律，也必然需要夯实基础。万丈高楼平地起，需要一砖一瓦地打好基础，而我们做的工作就是为未来的拔尖创新人才、各个领域的领军人物打基础的。我们一线的中小学老师既是这个基础的泥瓦匠，也是这个基础的设计师。

2015—2016学年是我的灾难之年，2016年初短短一个多月的时间，几次大手术把刚站起来的我又一次击倒，但我内心一直有一股坚强的力量，让我无论多么艰难一定要坚持下去！

2016年3月6日，这天是个周日，蔡芳老师给我发来微信，说早培班的学生们都很惦记我，他们给我写了很多催人泪下、催人奋进的留言，也希望我给他们去江西兴国研学的报告册上写几句话。我当时正躺在医院的病床上，刚刚能站起来才十几天，又等着第二个大手术，情绪十分低落，因为死神又一次逼近了我，我不清楚我的生命还有多久，也许会戛然而止！那几天心中经常蹦出古人"出师未捷身先死"这句话，内心感到十分悲壮。回忆去江西兴国和上井冈山的历程，我思绪万千：经历过长时间的折磨，我已经能放下生死了，心有不甘的是能不能看到我们用生命播种的理想之花在未来绽放。我不清楚我能否撑到那一天，但是我又对未来充满希望，坚信孩子们的未来一定不会辜负我们。回想到五年多来早培班走过的历程，我对早培班的未来充满了信心，于是给学生这次爱国主义教育主题研学报告册题写了"兴国之行，埋下种子"八个字，写完后眼泪止不住吧嗒吧嗒地掉下来，打湿了这几个字！我稳定了一下情绪，用足全身的力气，又写了一遍，用手机拍照后发给了蔡芳老师，以表达我内心的坚定和期盼！

2019年4月初，人大附中新领导班子刘小惠校长、王晓楠副书记上任不久，把江西兴国列为"人大附中爱国主义教育主题研学基地"，刘小惠校长和兴国县委书记赖晓军签署了长期合作协议，要在人大附中把这个红色基因传承下去。

人大附中人就像爱护自己的眼睛一样用心呵护着早培班，用心血和汗水浇灌，使它成长为一棵苗壮挺拔的小树。但对于中国基础教育来讲，拔尖创新人才早期发现与培养还是一棵幼苗，经不住任何狂风暴雨，需要更多有识之士给予阳光雨露。感谢人大附中全体师生以及社会各界对人大附中"拔尖创新人才早期发现与培养"项目的大力支持和真心帮助。

这本书要出版了，我的领导、同事们把他们所做的探索经历，从不同角度实实在在地反映在这本书中，也许用心的读者能发现其中折射出的希望之光。书名

《埋下种子　绽放未来》也表达了早培班老师们的期盼。

　　特别感谢在我生病期间，刘彭芝校长、王珉珠书记等领导、老师和朋友们的关爱，刘校长多次到我家里看望我，鼓励我战胜病魔。刘校长也多次对医生和专家们讲：拜托你们一定要把这个人抢救过来，他的病不是他自己的事情，这也是国家的事情。她不辞辛苦地一次次亲自带着我求医问药的场景历历在目……感谢多位医生专家的医者仁心，倾情相助，感谢家人无微不至的悉心照料。正是因为有这些恩人的关怀，才使我奇迹般地很快回到了工作岗位上。

　　最后，感谢刘彭芝校长在 2010 年创办了早培班，把一批有家国情怀、有教育梦想的人聚在一起，为拔尖创新人才的早期发现和培养进行更深入的探索实践。她领跑，我们圆梦！

　　同时，也勉励我自己，历经磨难，初心不改！

　　最后一句话与大家共勉：功成不必在我，功成必定有我！

高江涛

2020 年 1 月 6 日

于人大附中

参考文献

[1] 刘彭芝. 踏上创新人才培养新征程. 创新人才教育, 2017 (1).

[2] 叶之红. 关于拔尖创新人才早期培养的基本认识. 教育研究, 2007 (6).

[3] 孙金鑫. 拔尖创新人才的早期培养：来自名人大家的观点. 中小学管理, 2010 (10).

[4] 高江涛. 如何更科学有效地发现超常儿童. 中小学管理, 2019 (7).

[5] 郑泉水, 何枫. 求索创新教育, 筑梦共赢未来：清华学堂人才培养计划钱学森力学班十周年纪念文集. 北京：清华大学出版社, 2019.

[6] 许燕. 人格：绚丽人生的画卷. 北京：北京师范大学出版社, 2000.

[7] 刁培萼. 追寻发展链：教育的辩证拷问. 北京：教育科学出版社, 2010.

[8] 默多克. 智商测试. 北京：生活·读书·新知三联书店, 2009.

[9] 兰祖利. 丰富教学模式：一本关于优质教育的指导书. 上海：华东师范大学出版社, 2000.

[10] 科伊尔. 一万小时天才理论. 北京：中国人民大学出版社, 2010.

[11] 陆璟. PISA 测评的理论和实践. 上海：华东师范大学出版社, 2013.

[12] 陶西平. 超常教育琐谈. 中小学管理, 2018 (8).

[13] 刘嘉. 大变革时代下, 如何重新定义拔尖创新人才的核心素养. 中小学管理, 2018 (8).

[14] 褚宏启. 英才教育势在必行. 中小学管理, 2018 (8).

[15] 高江涛. 探索创新人才早期培养模式. 中国德育, 2016 (11).

图书在版编目（CIP）数据

埋下种子 绽放未来：人大附中拔尖创新人才早期培养经验集萃/高江涛主编．--北京：中国人民大学出版社，2020.6
ISBN 978-7-300-27870-4

Ⅰ.①埋… Ⅱ.①高… Ⅲ.①中国人民大学附属中学-中学教育-经验-汇编 Ⅳ.①G630

中国版本图书馆 CIP 数据核字（2020）第 012213 号

埋下种子 绽放未来
人大附中拔尖创新人才早期培养经验集萃
高江涛 主编
Maixia Zhongzi Zhanfang Weilai

出版发行	中国人民大学出版社			
社 址	北京中关村大街 31 号		**邮政编码**	100080
电 话	010 - 62511242（总编室）		010 - 62511770（质管部）	
	010 - 82501766（邮购部）		010 - 62514148（门市部）	
	010 - 62515195（发行公司）		010 - 62515275（盗版举报）	
网 址	http://www.crup.com.cn			
经 销	新华书店			
印 刷	固安县铭成印刷有限公司			
开 本	720 mm×1000 mm 1/16		**版 次**	2020 年 6 月第 1 版
印 张	15.25 插页 1		**印 次**	2024 年 8 月第 3 次印刷
字 数	235 000		**定 价**	94.00 元